アンチ・アンチエイジングの思想

ボーヴォワール『老い』を読む

上野千鶴子

みすず書房

アンチ・アンチエイジングの思想
ボーヴォワール『老い』を読む
目次

第1章　老いは文明のスキャンダルである　1
はじめに　「廃品」になる人間　人間産業廃棄物　老いは他者の経験　老人問題と老後問題の落差　エイジズムとの出会い　老いる経験　超高齢社会日本　バトンを受け継ぐ

第2章　文化の中の老い　21
老人になる　老年学の登場　老いの比較文化論　虐待から尊敬まで　親子関係と老後　女性の老い　老人の処遇

第3章　歴史の中の老い　43
西欧社会にとっての歴史　老いのオリエンタリズム　ギリシャ神話の中の老い　ローマの長老支配　オイコスとドムス　バルバロイたちの社会

第4章　近代化の中の老い　61

人口と近代化　変動の時代　比較老年学の知見　翁童論の人生曲線　厄介者としての老人　高齢者福祉へ

第5章　「生きられた経験」としての老い　79

老年学と向老学　老いるという経験の言語化　マイノリティの自己否定感　向老期というアイデンティティ・クライシス　否定的なアイデンティティへの同一化　高齢期適応の類型

第6章　知識人の老い　99

老いの軌跡　早すぎるピーク　科学者の賞味期限　政治家の責任倫理　作家の老い　なぜ年齢は文学に味方しないのか？　老年文学というジャンル　死後の評価

第7章　老いと性　123

性欲の否定　嘲笑される老人の性欲　男根至上主義　ポルノグラフィの役割　セックス・サーヴェイのなかの老人の性　女性のセックス・サーヴェイ　高齢女性の性

第8章　女性の老い　143

二重の他者化　女の賞味期限　女性の加齢恐怖　ボーヴォワールの場合　作家としての出発　ボーヴォワールの嫉妬　「私は肉体を取り戻した」　透明性への強迫

第9章　高齢者福祉の起源　169

社会福祉の戦争起源　なぜ老人を介護するのか？　家族の中の老後？　独居高齢者の貧困と孤立　救済院・施療院・養老院　施設は必要か？

第10章　ボケ老人へ向ける眼　189

認知症への恐怖　「認知症七〇〇万人時代」　ボーヴォワールの見た認知症
『恍惚の人』がもたらしたもの　認知症ケアの「魔の三ロック」　認知症当事者からの発言　認知症基本法の成立　おわりに

第11章　アンチ・エイジズム　207

フリーダンの『老いの泉』　老いのパラダイムシフト　女の老い・男の老い
突然死の思想　高齢者のコレクティブリビング　フェミニズムの中のエイジズム批判　世代をつなぐ　アンチ・アンチエイジングの思想

第12章　三つの死　229

三つの死　母と娘の確執　「おだやかな死」？　サルトルとの別れ　生きる喜び　「さよなら」を告げる　一人称の死

第13章　「死の自己決定」はあるか　245
死の自己決定　与えられるのは「死の権利」ばかり　ALS嘱託殺人事件　こんなふうになっても生きていける　役に立たなきゃ生きてちゃいかんか

第14章　ボーヴォワールの「宿題」　261
老い衰える　健康寿命を延伸する　「上り坂のケア」と「下り坂のケア」　認知症は病気か？　ケアされる哀しみ　「もう逝っていいよ」

第15章　「自立神話」を超えて　281
「自立」とは何か？　労働力の再生産？　非対称なケア関係　権力の濫用　非暴力を学ぶ実践　当事者主権　ボーヴォワールの「自由」

引用・参照文献　305　／　ボーヴォワール略年譜　313　／　あとがき　315

——老いは文明のスキャンダルである

第1章　老いは文明のスキャンダルである

はじめに

「老いは文明のスキャンダルである」

いつの頃からか、この文章がわたしのなかに鳴り響いていた。シモーヌ・ド・ボーヴォワール、六二歳の時に書いた『老い』(1)［Beauvoir 1970=1972］のなかの一文である。

ボーヴォワール（1908–1986）は『第二の性』(2)［Beauvoir 1949=1997］で、世界的に知られるようになった。その二一年後に『老い』を書いたが、こちらはあまり読まれなかったようだ。わたしは序文にある冒頭の一文に頭をガンとぶんなぐられるような思いをしたが、細かい活字のつまった全二巻上下二段組み計七〇四ページの分量に恐れをなして、いつか読もうと思いながら、積年の「宿題」を果たせずにいた。

どんな書物にも出会い時というものがある。全世界の時間が止まったように思えたコロナ禍の自粛生活のなかで、この本に手が伸びた。そして、そうだったのだ、わたしが読みたかったのはこの本だったのだ、と感じた。

執筆時のボーヴォワール六二歳。わたしはいま、七三歳である。当時のフランスで女が老いることは、今のわたしたちが想像するよりも苛酷な経験だったはずだ。女性に年齢を聞くのは失礼、という「礼儀」がまかりとおっていた時代のことだ。婚姻上のステイタスが女性の敬称を分かつフランスでは、ジャン＝ポール・サルトルと正式の結婚をしていないボーヴォワールは、歳をとっても「マドモワゼル」と慇懃無礼に呼びかけられもした。年齢と婚姻とが女を相応の「指定席」にふりわけた時代は、フランスでも近過去である。

老いることはなぜこんなにも忌避されるのか？　わけても女の老いは、なぜ「加齢恐怖症」と言われるまでに、怖れられるのか？　その恐怖はどこから来るのか？　誰のせいなのか？

それらの問いに鳴り響いた回答が、ボーヴォワールのこの一文だった。

「老いは文明のスキャンダルである」

このなかに答えがあるという直観に突き動かされて、わたしは、この本を時の金庫のなかに入れておいた。だがそれをとりだしてもよい季節《とき》が来た。わたし自身が老いたからだ。

ボーヴォワールが本書を書いた年齢に見合う年齢になってみて、彼女が何を見、何を考えたかを知りたくなった。準備は整ったのだ。遅かったかもしれない。だが遅すぎてはいないだろう。

「廃品」になる人間

「老いは文明のスキャンダルである」ということばを、わたしはどこに見出したのだったか。始めるにあたって、訳書を当たってみた。だが、それに正確に該当する文章は原文にはなかった。代わって見つかったのは「序」の中のこの一文である。

「人間がその最後の一五年ないし二〇年のあいだ、もはや一個の廃品でしかないという事実は、われわれの文明の挫折をはっきりと示している。[…]この人間を毀損する体制《システム》[…]を告発する者は、この言語道断《スキャンダル》な事実を白日の下に示すべきであろう。」[上12]

訳者の朝吹三吉は「スキャンダル」を「言語道断な事実」と訳した。他のところで、ボーヴォワールは「社会にとって、老いはいわば一つの恥部であり、それについて語ることは不謹慎なのである」[上6]とも言う。訳すなら、「スキャンダル」のもとの意味に近く、「醜聞」とか「破廉恥」としてもよかっただろう。

その「スキャンダル」とは以下のようなものだ。

「老いた人たちに対して、この社会はたんに有罪であるだけでなく、犯罪的でさえあるのだ。それは発展と豊富という神話の背後にかくれて、老人をまるで非人《パリア》のように扱う。」[上6]

社会が共謀して隠しておきたい醜聞を暴く者は、忌み嫌われる。

「しかし、それだからこそ、私はこの書物を書くのである、共謀の沈黙を破るために。」[上6]

「人間たちがその生涯の最後の時期において人間でありつづけるように要求することは、徹底的な変革を意味するであろう。そのような結果を獲得するためには、体制を無傷のままに放置して、たんに限定された改良によるだけでは不可能である」〔上13〕と、ボーヴォワールは宣言する。

その前段で彼女は、階級差別 classism と性差別 sexism との闘いに言及している。彼女がここで挑戦したのは、今では年齢差別 ageism と呼ばれているものだ。それは個人の心構えやアンチエイジングの努力、気の持ちようで対処できるようなものではない。それどころか、老いに抗うアンチエイジングの思想こそ、エイジズムそのものにほかならない。この闘いは価値観や体制、生き方や構造、感情や身体、そしてそれをかたちづくる歴史と社会……すなわち文明総体を相手にした闘いだからである。

人間産業廃棄物

老いについて語ることはタブー破りであるばかりでなく「陰気な主題」〔上6〕でもある。ボーヴォワールにとって『老い』を書くことが愉快な体験でないように、書かれた書物の読書体験も愉快とは言えない。これでもかこれでもかと目をそむけたい老いの現実をつきつけるボーヴォワールの筆致に、読み手はひるむ思いをするだろう。

老いは醜さ、無力さ、惨めさ、お荷物、厄介者……の代名詞であり、ボーヴォワールは「ケンブリッジの人類学者リーチ博士」の発言を紹介する。「五五歳を過ぎた者はすべて廃品とされるべきである。」〔上12〕(3)

わずか半世紀前に言われたこの発言を、今日五五歳を超えた者たちは、どう読むであろうか。

だがそれから二〇年後、一九九〇年代にわたしは高齢者を「産業廃棄物」と呼んだ［上野 1990］。なぜなら生産性をもとに人間の価値が測られる産業軍事型社会では、定年退職者は「退役兵」や「廃兵」の位置を占め、ちょうど使い終わった産業廃棄物を自然に遺棄するように、人間という資源もまた「廃棄物」として社会の外に遺棄してきたからである。大企業の定年退職男性のその後、に企業が関心を払い始めていた頃だった。同じ頃、「高齢社会をよくする女性の会」代表の樋口恵子が、会社を辞めて居場所をなくした男性を「濡れ落葉」と呼んだ。掃いても掃いても箒にまとわりついて離れない濡れ落葉のように、妻にまとわりついて離れない夫を、樋口が揶揄したものだ。「濡れ落葉」に比べれば、わたしが名づけた「産業廃棄物」の方がはるかに苛烈で同情がない。だが生産性を第一とする社会では、高齢者は構造的に市場から用済みとして排除される「(人間)産業廃棄物」の立場にいるという認識には、理論的根拠があった。そしてこの用語は、高齢者を貶めるためにではなく、高齢者をそのようにしか扱わない社会を批判的に記述するための概念でもあった。政治家の口から「生産性」ということばが排除や差別のために平然と発される今日の社会でも、この状況は変わらずにつづいている。

「高齢社会」をテーマにしたある会場で、わたしは高齢男性の次のような発言を聞いたことがある。

「七五歳を超えた年寄りは処分すればよいと思います」

その時、発言の主は六〇代ぐらいだったか。彼はたしかに「処分」ということばを使った。今日、六〇代では「高齢」とは呼べず、自分を「高齢」とは微塵も感じていないだろうことは、発言から汲み取れた。自分が七五歳になることを（ほんの近未来なのに）想像することができなかったのだろう。自分がその年齢になったら、「社会の負担にならないように」潔く自分自身を「処分（安楽死）」することも、発言の趣旨には入っていたかもしれない。だがそれからすでに十数年経って、すでに七五歳を超えてしまっているだろうその男性は、今になって考えを改めたのだろうか、それとも年齢を延長して、今度は「八五歳を超えた年寄りは……」と唱えているかもしれない。

老いは他者の経験

老いはなぜ忌避されるのか？

ボーヴォワールは本書で老いのネガティブなイメージをこれでもか、と書く。

第五章の冒頭でゲーテの言葉を引いて「老齢《おい》はわれわれを不意に捉える」〔下 333〕という。

ボーヴォワール自身の経験を引こう。

「早くも四〇歳のとき、鏡の前に立ちつくして、「わたしは四〇歳なのだ」と自分に向かってつぶやいたとき、私はとうてい信じられなかった。」〔下 333〕

五〇歳のときには「あるアメリカ人女子学生からその友人の言葉を告げられて、愕然とした。「じゃ、ボーヴォワールって、もう老女《ばばあ》なのね！」」〔下 339〕

彼女はこのことばに傷ついた。なぜなら「老女《ばばあ》という言葉は、長い伝統によって悪い意味を負わされている」からであり、「侮辱のようにひびく」〔下 339〕からである。だから「文学作品のなかでも、実人生においても、自分の老いを快く思う女性には私は一人も出会ったことがない。」［下350］ボーヴォワールはもちろん、自分自身も例外にしていない。『第二の性』は「女として」書かれた。『老い』は「老女として」書かれている。この当事者性も、彼女の魅力である。

「われわれはみな次のような経験をもっている、――誰かに出会い、ほとんど見分けがつかないのだが、相手も面くらった様子でこちらを見ている。われわれは心の中で思う、彼はなんて変わったんだろう！　私もなんて変わったんだろう、と思われているにちがいない！　と。」［下340］

老いとは他者になる経験である。

「老いとは、客観的に決定されるところの私の対他存在〔他者から見ての、また他者に対するかぎりにおいての、私という存在〕と、それをとおして私が自分自身にもつ意識とのあいだの弁証法的関係なのである。私のなかで年取っているのは他者、すなわち、私が他者たちにとってそうであるところのもの、であり、しかもこの他者は、私なのだ。」［下334］

わたしは何人かの友人たちに、「人生で最初に老いを意識した出来事」を聞いてまわったことがある。一番多いのは電車のなかでシルバーシートを譲られた経験である。「そうか、オレは（ワタシは）他人からはそんなに老けて見えるのか」と。それに対する反応は、せっかく親切心から座席を譲った若者を気まずくさせるほどの困惑、ためらい、辞退、拒絶などである。相手のせいではないのに、怒りを示すひとさえいる。こんな反応に出会ったら、座席を譲ることにひるむ若者がいても、不思議はないだろう。

あるいは買いものの際や街の中で、「おじいさん（おばあさん）」と呼びかけられた経験。ショウウインドウに映った白髪の老女が自分だと知って驚いた経験。同窓会で同じ年齢の男女の老け方にショックを受け、自分もまた彼らから見れば同じようなものなのだと認めないわけにいかない経験。どの経験も不快な記憶として残っているはずだ。

老いるとは「他者になる」経験だ、とボーヴォワールは書く。なぜなら社会が、そして自分自身が、老人を「他者化」してきたからだ。『第二の性』は他者としての女性を論じたものだ。なぜならタイトルどおり、女性は「第一の性」としての男性にとっての「他者」だからだ。男が女になる可能性を考える必要がないように、彼らは安心して女を「他者化」していられる。だが、老いはそうではない。ほかならぬ自分が「他者化」してきた「老人」に、自分自身が変化するからだ。ボーヴォワールが言うとおり、「この他者は、私なのだ」。

「われわれの未来の姿として、老人たちがわれわれに示すイメージを見ても、われわれは信じられないのである、われわれの内部のある声が、それはわれわれには起こらないだろう、と不条理にもささやく、すなわち、それが起こるときにはもはやわれわれではない、ということだ。それがわれわれに襲いかかるまでは、老いは他者にしかかかわりのないことなのである。それだから、われわれが老人のなかにわれわれの同類を見ないようにすることに社会が成功するのも理解できる」［上 10-11］

他者のなかに自分自身を認めること、あるいは自分が他者であることは、もちろん痛苦に満ちた経験である。「しかし」、と彼女は言う。

「ごまかすのはやめよう。われわれの人生の意味は、われわれを待ち受けている未来のなかで決定されるのだ。われわれがいかなる者となるかを知らないならば、われわれは自分が何者であるかを知らないのだ。この年老いた男、あの年老いた女、彼らのなかにわれわれを認めよう。もしわれわれの人間としての境涯をその全体において引き受けることを欲するならば、そうしなくてはならない。」［上11］

超高齢社会は恵みだ、とわたしがいうのはその意味である。この死ぬに死ねない社会で、誰もが「老い」という経験から逃れることはできない。どんな強者もいずれは老いて弱者になる。わたしたちはかつての世界の権力者、マーガレット・サッチャーやロナルド・レーガンが認知症になった姿を見てきた。老いには誰も抗えない。

そしてその老いの課題は、個人の努力でどうにかなる性質のものではないことを、ボーヴォワールははっきり宣言する。老いが惨めなのではない、老いを惨めにしているのは文明の方なのだ。

「老齢者たちの不幸は、われわれがそのなかで生きている搾取の体制《システム》を白日のもとにさらす。」［上11］

だからこそ「老いは文明のスキャンダルである」と、原文にない一文を刷り込まれていたわたしは、ボーヴォワールの問いの核心をつかんでいたともいえる。そのとき、わたしは三〇代だった。

老人問題と老後問題の落差

三〇代だったわたしは、なぜそんなに早くから老いに関心を持ったのだろうか?

岩波書店が全五冊シリーズで出した『老いの発見』(1986–87)の第二冊『老いのパラダイム』に、わたしは「老人問題と老後問題の落差」〔上野 1986〕という論文を寄稿している。編集委員は伊東光晴、河合隼雄、副田義也、鶴見俊輔、日野原重明の五名、全五冊の構成は、「1 老いの人類史」「2 老いのパラダイム」「3 老いの思想」「4 老いを生きる場」「5 老いと社会システム」となっている。鶴見俊輔や松田道雄、中村雄二郎などそうそうたる著名人に交じって、なぜ当時三〇代だった無名のわたしが寄稿を要請されたのかはわからない。寄稿者のなかでは、おそらくわたしが最年少だったと思う。

日本が高齢化社会に入った頃、老年学 gerontology が注目を集めていた。老年学は学際的加齢研究 interdisciplinary studies on ageing の別名である。医学、生理学、心理学、文学、社会学、社会福祉学などさまざまな分野の専門家たちが、加齢現象に取り組んでいた。だがひっかかったのは、彼らが老いを「客体」として扱うのに対して、個人にとって老いは「主体的な経験」として生きられるという違いだ。しかも老年学にとっても、老いは迫り来る高齢社会における社会保障負担の増加や痴呆症(認知症はその頃はまだそう呼ばれていた)の老人の対策など、厄介な社会問題への対応のために論じられていたし、他方、生きられる経験としての老いの方も嫌悪すべき、惨めな、直面したくない経験として語られていた。つまり字義どおり、「老人問題」も「老後問題」も、どちらもネガティブな「問題」

として捉えられていた。

この論文の中で、わたしは花村太郎〔花村 1980〕の文章を引用している。

「「老人問題」は福祉をどんなに向上させようとも老いという人間の宿命を嫌悪し隠蔽する（できればば目をつむりたい）文化システムを温存させていく」。他方「老後問題」も「あくまであの嫌悪すべき老年期の悲惨をどうやって緩和ないし回避するか、という問題枠組の外に出ていない。」

花村が提示する「解決」とは、以下のようなものである。

「老いの問題の本質の本質的な解決は、老いという宿命を正面から受けとめること、老いという現実に人間的な意味と価値とを与えうるようないわば「老熟文化」をつくり上げることのうちにしかない。」

引用に続けてわたしはこう書いている。

「この課題が「気の持ちよう」や「個人的な努力」のような小手先の操作で達成されるには限度があるだろう。「老後問題」がつきつけているのは「老後」に否定的アイデンティティしか与えられない近代産業社会の価値の総体を、問い直すことなのである。」〔上野 1986: 136〕

花村は「文化」という。ボーヴォワールは「文明」と呼ぶ。文明とは物質文化を含む生活様式の総体だ。老いをめぐる問いは、文明のパラダイム転換を要求している……これがわたしがボーヴォワールから受け取ったメッセージだった。

エイジズムとの出会い

もうひとつのエピソードがある。三〇代の初め、アメリカに在外研修の機会を得たわたしは、一九八三年アイオワ州で開催された全米女性学会に参加した。その席上、はじめてエイジズム（年齢差別）ということばに出会ったのだ。

レズビアン・フェミニストとして久しく闘ってきたバーバラ・マクドナルドという白髪の小柄な女性の、スピーチのなかでだった。

「高齢女性に「あなたはほかの高齢女性とは違って、楽しいし、根性があって、生き生きしていますね」などと言うことが、その女性をほめていると思ってはいけません。もしその女性がそれをほめ言葉として受けとめるとしたら、あなた方は高齢女性を拒否することに手を貸したことになります。

[…]

高齢女性にむかって、「お丈夫ですね。私たちより有能ですね」などと言ってはいけません。これはあなた方の思い上がりであるばかりか、その人が年より若く見えることにあなた方が感心していることを示します。それは、年を感じさせるようなことをすれば彼女をけなすようになるのです。」

[MacDonald&Rich 1983=1994]

そして続ける。

「あなたたち若い女性は私たちの過去に関心をもって、あなたのライフヒストリーを聞かせてくださいとやってくるけれど、私たちの現在に関心を持ちません」と。

「高齢女性はあなた方若い女性のために存在しているわけではありません。またあなた方が私たちの役に立つと思ってもいけません。［…］

高齢女性が昔から歳をとっていたと思ってはいけません。七〇歳、八〇歳、九〇歳がどんなものか、新しく発見する過程にあるのです。高齢女性がこの経験について語れば語るほど、私たちを否定する社会に住む私たちは、それがどんなに革命的なことか、わかってきます。」［MacDonald&Rich 1983: 拙訳］

私たちはセクシズム（性差別）の被害者でもあるけれど、エイジズム（年齢差別）の被害者でもある、とマクドナルドは述べた。そのスピーチの力強さに圧倒されて、わたしは直後に壇上の彼女に近寄って、あなたのスピーチを日本語に翻訳させてくれないか、と頼んだ。その後、翻訳者と出版社を得て、彼女の著書の日本語訳が刊行された。

わたしたちは「若い（あるいは年齢より若く見える）」ことが価値であるような社会に住んでいる。若い者ももはや若くない者も、その価値を内面化している。だからこそ「お若いですね」が高齢者に対する「ほめ言葉」になり、高齢者もそれをうれしがる。マクドナルドは、それにまっこうから対抗した。

若さを維持するためのアンチエイジングは、健康食品やサプリメント、スポーツジム、ファッション、コスメなどさまざまな業界で一大市場を形成しており、高齢者たちはそれに虚しい投資を続けている。いわば自己否定のための投資というようなものだ。

アンチエイジングがこれほどに世の中に浸透した思想ならば、わたしたちはそれに対抗しなければならない。だからこそ、アンチ・アンチエイジングなのである。

老いる経験

その後、わたしは一九九〇年に『40才からの老いの探検学』［上野 1990］を、さらにその一五年後、二〇〇五年に『老いる準備』［上野 2005］を刊行した。『40才からの老いの探検学』を書いたのは四二歳のときだった。(4)「あとがき」でこう書いている。

「四十歳から老いが始まっている、と言ったら、あなたは気が早い、と笑うだろうか。それどころか、二十歳からだって老いは始まっている。私じしんが老いをしみじみ感じたのは、三十歳のときだった——ああ、もう、時間もエネルギーもあり余るほど残ってない」［上野 1990: 219］と。

「探検学」と題したのは、「「老い」は探検に値する」からだ。

「私が老いに興味を持ったのは、これから自分が入っていく世界について、あまりに何も知られていないと感じたからだ。「老い」がどんなものか、わかったつもりになっているが、その実「老いはこんなもの」と決めつけているだけじゃないのだろうか。半世紀前の私たちの祖父母の老いと、私じしんの老いは、おそろしくちがったものじゃないだろうか。それどころか、一九九〇年代の今日の老いを生きている人とも、私じしんが二—三十年後に経験するだろう老いとは、ずいぶんちがっているだろう。」［Ibid.: 219］

だから「本書では、私は「探検家」に徹した」と書いている。「異文化探検」家である。なぜなら「時代が変わったせいで若者が「異文化」になるのなら、それと同じくらい、老人もまた自分にとっては「異文化」」だからだ。

「年令のとり方には、何かしら想像を超えたところがある。三十歳の私は、二十歳のときの自分の予想を超えていた。四十歳の私は、三十歳の私の予測を裏切っていた。ある年令に達したとき、まわりの景色がいつかどこかで見た景色のように、デジャ・ビュ（既視）現象を起こすわけではない。」[Ibid.: 220]

『老いる準備』を出したときには、五七歳だった。老いは目の前に迫っていた。そこでこう書いている。

「わたしの人生は、下り坂である。人生は死ぬまで成長、生涯現役、というかけ声に、わたしは与しない。そんな強迫に鞭打たれて駆けつづける人生を、自分にも他人にも、強要したくない。老いるという経験は、昨日できたことが今日できなくなり、今日できることが明日できなくなる、という確実な衰えの経験であることは、五〇歳の坂を越えてみれば、骨身に沁みる。」[上野 2005: 276]

それに続けて言う。

「それにしても、かつて味わったことのないこの変化は、新しい経験にはちがいない。それなら新鮮な思いでこの経験を味わい、自分の新しい現実をありのままに受け容れたい。」[Ibid.: 277]

その経験を、高齢者になったわたしは、現在リアルタイムで味わっているところだ。

超高齢社会日本

個人だけでなく、社会も老いる。六五歳以上の高齢者の人口比が七%以上の社会を高齢化社会、一四%に達すると高齢社会、二一%を超えると超高齢社会と呼ぶ。ボーヴォワールが『老い』を刊行した一九七〇年のフランスの人口高齢化率は約一四%、高齢化社会を経て高齢社会に突入していた頃である。同じ頃の日本の高齢化率は七%、高齢化社会のとば口に立っていた。その後日本は急速な少子高齢化を経て、二〇一五年には同年のフランスの高齢化率一八・九%を超えて、高齢化率二六・六%の超高齢社会に移行した(図1)。二〇二〇年には平均寿命が女性八七・七四歳、男性八一・六四歳、世界有数の長寿国となった。長寿は、栄養水準、衛生水準、医療水準、介護水準の関数である。いわば文明の恩恵といってもよい。わたしたちは努力して長生きできる社会を達成したのに、長生きは歓迎されないのだ。

六五歳以上のひとびとを「高齢者」とカテゴリー化することは、一九五六年の国連報告書による。定義がなければ比較できないからだ。それ以前には、六〇歳以上を「老年」としていた。日本では一九六五年の国勢調査から六五歳以上を「老年」とした。近年では高齢者を前期高齢者(六五―七四歳)と後期高齢者(七五歳以上)とに分けて、後期高齢者だけを「高齢者」と呼ぼうとか、「老年」を「実年」とか「熟年」と呼び替えようという提案が出されている。たしかに半世紀前の六〇代と今の六〇代を比べれば、体力も運動能力も違うし、五五歳定年制のころの平均寿命と、現在の平均寿命も違う。その変化を反映して高齢者雇用安定法が成立し、本人が希望すれば六五歳までの雇用延長が企業に義

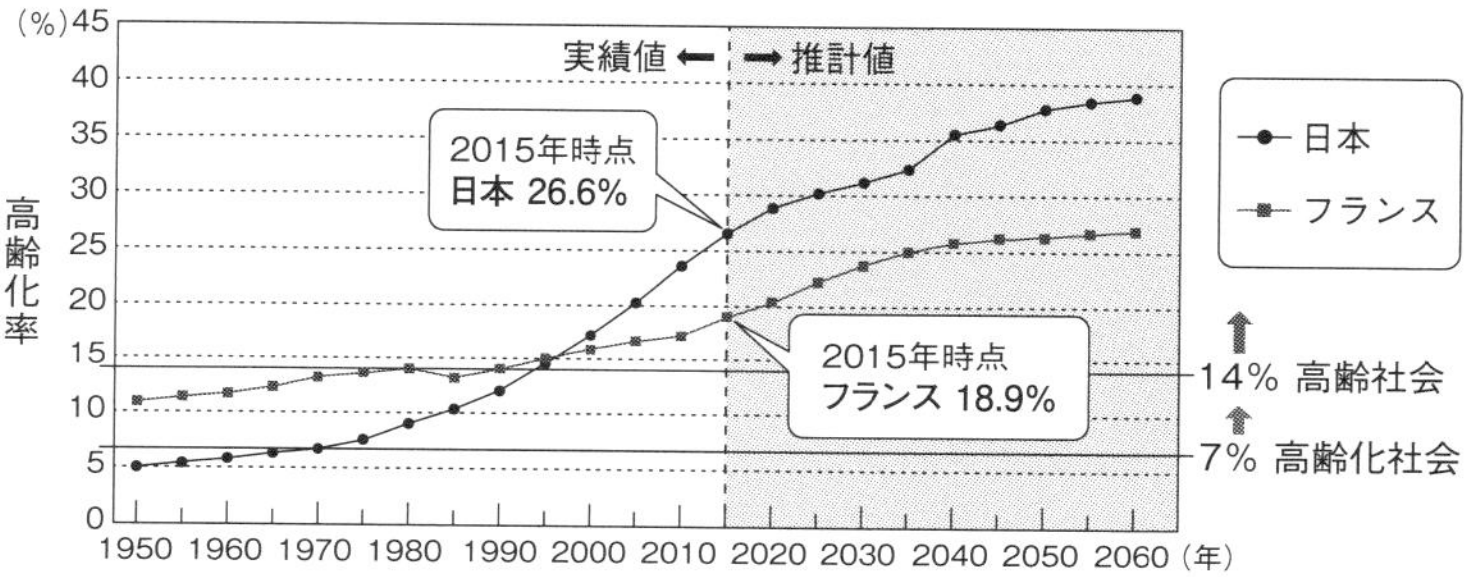

資料：UN, World Population Prospects: The 2017 Revision. 日本の数値は 2015 年までは総務省「国勢調査」、2020 年以降は国際社会保障・人口問題研究所「日本の将来推計人口（平成 29 年推計）」の出生中位・死亡中位仮定による推計結果による。出典：NHKテキスト 100分 de 名著 2021年7月『ボーヴォワール　老い』掲載図版／平成 30 年度版高齢社会白書（内閣府）をもとに作成

図１　日本とフランスの高齢化率の推移

務づけられた。前期高齢者の就労率は上昇し、ばりばり現役感を維持している六〇代、七〇代も多い。「生涯現役」をかけ声にするひともいる。年金受給年齢を七〇歳以上に、いや七五歳以上にしようという声もある。

だが、問題は先送りされただけである。超高齢社会には、死ぬに死ねない老後が待ち受けている。

サクセスフル・エイジングという概念を日本に持ち込んで普及させたのは日野原重明医師だが、老年学者の秋山弘子はこの概念を次のように明快に定義する。サクセスフル・エイジングとは、「死の直前まで壮年期を引き延ばす思想」のことだと。言い換えればＰＰＫ（ピンピン生きてコロリと死のう、の略称）の思想だと言ってよい。壮年期を死の直前まで引き延ばすとは、その後にくる老年期を経験する前に死を迎える、ということだ。もっと端的に言えば、壮年期のただなかで死ねば、老年期を経験せずにすむ。戦前の日本人のライフサイクルによれば、平均寿命は五〇歳台、四人か五人の子どもを産んで末子が成人するのを見ないであの世へ旅立った。彼らは老いを経験する暇《いとま》もなかっただろう。長寿の高齢者もいたが、割合は少なく、彼らは寝たきりになれば、褥瘡《じょくそう》による感染症や肺炎でかんたんに死んだ。フレイルになっても長期にわたって生き続けられる社会とは、わたしたちが作り上げた文明の成果なのだ。にもかかわらず「サクセスフル・エイジング」が歓迎されるのを見ると、わたしはこのことばを次のように意訳したくなる、「自分が老い衰えることを、見たくない、聞きたくない、考えたくない思想のこと」だと。だがボーヴォワールのいうとおり、わたしたちには「早死にをするか、老いるか、これ以外のみちはない」［下333］のだ。

わたしたちは一九七〇年のボーヴォワールが予想もしなかった時代に生きている。人口の四人に一人が高齢者で、人生の最後に長期にわたる要介護期間を過ごす。わたしたちはボーヴォワールのこの先駆的な著作から何を学ぶことができるだろうか？　そしてボーヴォワールがついに見ることのなかった超高齢社会の現実のなかで、ボーヴォワールが解かなかった問いに、どうやって立ち向かえばいいのか？……これがわたしの課題である。

バトンを受け継ぐ

ボーヴォワールの『老い』は以下のように構成されている。

上巻は「序」と「はじめに」のほかに第一部「外部からの視点」、下巻は第二部「世界＝内＝存在」、それぞれ「客体」としての老いと「生きられた経験」としての老いに対応すると言ってよい。第一部は第一章「生物学からみた老い」、第二章「未開社会における老い」、第三章「歴史社会における老い」、第四章「現代社会における老い」、第二部は第五章「老いの発見と受容——身体の経験」、第六章「時間、活動、歴史」、第七章「老いと日常生活」、第八章「いくつかの老年の例」、そして結論に加えて付録が収録されている。当時の最先端のジェロントロジーの知見を駆使し、アリストテレスからガンディーに及ぶ総勢五〇〇人近い登場人物に関する浩瀚《こうかん》な知識をもとに、文学、芸術、音楽などの豊かな経験をもって、彼女はこの大著を書き上げた。

ボーヴォワールは「不愉快な書物」として四一歳の時に『第二の性』を世に送り出した。六二歳になってから、ふたたび「不愉快な書物」として『老い』を上梓した。彼女の不屈の挑戦のバトンを受け取りたい。

（1） ボーヴォワール『老い』の翻訳は初版が朝吹三吉訳で人文書院版が一九七二年に刊行されて以来、改訳も新訳も出ていない。したがって複数の訳稿を参照する必要がないことは本書の著述にあたってメリットであった。以下朝吹三吉訳『老い』上下、人文書院、一九七二年に出典を依拠する。引用ページの記載は上巻の一三頁の場合は［上13］、下巻の六三二頁の場合は［下632］のように記載する。他に新装版『老い』上下（人文書院、二〇一三年）があるが、改訳は行われていない。

（2） 『第二の性』の邦訳は生島遼一訳（新潮社、一九五三～五五年）が原書の構成を変え、誤訳も含むことを指摘され、日仏女性資料センターの「『第二の性』を原文で読み直す会」のメンバーが新訳を刊行した。読者にはこちらをお読みになるようお勧めする。『決定版　第二の性』井上たか子・木村信子監訳「I 事実と神話」中嶋公子・加藤康子監訳「II 体験」（新潮社、一九九七年）

（3）おそらくイギリスの社会人類学者エドマンド・リーチ Edmund Leach のことだと思われる。フランスの構造人類学者クロード・レヴィ＝ストロースと交流があり、フランスで講演する機会もあったことだろう。

（4）一九九四年刊の選書版の装丁に、岡崎京子のイラストを使えたのはわたしの喜びだったが、その後、岡崎が不測の事故により活動休止となったことはつらい事実だった。またこの本に登場した森瑤子は、老いることを怖れていたが、老いを経験する前に五二歳で亡くなった。

第2章　文化の中の老い

老人になる

人は老人として生まれるわけではない、老人になるのだ。ここまでは自明である。だが人はたんに老人になるのではない、老人になることに同意したとき初めて老人になる。

ボーヴォワールの『第二の性』劈頭の有名な一文、「人は女に生まれるのではない、女になるのだ」を借りれば、老いについても同様に言い換えることができる。(1)

人は最初から老人ではない。加齢にしたがってやがて老人になる。だが老人になることは「他者になる」ことだと前章に書いた。「女になる」ことが「第二の性」という二級市民であることを受け容れることだとすれば、「老人になる」ことも「他者になる」こと、二級市民であることを受け容れることを意味する。人は、「老人になることに同意した」ときに初めて、ホンモノの老人になる。ひるがえれば、「女になる」こともまた、「女になることに同意した」ときに初めて、人は「女になる」。

ジェンダー・アイデンティティの構築性を指摘して物議をかもしたジュディス・バトラーの『ジェンダー・トラブル』［Butler 1990=1999］によれば、女とは「一生女のようにふるまいつづけた者」の謂いであり、それ以外ではない。その意味では、「女」も「老人」も社会的言語的カテゴリーであり、それ以上でも以下でもない。

男女という性別カテゴリーは通常、出生時に他者によって判定される。そしてそれをくつがえしたり変更したりするのは非常に難しい。だが「老人」というカテゴリーには、それに先立つ「子ども」、「大人」（それに加えて「青年」「壮年」も）というふたつのカテゴリーがあり、そのあいだにカテゴリー移行が起きる。性別カテゴリーを持たない社会が考えられないように、年齢カテゴリーを持たない社会もないと言ってよい。誕生日も年齢も記憶に留《とど》めない民族でも、子どもと大人のカテゴリーは明瞭に存在する。このカテゴリー移行は本人の意思によってではなく、社会によって強いられる。子どもが大人になることに抵抗する場合もあるが、その抵抗は許されない。だが「大人になる」ことはしばしば祝福されるのに対し、大人が老人になることは、ボーヴォワールが述べたように、いまわしい移行として捉えられる。なぜなら子どもから大人への移行は二級市民から一級市民への地位の上昇を意味するが、大人から老人への移行は、一級市民から二級市民への地位の下降を意味するからである。男が女に移行することはめったに起きないが、大人から老人への移行は、長く生きる人間にとっては避けられない移行である。その過程で多くの大人たちは困惑して叫ぶ、自分は「老人になる」ことに同意していない、と。

「老人になる」ことへの同意は、なぜかくも抵抗に遭うのだろうか？

いや、「女になる」ことへの同意も困難に満ちている。なぜならそれは社会が与えた二流の指定席に甘んじることを意味するからである。多くの女性はそれが二流の指定席であることを知っているからこそ、「女になる」ことに葛藤を覚えるのだし、女性蔑視とそれに同意を与えたときに生じる自己嫌悪を、ミソジニーと呼ぶのだ〔上野 2010/2018〕。

老年学の登場

「はじめに」でボーヴォワールは、「老いについての研究はあらゆる分野にわたって行なわれることを目指さねばならない」〔上16〕と述べる。
「他者にとっては、老人は知識の対象であり、彼自身にとっては、彼は自分の状態について一つの生きられた経験〔体験〕を持つ。本書の第一部においては、私は第一の観点を採用し、生物学、民族学、歴史、現代の社会学等が老いについてわれわれに教えるところを検討しよう。第二部においては、年取った人間が自己の身体に対する、時間に対する、他者に対する関係をいかに内面化する〔内的経験として自覚する〕かを、叙述したいと思う。」〔上16-7〕
その「第一の観点」は「外部からの視点」と名づけられており、第二の観点は「内部からの視点」と題して下巻に充てられている。
この本の目的は「今日のわれわれの社会における老人たちの境涯に照明をあてること」であるが、

老いは生物学的には「超歴史的事実」（どの時代に生まれても人は老いる）だとしても、その運命は「社会的背景にしたがって多種多様に生きられる」［上16］ため、歴史と文化を参照する必要があると言う。

老年学は加齢についての学際的研究である。これには医学、生理学、心理学、社会学、歴史学、文化人類学、文学など、自然科学のみならず人文社会科学のさまざまな分野がかかわっている。ボーヴォワールは本書を執筆するにあたって、「最近になって発達した」「老年学と今日呼ばれている学問」［上29］の膨大な文献に当たっている。老年学協会がアメリカに設立され、一九五〇年には国際老年学協会が創設された。日本では日本老年学会が一九五九年に日本老年医学会と日本老年社会科学会との連合体として発足している。(2)

ボーヴォワールはアメリカの老年学者ランシングを引用して、老化とは「ふつう時間の経過にともない、成熟期の後に明瞭となり、不可避的に死に到達する、不利な変化の漸進的推移」［上17］という。だがそれに続けてただちに「不利という言葉はどういう意味なのか？」とたたみかける。なぜなら、それは「価値判断を含んでいる」［上17］からである。

「不利な変化」は、「きわめて早くから起きる。」［上18］

「個人の肉体的能力の総体は二〇歳のころにその成長の絶頂に達する。［…］二〇歳を過ぎると、そしてとくに三〇歳以後になると、諸器官の退行がはじまる。」［上18］

ここまでは生物学的な事実である。だが、ボーヴォワールはそれにつけ加える。

「人間においては、肉体も純粋な自然ではない」。なぜなら「諸器官のいろいろな減損や変質や衰退は、全体の調整や習慣による無意識的な行動、実際的・知的な知識によって補われうる」［上18］からである。

日本には昔から老いの徴候は「歯・眼・マラ」の順であらわれるという言い伝えがあるが、臓器よりも早く、歯や眼など、身体の外部の部品に老化が訪れる。マラはサンスクリット語で陰茎のこと。魔羅は当て字である。ボーヴォワールは加齢に伴う男性の勃起能力や射精能力の衰退や消滅をあからさまに指摘する。勃起能力が男性性の自認にとって核心的な位置を占めているからである。射精能力さえあれば「理論的には、老人の精液による卵子の受胎は無限に可能である」［上34］というが、ボーヴォワールの時代には知られていなかった顕微鏡的事実によれば、加齢と共に精子の運動率は減少し、受胎の確率は低下する。女性のほうでは閉経が生殖能力の終わりを告げる。「高齢出産」は、一九九一年以前は三〇歳以上、一九九一年に三五歳以上と定義された。「卵子は老化する」[3]という生物学的知識が広く普及した今日、三〇歳以上で第一子を出産する大多数の妊婦は「高齢出産」と言ってよい。三五歳以上の出生率の上昇に伴って、「高齢出産」のご都合主義的な再定義が行われたのである。また男性ならば三〇代ぐらいから額が後退し、髪の毛が薄くなってくる。四〇代には男女とも白髪が出てくる。そのため発毛剤や染髪剤の市場が大きくなった。アンチエイジング市場は、「二五歳はお肌の曲がり角」とささやきかける。

いわば身体のパーツの寿命よりも、生命体の寿命の方が長くなってしまったのだ。そうなれば身体のパーツを老眼鏡や補聴器や義歯で置き換えて寿命に合わせるという仕掛けが可能になる。そのうち臓器のパーツも置き換え可能になれば、人間はサイボーグに近くなる。実際には義歯や義眼、義手、義足、人工心臓などさまざまな人工的なパーツを装着している人間は、すでにサイボーグに近いと言ってもいい。技術と経済力があれば、加齢に逆らうことはある程度可能になった。

しかも、この「不利な変化」は「各人が同じ速さで降ってゆく斜面ではない。それは、ある者が他の者よりも早く転げ落ちる不揃いな階段である」〔上38〕と、アメリカの老年学者ホーウェルを引いて言う。この速度は「健康、遺伝、環境、感情、過去の習慣、生活水準など多くの要因に作用される」〔上38〕ので、同じ世代内に見られる差異がある。この社会学的視点が付け加わるところが、ボーヴォワールの分析の魅力である。

したがって寿命でさえ、自然現象ではない。

「ふつう田舎には都会よりも美しい老年が多く存在すると言われているが、事実は、調査されたすべての被験者たちは同じ年齢の裕福なパリ市民より健康ではなかった」〔上44〕という、ある老年学者がブルターニュの農民や漁夫を対象に行った調査に、ボーヴォワールは言及する。寿命や健康が経済階層に影響されることは、疫学的に証明されており、そのためにリスクの確率論で成り立っている保険業界は、富裕層に向けて「健康リスクの少ないあなたの保険料はこんなにお安くなります」と宣伝するのだ。経済格差の大きいアメリカのような社会では、健康リスクの高い低経済階層の保険料コストを負担することに、富裕層が同意するとは考えにくい。アメリカで国民皆保険が実現できないのは、そのための国民的合意が成り立たないからである。

「人は最盛期に達したのちに下り坂となる。」〔上19〕

英語で「盛りを過ぎた peaked」という単語に出会ったときの驚きを覚えている。この単語をそれまで見たことがなかったのに、ただちに意味を理解した。なるほど字義通り「peak（頂点）を越した」という意味で、ピークの前は上り坂、ピークのあとは下り坂である。そして思ったのは、上り坂の上り方は教えてもらったけれど、下り坂の下り方は誰も教えてくれなかった、ということだ。山登りの教訓からわかるように、登るより下りる方がむずかしいにもかかわらず。登攀事故の多くは、登頂時ではなく下山時に起きる。

問題は、「最盛期」をいつと定義するかには多様な次元が関わってくることだ。アスリートたちの「最盛期」が人生の早い時期に訪れ、昨日の勝者が今日の敗者になりかわっていく残酷な現実を、わたしたちはオリンピック競技で目のあたりにしている。フィギュアスケートの選手、羽生結弦が冬期オリンピックで二度目の優勝を果たしたとき、彼は「生涯で最良の時です」と口にしたが、若くして「頂点」を迎えたその後の人生は「余生」にすぎないのだろうか。

ボーヴォワールは「はじめに」の注でこんなことを書いている。

「ヒポクラテスによれば人間が頂点に達するのは五六歳の時である。アリストテレスは肉体の完成は三五歳のときであり、魂の完成は五〇歳とする。ダンテによれば、人は四五歳で老境にさしかかる。」〔上20〕

九〇年代に高齢者を対象にした、「もし戻れるとしたら、何歳の時に戻りたいと思いますか？」というアンケート調査を眼にしたことがある。男性の回答が最も多かったのが五〇代、女性は三〇代だった。なるほど、男にとっては五〇代が社会的地位や収入のピークだったのだろう。女にとっては三〇代が出産・育児期を無我夢中で過ごし、火事場のバカ力のようなパワーを発揮した女の盛り、中天に陽があることすら忘れていられるほどの生きものとしてのピーク、なのだろうか。だとしたら子育て期の終わった女にとっては、その後の人生は「余生」となる。女の「老後」が男の「老後」よりも早く始まるために、かえって老年に軟着陸しやすいことは、他のデータからも裏づけられる。とはいえ、これもまた既婚女性の無業率が高く、子産み・子育てしか女の自己実現の場がなかった時代のこと。働く女性が増えた今日においては、回答のジェンダー差は縮小しているかもしれない。

ボーヴォワールは言う。

「ある人間の老化現象は、つねに社会のさなかで生じるのであり、それはその社会の性質と、当人がそこで占める地位とによって深く左右されるのだ。経済的要因そのものも、それをおおう社会的、政治的、イデオロギー的上部構造から切り離されてはならない。[…]したがって老いの現実と意味を理解するには、異なる時代と場所で、老人たちにどのような地位が割り当てられているか、彼らについて人びとがどのように考えているかを検討することが不可欠なのだ。」[上44]

これが第一章「生物学からみた老い」の結句である。

老いの比較文化論

第二章「未開社会における老い」を書くにあたり、ボーヴォワールはフランスの社会人類学研究所が所蔵する「ヒューマン・リレーションズ・エリア・ファイルズ」（HRAF、日本語では「フラフ」と呼び習わされている）を参照したと述べている。これはアメリカの人類学者、ジョージ・P・マードックが一九四九年に編集を始めた世界各地の民族学・文化人類学のデータを集積した膨大なデータベースだが、ボーヴォワールはこれを実際に読み込んだようだ。第二章には、世界のさまざまな民族における老人の地位処遇が紹介されているが、それには尊敬から虐待までのさまざまな多様性がある。そこに紹介されている例には、日本の事例も含まれていて、ボーヴォワールの博覧強記ぶりには驚かされる。(4)

本章でボーヴォワールが論じるのは、老いの比較文化論であると言ってよい。なぜなら「子ども」「大人」「老人」とは文化的カテゴリーだからである。社会が「子ども」「大人」「老人」とは誰か、を定義する。フランスの歴史学者フィリップ・アリエスは『〈子供〉の誕生』〔Ariès 1960=1980〕のなかで、絵画の分析を通じて中世には「子ども」時代が存在しなかったと論証した。だが多くの社会には「子ども」から「大人」になるための移行儀礼 rite of passage がある。大人社会への加入儀礼 initiation ritual とも呼ばれる。日本では「七歳までは神の内」と言われて、男女の区別が存在しなかっただけでなく、社会の正式メンバーとも見なされていなかった。乳幼児死亡率の高い前近代社会では、七歳前に死んだ子どもは村の共同墓に埋められず、それとは別の場所に埋葬された。七歳から子どもは子守や丁稚奉公に出されて労働力となり、保護された子ども時代を経験することもなかった。

加齢が起きる次元を生理的、心理的、社会的、文化的の四つの次元に分けてみれば、加齢はまず生理現象として起きる。動物学的には、成熟するとは個体が生殖可能になることを意味する。多くの動物は生殖を終えると寿命を終える。生殖が終わった後にも長く生きるのが、人間という動物の特徴である。(5)

前近代には、生物学的な変化と文化的な変化とが一致していた。もしくは時間的なずれが少なかった。子どもから大人への移行は第二次性徴によってしるしづけられる。女子なら初潮、男子なら精通と声変わり、体毛の変化が起きる。つまり生殖可能な年齢に達したということを意味する。

日本では村の共同体の加入礼は、男子は一四～一五歳、女子は初潮が来たら、執り行われる。男子も女子も「子ども組」からそれぞれ年齢階梯制度にもとづいた「若者組」「娘組」という集団に加入する。若者たちは離家して「若者宿」「娘宿」に寄宿して婚姻までの期間を過ごす(6)［柳田 1931; 瀬川 1972/1976; 赤松 1995/2004］。同時に性行動が始まる。夜這い慣行である。処女性は尊重されず、若者は意中の娘を娘宿に訪ねた。後に娘を守るために娘宿は廃れたが、それでも親の家に起居する娘を夜間に訪ねる若者を排除しようとする親は、若者組からいやがらせなどの制裁を受けた。この慣行は日本を含むオセアニア圏に広く分布し、欧米の人類学者からまちがって「婚前乱交 premarital promiscuity」と呼ばれたが、のちに共同体の厳しい統制下にあることがわかってきた。

古代の貴族社会では男子は「初冠《ういこうぶり》」、武士の社会では「元服」して、幼名を成名に変える。また若《わか》衆髷《しゅうまげ》の前髪を落として月代《さかやき》を剃りあげ、外見も変える。女子は初潮や婚礼に際して眉を落とし、お歯黒をつけるなどの身体変形を伴って、子どもから成女へのカテゴリー移行を表示する。一六世紀に日本を訪れたポルトガル人、ルイス・フロイスは当時の風俗を描いた日本見聞録を残しているが、それによると日本婦人は世界的にもまれな魅力的な存在だが、惜しい疵がある、それは「笑うと口のなかから闇が覗く」ことだ、と指摘した。お歯黒のことである。成人儀礼と共に不可逆的な身体変形を伴う社会は各地にあり、アイヌ民族や沖縄の女性は入墨を入れた。問題にされたアフリカ女性の性器切除（FGM）も成女儀礼の一部である。

前近代社会では男が「一人前」になるとは「世帯を構える」ことを意味した。結婚が社会的成熟の指標であり、子どもができること、しかも息子が生まれることがその指標に加えられることもあった。独身者はたとえ経済的に自立していても、社会的にはハンパモノとして扱われた。長男とちがい結婚の機会のない次三男たちは、生涯長男の家の寄宿者として（あるいは家内奴隷として）過ごす運命にあったことを、深沢七郎の『東北の神武たち』［深沢 1957］は描きだす。

大人になった後にも、次のカテゴリー移行が待っている。前近代の日本にも「大人」から「老人」への文化的カテゴリー移行を示す儀礼があった。「隠居」慣行である。息子が嫁取りをして家督を相続すると、両親は母屋を息子夫婦に明け渡して、同じ敷地内の隠居屋に移る。柳田國男の『明治大正史 世相篇』［1931/1976］によれば、越後地方の嫁は婚姻直後には夫の家に婚入せず、しばらくのあいだ夫は通い婚を続ける。子どもが数人生まれてから、嫁は主婦として堂々と婚家へ移動する。舅の隠居に伴って、姑と嫁のあいだには「しゃもじ渡し」という主婦権移譲の儀式が執り行われる。しゃもじとは、主食でありかつ通貨の役割も果たした米の管理権の象徴である。主婦権の移譲がスムーズに行われるところでは、嫁と姑の葛藤は少ない。隠居慣行の年齢は、ほぼ四〇代前半と早い。江戸時代の落語に登場する「ご隠居さん」が四〇代そこそこだと知ったら、読者はおどろくだろうか。隠居したあと、家業は息子に任せ、自分は檀家や氏子のような「公事《くじ》」に勤しむ。隠居はけっこう忙しいのだ。

文化的な成熟と老化は、親族カテゴリー上にもっともはっきりあらわれる。子どもの親になれば「父親・母親」という親族カテゴリー上の移行が起きる。さらに子どもに孫が生まれると、両親には「祖父・祖母」という親族カテゴリー上の決定的な移行が起きる。日本語で老人をさす「おじいちゃん・おばあちゃん」という用語は、もともと親族カテゴリーからきている。それを嫌って自分を「大きいママ」(7)と呼ばせたり、「ユミちゃん」と名前で呼ぶように孫に教えこむ祖母たちもいるが、世代間の距離を表示する親族カテゴリーすら拒否するほどに、「老人」カテゴリーへの移行は抵抗を伴うもののようだ。

そして最後に、心理的加齢が遅れて登場する。社会人になっても、結婚しても、「大人になりきれない」大人たちがいるように、生理的にも社会的にも文化的にも老いをつきつけられても、それに抵抗するひとびとがいる。

吉本隆明は「生理が強いる成熟」という名言を遺した。肉体は衰え、社会からは無用の者と宣告され、目の前に現れた幼い者が自分を「おじいちゃん」と呼びかけても、それを受け容れられない自分がいる……心理的老化は最後についてくる。あきらめというかたちで。ボーヴォワールのいう「他者になる」という経験はこのことをさす。

虐待から尊敬まで

ボーヴォワールは言う。

「未開種族における老人は真に他者である、この言葉の持つ両義性を含めて。」〔上98〕その際、彼女は「他者としての女性」を念頭に置いている。女性は「女神」でもあり、「売女」でもあるという「両義性」のもとに置かれるが、老人における「両義性」は「亜＝人間であり、超＝人である」、すなわち人間以下の者か、人間以上の者、そして「しばしば両者を兼ねている。」〔上98〕

しかも「もっとも強調しなければならない重要なこと、それは老人の社会的地位はけっして彼の手で獲得されるのではなく、あたえられるということである。」〔上98〕

この地位から引き出されるパワーが、本人にではなく社会に依存している点においても、老人と女性は似ている。誘惑者としての女性の魅力はもっぱら男性に依存しているし、女性の魅力という資源は自ら獲得することも蓄積することもできない。その価値を判定する権力はもっぱら男性の手にある。同じように、老人に対する畏怖の感情を若者が失ったとき、つまり社会が老人に与えた価値から「脱洗脳」されたとき、若者は「老人たちの束縛から脱」〔上99〕する。このような価値の転換は、彼らが「白人の文明と接触したときにしばしば起こった」〔上99〕とボーヴォワールは指摘する。ヨーロッパ文明と接触して貨幣経済を導入した時、貨幣という新しい資源を手に入れた若者たちは、伝統的な象徴財を独占した長老たちに従わなくなったのだ。

さまざまな社会には「老人たちが社会の階層の最上段から最下段まで位置する多くのケース」〔上85〕がある。その中には、大きく分けて尊敬と虐待の両極がある。虐待の中には遺棄、殺害が含まれる。第1章で紹介した花村太郎は、後に長沼行太郎の本名で『嫌老社会――老いを拒絶する時代』を書いているが、そのなかで五七の無文字社会を対象としたグラスコックとフェルマンの論文を挙げ、老人の処遇に（1）扶養（2）冷遇（3）死に追いやるほどの極端な冷遇の三種類を示している。扶養は全体の三五％だが、そのうち八四％はなんらかの冷遇と結びつき、極端な冷遇である「老人殺し」は一九％の社会に見られるという〔長沼 2006: 50-2〕。

虐待の例を挙げよう。

シベリア北東部のヤクート族は、家父長制のもとで父親が衰えるやいなや「息子たちは財産を奪いとり、多かれ少なかれ彼を死ぬままに放置した。」〔上54〕遠い親類になると「まるで人間ではなくて獣同然に、寒さと飢えで徐々に死ぬままに片隅に放っておく。」〔上55〕

ボリビアの森林に暮らすシリオノ族は、死にかけた老女をハンモックに置き去りにしたまま移動する。ガボン北部に住むファング族は、集団移住の際に老いた寡婦を森に遺棄した。トンガ族の富裕な男も衰え、貧しくなると「一個の廃物」にすぎなくなり、「村が移動するとき、老人たちは見捨てられる。」〔上60〕ボーヴォワールはこの例の中に、アイヌ族も加える。「目が見えず、耳が聞こえず、口もきけなかった」老女が、「ただ廃物としてとり扱われていた」という人類学者のランダーの一八九三年の記述を引用する。

遺棄、ネグレクトは、さらに自死、殺人に至ることもある。

シベリアのチュクチ族の老人は「死を選ぶように」説得され、息子が「死を宣告された者を［…］縊り殺した。」［上60］北アメリカのホピ族、クリークおよびクロー・インディアン、南アフリカのブッシュマンは老人を村はずれの小屋に連れて行き、遺棄した。エスキモー人は老人たちを雪の上に遺棄した。自死を選ぶ老人もいた。公の場所で殺害されることもあった。コーカサス地方のオセット人は「老人殺害協議会」を持っていた。カナダ、ウィニペグ湖の近くに住む北部オジブワ族は、老人が「壮健」であるあいだは呪力を怖れられるが、「老いさらばえた者」となれば呪力を失ったと見なされ、遺棄され、場合によっては殺された。

そのひとつの事例に、ボーヴォワールは「ひじょうに美しい日本の小説」、深沢七郎の『楢山節考』［深沢 1957］［上64］を挙げ、詳細に紹介している。日本各地に姥捨て伝説はあるが、伝承では六〇歳のところを、小説では七〇歳に変えてある。すでに作品化の時点で、小説家は時代の変化を設定に取り入れているのだ。とはいえ、考古学的事実によって姥捨て伝説を証明したものはない。

その脚色も含めて、この小説を読んだときの違和感をわたしは覚えている。これは民俗誌ではなく、近代小説ではないのか、という疑問である。おりんばあさんの倫理観は、共同体的というより、個人主義的なものではないのか、わたしたちがおりんばあさんに感動するのは、彼女が近代個人主義的な倫理主体だからではないのか、と。わたしは原作の小説を読み、木下恵介監督の映画も見た。北林谷栄の演じる舞台もみた。そしてこれが共同体の習俗と言われることに深い違和感を持ち、この作品の感動がどこから来るのかを考え続けた。そして、おりんばあさんは前近代人ではない、近代人だ、と思ったときに腑に落ちた。おりんばあさんは共同体の倫理を個人の内に深く内面化することで、共同体の犠牲者ではなく、共同体の超越者として、屹立したのではなかったか、と。

ボーヴォワールが挙げるこれらの事例を事実だと解するには、留保を置かなければならない。ボーヴォワール自身が指摘しているように、伝承（や神話）と現実とのあいだには乖離があるからだ。バリ島ではかつて「老人を犠牲に供し、その肉を食べた」という伝承があるが、「村の住民は、このような風習は決して存在しなかったと抗弁している。」［上89］その点ではHRAFの民族誌的記述がすべて事実だとするわけにはいかない。ボーヴォワール自身を含めて、HRAFの記述のなかに、オリエンタリズムが紛れ込んでいることを否定することはできないからだ。あらゆる民族誌がそうであるように、HRAFもまた事実の記述ではなく、その社会を観察した欧米人の記録だからである。

親子関係と老後

ボーヴォワールは虐待の原因を「食糧の窮乏、低い文化水準、そして家父長的きびしさから生じる両親への憎悪」［上55］に求めている。子どもの時に虐待を受け、親の支配がきびしかった者たちは、長じて後、老いた両親に復讐する。反対に親と子の関係が愛情で結ばれているところでは、親が老いても子どもは扶養をやめない。

「両親が食物を充分にあたえて子供たちを可愛がるとき、彼らは幸福で、明るい、親切な、そして、他人を愛する感情の発達した人間になる。とくに彼らは父母や祖父母に対して愛情をおぼえ、彼らへの義務があると考えてそれを果たす。」反対に「食物と庇護と愛情が不足していると、子供は怨恨と恐怖、さらには憎悪をいだいて成長し、〔…〕年老いた両親が自分で用をたせなくなると、彼は両親をなおざりにするであろう。」〔上92〕

ほんとうにそうだろうか？　老人の地位を世代間関係の愛憎で説明するボーヴォワールの解釈は、いささか近代主義的だが、それというのも、世代間関係も個人的なものではなく、社会的なものだからである。愛情と規範は違う。愛情から独立しているからこそ、規範が要求されるのだ。家父長制のもとで「孝」規範があるところでは、愛憎にかかわらず子は親を扶養する義務を果たすであろう。物質的に満ち足りていても、親の愛情が「支配」として子どもに作用する場合もあるし、欠乏のもとでも親の愛情を疑わずに育つ子どももいる。事実ボーヴォワールは「幸福な子供たちが年老いた両親に対して残酷になる」例外も見出している。

「幼年期に粗略に扱われるヤクート族やアイヌ族は、〔成人してから〕老人たちを野蛮なやり方でないがしろにするが、それに反し、生活条件はほとんど同じなのに、子供が王様扱いされているヤーガン族やアリューシャン族は、老人たちを敬うのである」〔上92〕と言いながら、同時に彼女は、「子供の親への愛は、慣習や宗教が課す形態をとる」ことを指摘するのを忘れない。

だが尊敬と虐待を分かつものは、それだけではない。フエゴ島に住むヤーガン族の老人たちは愛され、尊敬されている。アレウト族も「その不安定な状況にもかかわらず、老人たちの境涯は幸福である。」〔上70〕オーストラリアのアランダ族は、長老支配 gerontocracy を行っていた。その社会では「髪が半白の者」たちは「第一線の役割」を果たし、彼らの呪力は年と共に増し、ほとんど「不能者」になったときに「生涯の絶頂期に達する。」〔上73〕北米のナバホ・インディアンでは「老人たちのある者はひじょうな権威をもっている。」〔上76〕アンデス山脈の山麓の熱帯雨林に住むヒバロ族は老人の経験と超能力を畏れ敬う。コンゴのレレ族の長老は政治力を持っていた。ティヴ族の老人は宗教的・呪術的力を持つとされた。キクユ族では老人の知恵が尊敬された。「老年の女性は歯がなくなるとひじょうな尊敬を受け、人びとから「知恵にみちている」と考えられ」〔上82〕た。シエラ・レオネに住むメンデ族では、老人の記憶力が大きな役割を果たす。

虐待と尊敬のそのどちらでもない社会も存在する。「老齢が社会的な失格でも威信の源泉でもない、繁栄し均衡のとれた社会がいくつも存在している。」〔上85〕パナマのカリブ海沿岸に住むクナ族。南米のインカ族。インドネシア、バリ島の住民たち。結局、厖大な民族誌は、ボーヴォワールの解釈が例外だらけであることを証明してしまう。

女性の老い

女性の老いは特別な処遇を受ける。「それは男女の区別が年齢とともに消えるからである」〔上89〕とボーヴォワールは説明する。老女は女性に課されたタブーを破り、男のように「酒を飲み、タバコを吸い、男性と並んで腰をおろすこと」が許される。

「老いは、男性と女性にとって同じ意味も同じ結果ももたない。それは女性の場合、特殊な利点がある。更年期以後、女性はもはや性をもたず、婚期に達していない少女と同類となり、少女と同様、ある種の食事上のタブーを免除される。」〔上97〕

「彼女には超自然的能力があるとみなされ、そのために威信を獲得する」が、「逆に彼女に不利になることもある」。魔女として迫害を受けることもあるが、それ以上に魔女として怖れられる。日本の山姥もその一種であろう。山野を自由に駆ける山姥は、里の決まりや家の縛りを離れて、ジェンダーを超越する存在なのである。謡曲における「山姥」は異形の鬼女だが、大庭みな子の『山姥の微笑』〔大庭 1976〕や津島佑子の『山を走る女』〔津島 1990〕にあらわれるように、近代の女性作家たちがしばしば「山姥」という文化的アイコンを解放の表象とするのは、そのためであろう。ウーマン・リブの女たちもまた、「魔女コンサート」のように自ら「魔女」という呼び名を引き受けた。

老人の処遇

最後に彼女は言う。

「ある社会は、老人をどう扱うかによって、その社会の原理と目的の――しばしば注意ぶかく隠蔽された――真実の姿を赤裸々に露呈するのだ。」［上100］

『第二の性』も同じことを女性について論じた。ある社会が女性をどう処遇するかによって、その社会の文明度が測られる、と。老人についても同じことが言える。

わたしたちの社会もまた、この検証に耐えなければならない。

（1）この有名な一行は原著の冒頭にはない。生島遼一訳の日本語版（新潮社、一九五三～五五年）において訳者が構成を変えたことで冒頭に出てきたものだ。だがこの冒頭の一行を人口に膾炙させた生島訳の功績は大きい。原著の冒頭は「私は長いあいだ女性についての本を書くことをためらってきた。この主題はいらだたしい、とくに女にとっては。それに新しくもない」である。

（2）http://geront.jp/about/index.html

（3）卵子のもとである卵母細胞は、胎児のときにすでに作られている。それらは生まれてから減少してゆき、三〇代半ばを過ぎると次第に妊娠率が下がってくる。そのため、卵子が若いうちに子どもを産むべきだと安倍政権下で政府が「女性手帳」を提案したが、「産める状況にないのに」と猛反発を受けて、引っ込めた経緯がある。

（4）「未開社会」といういささか問題含みの概念は今日では使われなくなってきているので、本書では前近代社会または前工業化社会の意味で用いる。事実ボーヴォワールが扱うのは採集狩猟民のみならず、牧畜民、農耕民、さらには中国やタイなどの文明社会（彼女は「バリ島の住民を未開人とみなすことはできない」［上88］と言っている）、さらには日本の事例まである。民族学の持つ植民地主義的性格から言えば、当時の民族学の対象は広く「非西欧社会」

であると言ってもよいだろう。

（5） 老女が長生きするのは「無駄で罪」と発言したのは、元東京都知事、石原慎太郎（1932-2022）だが、動物学者のなかには、生殖期間が終わったあとに祖父母が生き延びることが、人類の文化伝承のために不可欠であったという説を唱えるひともいる。

（6） その後にさらに「若年寄り組」「年寄り組」が待っている。

（7） 英語の grandmother は文字通り「大きなママ」である。祖母を「大きいおかあさん」、母を「小さいおかあさん」と呼ばせている家庭があったが、第三者に「おかあさんは誰？」と訊かれたら、子どもは混乱するだろう。

第3章　歴史の中の老い

西欧社会にとっての歴史

文化の中の老いを論じることが共時的な比較なら、歴史の中の老いを論じることは通時的な比較である。老いの価値は、歴史と共に変動してきた。前章の「未開社会における老い」で「未開社会」とあるのが無文字社会、すなわち神話と伝承しかない社会のことを指すとしたら、第三章「歴史社会における老い」でボーヴォワールが「歴史社会」と呼ぶのは、書かれた史料、すなわち「文字を持つ社会」を指す。この歴史は、フランス人の彼女にとっては「西欧社会にとっての歴史」を意味する［上104］。

歴史上もっとも古い老いについての文書は、紀元前二五〇〇年のエジプトの文書だという(1)。それから彼女は古典古代のギリシャ、次にローマ、そしてキリスト教化した中世ヨーロッパと歴史を辿るが、キリスト教から見ればまことに異教的なギリシャ、ローマを「西欧文明の源流」と考えるのは、ある種の僭称にほかならない。また地中海文化圏から見てアルプスの北方、辺境に属するフランス（ゴート族やフランク族）や、さらに古代にはほとんど蛮族と言ってよい島国のイギリス（サクソン族）の歴史を、「ヨーロッパ史」とひとくくりにするのは、事後的に構築された「ヨーロッパ」というアイデンティティ（それはEUによってさらに強化された）の効果にすぎないのだから、アジアの読者であるわたしたちは、彼女のいう「西欧社会にとっての歴史」には、いくらかの留保をつけて読まなければならない。

ボーヴォワールの結論を先取りすれば「古代エジプトからルネッサンスにいたるまで、老いの主題が、ほとんどつねに規格化された仕方でとり扱われてきたことが明らかである。」〔上189〕

その「古代エジプト」のテキストとは、哲学者であり詩人であるプタ＝ホテプによる以下のような「陰鬱な描写」である（差別的表現は原文のママとする）。

「老人の終りはなんと苦しいものだろう！　彼は日ごとに衰弱する。視力は低下し、耳はつんぼになり、力は衰える。心にはもはや安らぎがない。口は黙して、もはやまったく語らない。知能は弱まり、昨日のことを今日は思い出すのも不可能となる。骨はことごとく痛む。〔…〕味覚も消えさる。」「鼻はふさがり、もうなんの匂いも感じない。」「老いは、人間を悲しませる最悪の不幸だ。」〔上106〕

この「老いのもたらす、障害についてのこの惨めな列挙」という「規格化された仕方」は、それ以降のテキストにおいても反復される。

わけても「老いの醜さを〔ローマの〕ユヴェナリス以上に荒々しく叙述した者はなかった」として、

ボーヴォワールは彼の文章を引用する。少し長いが紹介しよう。

「まずはじめには、顔の形が変わり、いとわしく、見分けがつかなくなる。皮膚のかわりに汚ない皮となり、頬は垂れ下がり、皺はといえば、タバルカの暗い森で年老いた母猿が口のまわりでかきむしるやつにそっくり。……老人どもは誰もみな同じだ。声はふるえ、手足も同様。つるつるの頭蓋には髪の毛はない。赤ん坊と同じように鼻水を垂らしている。パンを嚙むのに、老人は哀れにも歯のない歯ぐきしかもちあわせない。〔…〕口蓋はもう感覚がなくなって、むかしのように酒や料理を味わえない。色ごとについてはどうかというと、もうずっとむかしに忘れてしまった。……老人どもが集まると、ひとりは肩が、もうひとりは腰が、他のひとりは腿が痛むと嘆く。ひとりはすっかりめくらになってめっかちを羨むというしまつ。……老人にはもう分別なぞありはしない。長い生涯の報いとては、次々と大切なものを失う淋しさ、うちつづく喪、そして果てしない悲しみにとりまかれた黒い衣服の老い、それだ。」〔上 141-2〕

最古のテキストから始まり、歴史のなかの文書はいずれも同工異曲で、「この惨めな列挙」〔上 106〕を反復する。

これらのテキストの効果は何か？　ボーヴォワールは喝破する。

「黒人問題は白人の問題であり、女性問題は男性の問題である、といわれた。それでも女性は平等を獲得するために戦うし、黒人は圧迫に対して抗争する。ところが老人はいかなる武器ももたず、彼らの問題はそれゆえ完全に現役の成人の問題なのだ。成人たちは、自分自身の実際上の、またイデオロ

ギー上の利益にしたがって、退役者にどのような役割をあたえるべきかを決定するのである。」［上102］

これらのテキストの生産者は成人（男性）であり、彼ら成人は老人という「他者」について語り、この他者とは何者かについて述べる。だが、男性が女性になる可能性はいちじるしく低く、また白人が黒人になる可能性はほぼないにもかかわらず、すべての成人は死なない限りやがて老人になる。これらのテキストの同情のなさを見ていると、彼らは自分がいずれ「他者になる」ことへの想像力を欠いているように見える。

老いた女に対しては、ローマの詩人たちはいっそう容赦がない。ホラティウスは老女を次のように描写する。

「おまえの歯は黒い。年経た老いがおまえの額に皺の溝をうがち……乳房は牝馬のそれのようにだらりとしている。」そのうえ「彼女は臭い匂いがする」「なんという汗、そして彼女のぐにゃぐにゃの手足のいたるところにひろがるなんというおぞましい匂い。」［上142］

ボーヴォワールの解説は明快だ。

「男性の立場からすれば、女性の境涯は色情の対象であることなので、年をとって醜くなるとき、彼女は社会のなかに割り当てられた場所を失うのである。」［上142-3］

ここでの「色情」は「性欲」と置き換えてもよい。「オレサマをムラムラさせない女」は女のカテゴリーから放逐される。なんというわかりやすさだろうか。女の価値が男の性欲の対象になることだけにあるというミソジニー〔上野 2010/2018〕は、ローマ時代から現代まで、変わっていないように見える。反対に老いによって女のカテゴリーから降りることで、初めて女性が味わう自由があることを、ボーヴォワールは指摘することを忘れない。

老いのオリエンタリズム

西洋古典古代として扱われるギリシャ、ローマについて論じる前に、ボーヴォワールは「もうひとつの歴史」として中国に言及する。中国古代の文字の歴史は紀元前六〇〇〇年に遡る。エジプトの比ではない。

それ以前からあるフランス文化人の「中国趣味《シノワズリ》」のもとでは、中国は古代大文明のなかで、西欧による植民地化をまぬがれた偉大な文明として、例外的に尊敬の的だった。だが西欧人、ボーヴォワールの中国に対する視線は、ステレオタイプにまみれている。中国の歴史（動態）を扱うと言いながら、「中国ほど、文明が何世紀ものあいだ静態的で、きびしく階級づけられていたところはなかった」〔上 104〕と、非歴史（静態）化される。参照されるのは、孔子や荘子、儒教と道教である。

博覧強記のボーヴォワールが挙げるのは孔子のテキストである。

「吾十有五にして学に志し、三十にして立ち、四十にして惑わず、〔五十にして天命を知る、〕六十にして耳順う、七十にして心の欲する所に従いて矩を踰えず。」〔上 105〕

ここに「不老不死」を願う道教《タオイズム》の思想がかぶさる。

ボーヴォワールの見解はこうである。中国文明はいちども老いを否定的にとらえたことはない。家父長制のもとで女と若者は年長者の圧制のもとにおかれたが、年をとることは知恵と権威の獲得と同義だった、と。ただし、これが当てはまるのは男性の老いに限られる。

だが変化しないアジアとは西欧のオリエンタリズムの産物であって、現実とは区別される。彼女が中国を参照するのは、ひたすら西欧における老いの否定的イメージを比較によってきわだたせるためにすぎない。もし歴史の中の老いを論じるなら、テキストの中の老いと現実の老いとを区別しなければならない。くりかえすが史料とは書かれたテキストにほかならない。歴史を通してわたしたちが知ることのできるのは、テキストの中の老いに限られ、現実の老いについては知ることができないことに留意する必要がある。

ギリシャ神話の中の老い

多神教のギリシャ神話の神々は、怒ったり嫉妬したり互いに争ったりする。なかでも「世代間の争い」があり、そこでは若者が勝利する。

ボーヴォワールは書く。

「ギリシアの歴史と文学のなかには、若年者を古老たちに、息子を父親に対立させせた闘争の反響が数多く見いだされる。神話が形成された時代に、そうした闘争が存在していたのだろうか？　老人たちははじめは威信をもち、後になってとりあげられてしまったと、想定すべきであろうか？　それとも、現実に権力を所有していた若年者たちは、自分たちの優越を正当化する神話をとりあげて、それを豊かに粉飾したのであろうか?」〔上110〕

「われわれはこれらの仮説のどれを選ぶべきか、判定する手段をもたない」〔上110〕と、ボーヴォワールは謙虚である。

たしかにオイディプス神話においては、息子による父殺しが描かれる。そもそも父が赤児の息子を殺せと命じたのは、いずれ父を殺すようになるという神託を信じて、将来の禍根を断つためであった。王命に背いて赤児を野に捨てた従者は、赤児のくるぶしに針を刺し、ためにオイディプスは「足をひきずる者」となった。のちに神託どおり、父を殺して母と結婚したことで世代間の境界を侵したオイディプスは、『コロノスのオイディプス』では、盲《めし》いた老残のからだで放浪するが、その姿は犯した罪の報いのようだ。この物語は息子の下剋上を描くものなのだろうか、それとも禁を犯した息子への因果応報を描くものだろうか?

ギリシャ人たちは青春を礼賛した。武装した自由民から成るポリスの市民たち（これも男性限定だ）にとっては、戦闘に耐える能力と体力を持った壮年であることが必須だっただろう。ミシェル・フーコーが『性の歴史』〔Foucault 1976=1986〕で描くギリシャのアフロディジア（アフロディテの営み、すなわち性愛）では、異性愛より少年愛の価値が高い。

ボーヴォワールは紀元前六三〇年ごろのイオニアの僧侶、ミヌネルモスを引いて「それ〔青春〕がひとたび終わりに達すると、人生は死よりも悪くなる」として、「願わくは、病気も苦痛もなく、六

○の齢でパルク〔死の女神〕と死に出会わんことを」〔上115〕と言わせる。
　ギリシャ悲劇のなかでも老人はあわれな存在として描かれる。アリストファネスの喜劇のなかでは滑稽な存在として嘲りの対象となった。ギリシャでは、神話も悲劇も文学も哲学も、老人を悲観的に描き、若者に嘲笑させる。アガメムノンが長い遠征から帰ったときの年齢は何歳だっただろうか。ギリシャ人はあまり長生きしなかったのかもしれない。

ローマの長老支配

「老いに対するギリシャ人の悲観的な態度」は、ローマにおける長老支配 gerontocracy と対比される。ローマはなにしろ元老院のある社会だ。この長老権力が財産の私有権と結びついていることを指摘するのを、ボーヴォワールは忘れない。今日わたしたちが「家父長制 patriarchy」として知っている家父長 patriarch 支配の原型は、ローマのドムス domus（世帯）にある。

　ドムスは家父長が支配する世帯を意味する。ドムスの成員である family、その語源であるラテン語の familia はもとは妻子と奴隷、家畜の集合体、すなわち家父長の所有物を指していた。裏返せば、妻も子どもも奴隷や家畜なみの家父長の所有財だったのだ。だとすれば家父長制のもとでは、子どもが売り買いされるのはあたりまえだし、妻の姦通が賠償金で決着がつくのも理解できる。つまり妻の姦通とは所有物の毀損にあたるから損害賠償の対象となる。こういう社会では姦通をめぐる両性の双務性など、成り立つべくもない。

ボーヴォワールは書く。

「老人たちの特権的状況は、家庭の内部で確立される。家長の権力はほとんど限りがない。彼は事物に対するのと同様の権利を人間に対してももっており、殺し、傷つけ、売る、ことができるのだ。」〔上 133〕

ドムスの中で主婦は、子どもの教育や奴隷や家畜の管理などに一定の権限を持っていた。この妻の権力の源泉の一部は、妻の実家の威勢から来ていた。ボーヴォワールは注で以下のように触れている。「ローマの夫人は、父の氏族《クラン》と夫の氏族《クラン》との両方に所属していたおかげで、その一方についての不満を他方に訴えることができた。(2)」〔Strathern 1972〕〔上 133〕

人類学者のクロード・レヴィ゠ストロースは結婚を「女の交換」と定義したが、男性集団のあいだを移動する女性は、出自集団と婚入した集団のあいだのパワーバランスを巧妙に操ることでその両方に対して影響力を行使することができる。女性はたしかに「交換財」だが、彼女たちはモノではなく、知恵も才覚もある生きた人間だからである。だからこそ家父長制のもとでは妻の実家の勢力を削ぐべく、上昇婚が行われるのだし、また結婚が非可逆的な移行として女に刻印されるのだ。

イギリスの文学批評家のテリー・イーグルトンは、近代の「情熱恋愛」を、女を「父の支配」から「夫の支配」へと自発的に移行させるスプリングボードと呼んだ〔Eagleton 1982=1987〕。父を裏切って夫のもとへ走った娘は、もはや父の庇護を恃《たの》むことができず、夫の横暴にも耐えなければならない。反対に実家の権勢を背負った娘は、徳川家康の孫、千姫のように、何度も「交換財」として使いまわされる。(3) こういう女性にとっては、離婚はスティグマにならない。

さらに女性は「父親から財産を分けてもらったあとは完全に経済的独立を獲得した」［上 133］という。ローマの女性に限らず、中世までは貴族の女性は財産の相続権と所有権を持っていた。持参金や所有地を持って婚姻した女性は、結婚したあともそれらに対する所有権を失わなかった。婚姻によって女性がすべての権利を失うのは、皮肉なことに近代以降のことである。フランス革命以後のナポレオン法典によって、妻の財産は夫の財産に編入され、既婚女性は契約の主体としての権利も失う。時代の変化とともに女性の地位が向上したという、定向進化的な歴史観を採ることはできない。ここでわかるのは、年齢、性別を問わず、富が権力と結びついていることである。

日本についても見ておこう。主婦権の歴史を研究する中世史家の脇田晴子によれば、平安朝までの女性は、権勢のある氏族の姉妹であり娘であることで力を持った［脇田 1992］。ひるがえれば力のある男性親族の後ろ盾を持たない女性は、弱い立場に置かれた。(4) 同時に女性もまた娘として財産権を持っていた。古代貴族政治から中世の武家支配への移行のなかで、氏から家へと変化が起き、女性は財産権を失った。代わって家制度のもとで婚入した正妻の地位は家の経営者として強化され、主婦権が確立した。今日においても経営体としての家を代表する資格を、もとは異族である妻が持つことは、遺された妻が家業の後継者になったり、死亡した政治家の弔い合戦に出馬することからもわかる。二〇二二年のＮＨＫ大河ドラマ『鎌倉殿の13人』に見るように、北条政子の権力の源はそこにある。相続者を血縁者に限る血縁原理を家族主義と呼ぶならば、家の後継者に妻や養子など非血縁者を招きいれることをためらわない日本の家制度は、厳密には家族主義とは呼べずイエ原理と言うべきであろう［村上・公文・佐藤 1979］。

古代から中世への移行にともなって、女性の地位はどう変化したか？　姉妹と娘としては地位が低下したが、妻としては地位が上昇した、というのが正解だと脇田は結論する。女性の地位の判定は一元的な尺度では測れないのである。(5)

オイコスとドムス

ギリシャにもドムスに相当するオイコス（家）があった。オイコスの長が家父長であり、自由民であるための条件はオイコスの支配者であることだった。エコノミーの語源であるオイコス・ノモスは家の統治のこと、すなわち経済学はもとは家政学から来ている。ポリスはこの自由市民と認めあった者たちの共同体である。オイコスの中には妻子と奴隷がいる。ギリシャの民主主義は完全に家父長制や奴隷制と両立可能だった。アメリカ合衆国の民主主義も奴隷制と両立可能だった。民主主義は参加者の条件を制約することで、いかなる抑圧や排除とも両立しうる。だから民主主義を過度に理想化しないほうがよい。

家父長制はもっとも広義には「年長男性による女性及び年少男性に対する支配」と定義される［上野 1990/2009］。この世代間支配に富という階級支配が結びつくことで、家父長制はより強固になる。

ギリシャの特権階級においては、「老人の境涯は所有権制度に結びついている」とボーヴォワールは指摘する。

「所有権がもはや力に依存せず、法律によって堅固に保証され制度化されるとき、所有者の人格は非本質的で、どうでもいいものとなる。彼は自分の所有物のなかに自己疎外され、彼において尊敬されるのは彼の所有物なのだ。人びとが考慮するのは彼の個人的能力ではなく、彼の諸権利なのである。したがって、彼が年老いていようが、虚弱であろうが、さらにまた無能力であってもたいした問題ではない。」〔上116〕

法は言語である。したがって無文字社会では実定法ではなく慣習法しか存在しない。無文字社会にも階級はある。よく知られたものがパプアニューギニアのビッグマン・システムである。豚が財産であるニューギニアでは、複数の妻を得た精力盛んな壮年の男性は、妻の労働を通じて飼育する豚の頭数を増やすことに成功する。儀礼や交換に際して彼は所有財である豚を屠り、共同体の成員に分配することを通じて、権力と権威を獲得する。生肉は保存がきかないから、蓄財はできない。だがこのビッグマンの権力は、彼の年齢と共に衰え、世襲がきかない。ビッグマン権力は一代限りのカリスマ的権力なのだ。これが貴族制のような世襲権力に移行するには、農業の成立と私有財産制を待たなければならない。

年齢と富とが結びついたローマでは、長老支配が確立した。やがてそれは少数の特権者たちから成る寡頭制 oligarchy へと変化し、さらに帝政へと移行する。ウクライナへの侵攻でにわかに有名になったロシアの「オリガルヒ（政治的影響力を持つ新興財閥）」という用語は、その語源からコネと特権にもとづく政治支配を連想させる。この特権は自由民のあいだに階層格差をもたらす。ボーヴォワールは「最古代のローマ人には、老人たちを溺死させて厄介払いをする」「橋送り ad pontem」という習慣があったらしい［上130］と報告する。元老院議員たちは「橋送りされざる人びと depontani」と呼ばれていたからである。長老の権力を保証したのも富であった。

ローマは何世紀にもわたって征服と侵略をやめなかった。その最前線に立つ戦士たちは、武力を以て長老たちの支配を覆そうとはしなかったのか？　とボーヴォワールは問いを立てて、こう答える。征服は「元老院、つまり高齢な人びとによって導かれたこの集団的事業」であり、「将軍たちは、栄誉に輝く者でも、ローマのたんなる奉仕者にとどまっていた。」［上133］征服は世界の各地から莫大な富を長老たちにもたらした。すなわち戦争という武力による事業は、富を求める経済事業に移行した。歴史社会、すなわち文字と階級を持つ社会では、武力による支配は富による支配に従属するようになった。帝国の支配が、収奪を目的とする植民地支配と分かちがたく結びつくのはこのためである。

家父長制の抑圧に苦しむのは女だけではなく、年少の男性たちもである。ローマでは「若者たちは老人が嫌いである」とボーヴォワールはカエキリウスを引用する。さらに老人は「若い者の嘲笑の対象」である、とルキアノスに言及する［上144］。「たしかに若者は、羨望と恨みと憎悪の気持ちで老人の権威に服していたのだ」［上144］と。だが、女とちがってこの若者たちには、いずれ長老になる道が開かれている。ギリシャで少年愛の対象となった少年たちが、いずれは念者《ねんじゃ》となって「刺し貫かれる者 penetrated」から「刺し貫く者 penetrator」へと移行する希望が持てるように、若者は家長の権威に従う側からやがて家長に移行し、みずから家父長制を再生産する側にまわるようになる。

バルバロイたちの社会

アルプスから北のヨーロッパは、ローマ人にとっては野蛮人の世界だった。

ボーヴォワールは明快である。

「二つの事実が古代世界の終末を告げる、蛮族《バルバロイ》の侵入とキリスト教の勝利である。」〔上 144〕

ここでいう「蛮族」とはゴール人、スラヴ人、ゲルマン人たちである。彼女は「六世紀における西ゴート族の法律」に規定された「自由人を殺した場合に要求される償いの罰金額」を紹介している。

「一歳の子供については六〇スー金貨、
一五歳から二〇歳までの少年については一五〇スー、
二〇歳から五〇歳までの男子については三〇〇スー、
五〇歳から六五歳までの男子については二〇〇スー、
六五歳以上の男子については一〇〇スー、
一五歳から四〇歳までの女子については二五〇スー、
四〇歳から六〇歳までの女子については二〇〇スー」〔上 145〕

年齢と性別によって、人間の価値はこれほどあからさまに差別化されていた。あなたがどこにあてはまるか、点検してみるとよい。女子の賠償金は男子のそれより安く、年老いた者の賠償金は壮年の者より安い。今日の法廷においても事故や殺人による逸失利益を求める民事訴訟では、女児の「命の値段」は男児のそれより安く、専業主婦の「値段」は働きざかりのその夫より安い。

ゲルマン人の社会では「若い者の優位、とくに父から子への権力の移行」〔上154〕がしばしば起きた。「所有権を失った父親は、継承者たちにしばしば手ひどい処遇を受けた。」〔上152〕

その例証にボーヴォワールが挙げるのは、シェイクスピアの戯曲『リア王』である。「リア王」の伝説は、シェイクスピアによって戯曲化される前に、広く人口に膾炙していた。だが「シェイクスピアの偉大な戯曲のなかで、『リア王』は一般にもっとも歓迎されず理解されないものだったのである。」なぜなら「個人は、われわれの両義的境涯の暗い面を認めることを嫌う」からである〔上195〕。

さらに「一七世紀のフランスは、年老いた者にとってきわめて苛酷だった。」〔上195〕

「当時の平均年齢は二〇歳から二五歳だった。幼児のうち半分は一年たたないうちに、そして成人の大部分は三〇歳と四〇歳のあいだで、死んだ。〔…〕三〇歳の農家の女性は、皺がよって痩せ衰えた老婆であった。王や貴族やブルジョワでさえ四八歳と五六歳のあいだで死んだ。人びとは一七歳あるいは一八歳で公的生活にはいり、昇進はきわめて早かった。四〇歳の人間は老いぼれとみなされた。〔…〕五〇歳になった人間は社会にはもう場所がなかった。」〔上195-6〕

中世ヨーロッパは、老人には苛酷な社会だった。とりわけ女性の老人には。中世末期、女性の高齢者は差別されただけでなく、「魔女」として迫害の対象にすらなった。ふしぎなことに「女の老い」を描くボーヴォワールの筆には、魔女狩りの歴史が登場しない。魔女として告発された女たちは、老女や寡婦、すなわち家父長制の外に置かれた女性たちだった。

一八世紀、近代が始動する。近代になって高齢者がどんな処遇を受けるようになったかは、稿を改めて論じよう。その前に、中世末期に魔女狩りというミソジニーの黒歴史があったことを忘れてはならない。歴史家のミシュレが描くように、魔女狩りとは一四世紀から一八世紀にかけての中世から近代への過渡期、つまり近過去の出来事なのだ。近代の黎明期に起きたルネサンスを、歴史家は「人間復興」と呼ぶ。だが、女性史家のジョーン・ケリーは「女にルネサンスはあったか?」と問いを立てる［Kelly 1984］。ルネサンスは男にとってと女にとってとでは、違う意味を持っていた。キリスト教道徳が支配し、フーコーのいう一夫一婦制の「婚姻の秘蹟」が価値を持つにつれ、婚姻の外にいる女たちは排撃された。「男に属さない女」は売女であり、魔女と見なされたのである。

（1） 文字の歴史はそれ以前に遡る。漢字の原文字は紀元前六〇〇〇年に遡るし、シュメールには紀元前三〇〇〇年に楔形文字があるが、解読されていない。エジプトのヒエログリフは紀元前三〇〇〇年ごろからあり、解読されるようになった。

（2） 人類学者のマリリン・ストラザーンはニューギニアをフィールドとした『あいだに立つ女』［Strathern 1972］で、交換財としての女が、婚出した出自集団と婚入した姻族集団とのあいだでいかに巧妙にパワーバランスをとり自分の地位を高めるかを生き生きと描きだした。女はただの財ではなく、口をきく財なのである。

（3） 千姫は徳川秀忠の娘であり、家康の孫。豊臣秀頼と政略結婚をしたが、大坂城の落城から救出され、のちに桑名藩主の嫡男、本多忠刻と再婚、夫に早逝されてからは江戸城へ戻った。

（4）『源氏物語』に登場する男性親族の後ろ盾を失った若紫、のちの紫の上の運命がそうであろう。ほとんど略取のように源氏に引き取られ、強姦同然に性関係を強いられ、長きにわたって連れそったにもかかわらず、ついに正妻の地位を与えられることはなかった。生涯の終わりに紫の上が出家を決意するのは、源氏に対するリベンジとも解釈できる。

（5）レヴィ＝ストロースはフランスにも日本の「家」に相当するla maisonがあったと証言している。la maisonの妻は日本の主婦権並みの権力を持っていたと考えられる。

第4章　近代化の中の老い

人口と近代化

ボーヴォワールの『老い』に触発されて、ジョルジュ・ミノワは『老いの歴史』〔Minois 1987=1996〕を著した。

「すべての社会は、生きること、そして生きながらえることをめざす。それで、青春と結びついた活力と豊穣を称揚し、老年の疲弊と不毛を恐れる」〔上48〕を『老い』から引用した上で、ミノワの結論はこうである。

「シモーヌ・ド・ボーヴォワールはこう断言したが、本書で取り上げてきた古い時代の社会においては、この指摘がとりわけ正しいことが実証できた。」しかしその中でも「細かい変動が生じ、ある地域において、あるいはある時期において、老人の置かれた状況はよくなったり、悪くなったりした。」〔Minois 1987=1996: 399-400〕

ミノワが扱うのは西欧の、それも副題にあるとおり、「古代からルネサンスまで」に限定されている。一六世紀、ルネサンスという近代の黎明期において描かれた老いの姿は、彼によれば以下のようなものだ。

「一六世紀の文学に描かれた老いを総括してみると、すべてにおいて否定的である。人文主義者にとって年をとることはまったく厄介で、老いは醜さと、不自由さと、耄碌《もうろく》を持ち込んで生の魅力をだいなしにし、あらゆる人生に愚かで不幸な終末をもたらす。」[Ibid.: 376]

一六世紀、ルネサンスに続いて宗教改革が起きると、教会への人口登録とともに人口調査も増加した。宗教戦争の時代が終わり、貴族階級に限れば男性の生存率は高まり、女性の高齢者は増加した。人口という概念が成立したのである。

近代を準備したルネサンスに続けて、西欧は巨大な変動の時代を迎える。

「一九世紀にヨーロッパは変貌する。この世紀に起きた種々の変化は、老人たちの境涯と社会が老年についてつくりあげる観念に大きな影響を及ぼした」[上 223] とボーヴォワールは書く。すなわち近代化である。

わたしたちはここから初めて、近代社会の中の老いについて論じることができる。それは近代化が老いにもたらした変貌を通じて、今日わたしたちが見知っているような老いの姿へとわたしたちを導く。

ボーヴォワール自身は「歴史社会における老い」で、古代エジプトから二〇世紀までをひとつの章のなかで扱い、その次の第四章「現代社会における老い」へとつなげているが、わたしたちはここで近代化に伴う老いの変貌について、詳細に検討してみたい。ここまでに論じられた老いとは、いわば「前近代社会における老い」であって、それ以降、わたしたちの社会は大きな変動を経験しているからである。

変動の時代

近代化とは何よりもまず巨大な人口学的変動を意味する。

「ヨーロッパの人口は一八〇〇年には一億八七〇〇万人であったが、一八五〇年には二億六六〇〇万人に、一八七〇年には三億人となる。」〔上223〕

一九世紀の七〇年間に一・六倍増である。

ウォルト・ロストウの近代化論は、経済成長の成長曲線の変化を挙げるが、GNPの成長曲線の幾何級数的な上昇開始の特異点を、近代化の「離陸 take off」と名づける。なるほど航空業界から用語を借用したように、離陸のあとの上昇曲線は、航空機の上昇の軌道と似ているからだ。この成長曲線は、しばしば人口曲線と一致する。GNPの算定には貨幣経済指標が必要だが、非市場的な現物経済の占める割合が大きいところでは、GNPの測定はむずかしい。それよりも明示的な指標が、人口曲線である。

ホモサピエンスが登場して以来の人類史は、二度にわたる爆発的な人口革命を経験したと言われている。第一は狩猟採集経済から農業経済へと移行した農業革命、第二は産業革命である。狩猟採集民が生態系と安定的な関係を築いていることはよく知られている。自然の再生産能力には限界があることを彼らはよく知っており、その資源を採り尽くすような不合理な行動はしない。ボーヴォワールは第二章「未開社会における老い」で、あたかも移動生活を送る狩猟採集民がぎりぎりの生存ラインで生きているかのように描きだすが、そしてそのために高齢者に資源を分け与える余裕がないかのように論じるが、さまざまな狩猟採集民の民族誌的事実にしたがえば、その認識はまちがいである。予期せぬ天変地異や災害によって資源が枯渇することはあるだろうが、たいがいの場合、狩猟採集民たちは、生態系に余裕を残して生存レベルを維持している。したがってむやみと妊娠出産することもなく、人口もほぼ定常状態に保たれている。エスキモーの調査では、おそらく性交頻度も抑制されているだろうと言われている。政府によって定住農耕生活に誘導されたアフリカのブッシュマンは、飢饉の際には、ふたたび狩猟採集生活に戻った。その方が「食べていける」からである。

人口は生産力の関数である。農業によって生産が拡大し、資源が蓄積可能になり、養える人口が増えると同時に、そうやって増えた人口がさらなる生産力の拡大を産むことで、人口の幾何級数的な拡大が起きる。だがそれもある時点で臨界点に達する。その後数次にわたる農業の技術革新に際していくらかの人口変動が起きたほかは、農業社会は長期にわたって安定的な人口の定常状態を維持してきた。

産業革命によってこれに変化が起きる。人口が幾何級数的に増える人口爆発が起きた（図2）。一八世紀の世界の人口は約一〇億人、それが二〇世紀には約七〇億人、二一世紀で約七倍に増えた［Morland 2019=2019］。とりわけ増えたのがアングロサクソン族である。この急激な人口変動が社会の変動を招

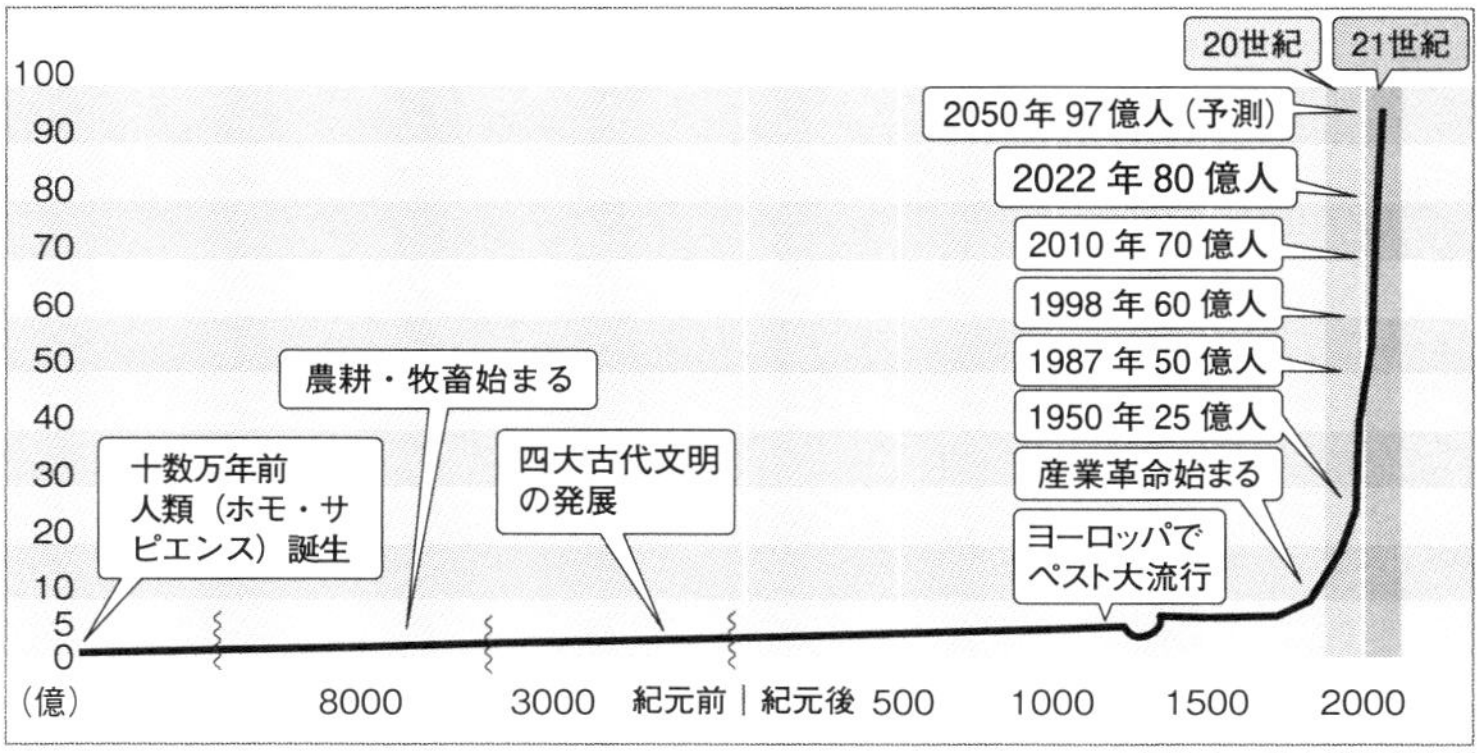

出典：国連人口基金

図２　世界人口の推移（推定値）

かないわけがない。いや、社会変動が大きいからこそ、その帰結として人口変動が起きたと考えるべきだろう。

人間の社会現象のなかで人口現象ほど予測が確実にできるものはない。にもかかわらず、人口現象は、なぜそれが起きるかがよくわからない不思議な現象なのである。

人口増加にともなって若年人口の増加が起きるが、同時に人口高齢化も起きる。生まれた者が死ななくなっただけでなく、長命になった結果、人口の総量は増える。ボーヴォワールはすでにこの時点で人口高齢化を予測している。

「今日のあらゆる現象のうちで、もっとも異論なく確実に進行し、長期間の予測がもっともたやすく、しかもおそらくもっとも重大な結果をもつのは、人口の老齢化である」というソーヴィの発言をボーヴォワールは引用する［上256-7］。

人口高齢化は出生率とつよく相関している。人口現象は生殖年齢にある男女が個別の行動を行うことでそれが集積して集合的な現象となるものである。個々の男女は国家や社会のために子どもを産むわけではない。だが「一族のため」とか

「祖先のため」という要請もあるだろうし、また四〇歳すぎて子を産むと「恥かきっ子」とサンクションの対象になることもあった。規範的社会的要因だけでなく、物理的・生理的・経済的要因などで、産める場合も産めない場合もあっただろう。だが、発情期を失った動物と呼ばれる人類も、セックスしまくって妊娠・出産しつづけるという、非合理な生きものではない。

近代化における人口増はしばしば周産期死亡率の低下で説明される。かんたんにいうと子どもをたくさん産んでたくさん死ぬ社会から、たくさん産んで少なく死ぬ社会への移行である。だが歴史人口学の知見では事情はそうかんたんではない。江戸時代末期の人口はおよそ三千万人、三〇〇年続いた日本近世の人口はほぼ横ばいだった。それは江戸時代の男女が無節操に妊娠出産し、乳幼児がどんどん死んでいったからではない。授乳期間の長い前近代では、授乳期に排卵が抑制されるだけでなく、栄養水準から見ても出産間隔は長くなる。授乳期に排卵が始まり、その結果年子が生まれるのは栄養水準がよくなった近代以降のことである。また生まれた子どもに対する「子返し」と呼ばれた間引きや中絶もあった。たしかに周産期死亡率も乳幼児死亡率も高かったとは言え、前近代の女は孕みつづけ、産みつづけていたわけではない。性交頻度、間引きや中絶を通じて、江戸期にも産児制限は行われていた。その結果、近世日本における人口再生産は、ほぼ定常状態を保っていた。

近代になってから合計出生率は平均五人台に上昇する。生まれた子どもがほとんどすべて成人に達するようになる。生産年齢人口の多い人口ボーナス期の到来である。その反対が従属人口（子どもと高齢者）に対して生産年齢人口が相対的に少ない人口オーナス期であり、今日の日本はとっくにこのゾーンに入っている。経済成長はこの人口規模による国民経済のパイの大きさと連動していると説明する経済学者もいる〔藻谷 2010〕。人口オーナス期に入った日本が、もはや「成長の夢」を見つづけていられないことは当然だろう。

出生率が二・〇七を維持すると人口再生産は定常状態に保たれる。生まれた子どもがほぼすべて成人に達することが期待できるようになると、家族計画とも呼ばれる産児制限が始まる。「少なく産んで大事に育てる」子どもの世紀が、二〇世紀である。気がつけばいかなる政治的強制力もなしに、夫婦に子どもふたりまでの標準世帯が広汎に成立していた、日本は出生率半減を短期間でなしとげた人口転換の優等生国なのだ。この時点で人口曲線はプラトーに入る。日本ではさらに出生率が人口再生産水準を割って一・二〇（二〇二三年）に下がった。年間死亡数よりも出生数が少ない人口減少社会に至ったのである。

もし近代という時代をこの人口増加を指標とする移行期だとすれば、近代はすでに終わったことになる。わたしたちは近代の次の段階、ポスト近代に位置しているといえる。高齢社会の問題化とはすぐれてポスト近代の問題なのである。

比較老年学の知見

ドナルド・カウギルというアメリカの人類学者が、以下のような比較老年学の知見をまとめている。

（1）老人の地位は近代化の程度に反比例する〔近代化が進むほど老人の地位が下がる〕

（2）老齢人口の比率が低いほど老人の地位は高くなる
（3）老人の地位は社会の変化の速さに反比例する〔変化が速い社会ほど老人の地位が低い〕
（4）定着社会は老人の地位が高く、移動社会では老人の地位が低い
（5）文字を持たない社会では老人の地位は高い
（6）大家族ほど老人の地位は高い
（7）個人主義化は老人の地位を低下させる
（8）老人が財産を持っているところでは老人の威信がある〔Cowgill 1972〕

（1）から（7）までの特徴はすべて近代化した社会にあてはまる。（1）近代化が進んで、（2）老人人口が増え、（3）社会の変化が速く、（4）工業化によって人口移動が激しく、（5）文字を含む情報リテラシーが高く、（6）核家族が一般的になり、（7）個人主義が定着した社会では、老人の地位が低い。つまり近代化は老人の地位を低下させるのである。

最後の（8）はどの社会にも共通するようだ。家父長が財産権を持っているところでは成人した子どもたちも家父長権力に従わなくてはならない。

ボーヴォワールは一八五五年にあいついだ親殺しの事件に言及した行政官の記録を引用して、「一度財産を譲ってしまうと、一家の長はすべての権威を失う。彼は、子供たちから軽蔑され、嫌われ、彼ら各自の家庭から放り出され、年金はしばしば渡されず、住居もあたえられず、転々と盥回しにされるという状態になる」〔上228〕と言う。シェイクスピアが『リア王』で描いた世界である。したが

ってこの行政官、テュロは「老人たちが存命中に財産を分けることは賢明でないと忠告する。」［上228］今日でも高齢者向けの生き方指南書では、たとえ政府が税制優遇によって誘導しようとも、財産の「生前贈与」などしないほうがよい、とアドバイスするのとそっくりである。

富とはなんだろうか？　現物経済の社会では、富の蓄積は難しい。生肉は保存できないし、穀物の保存も期間が限られる。富の蓄積のためには、富は象徴財に姿を変えなければならない。その象徴財には貝殻や石材、装身具など、今日貨幣として知られるもののすべてが含まれる。裏返せば、わたしたちの知っている貨幣もまた、共同体の信用力を物象化した宗教的な呪物にすぎない。共同体が信用を失えばその呪術はただちに解け、ただのキツネの葉っぱに変わる。敗戦時の戦時国債を思い起こせばよい。

第二章でボーヴォワールが指摘したように、無文字社会の若者が老人に対する畏怖の感情を失い、「老人の束縛から脱」するような価値の転換は、彼らが「白人の文明と接触したときにしばしば起こった。」［上99］白人文明との接触は、グローバルな貨幣経済を持ちこんだ。伝統的な象徴財の価値は、貨幣経済の進出にともなってその呪力を失ったのである。それまでの象徴財は新たに導入された貨幣に取って代わり、現金収入を得る機会を持った若者たちが長老の地位に対抗して、老人の地位は下落した。儀礼交換で有名なサモアでは、婚姻に際して妻方から夫方に贈られる伝統財であるファインマットという精緻な樹皮布と交換に、夫方から妻方へ貨幣が贈られるようになった。そのファインマットも商品化されて市場に出回るようになった。貨幣が登場するようになると、海外出稼ぎやトラックの運転手などの労働によって現金収入を得るようになった新興エリートたちの地位が上昇する［山本 2018］。したがって老人が富を独占しているような伝統社会においても、グローバリゼーションによって変化の速度が速く、かつ人口の移動が大きい社会では、やはり老人の地位は低下する。

以上のようにどの点から見ても、近代とは老人にとって呪われた時代なのである。ボーヴォワールは近代化の過程の変貌を述べた後に、こう言う。

「以上のことは、老人全体にとって状況が前よりも有利になったことを意味するものではけっしてない。それどころか逆に、彼らの多くが、世紀の経過とともに展開した経済的発展の犠牲となったことを、われわれはみるであろう。」［上 223-4］

翁童論の人生曲線

日本文化論の『菊と刀』で有名なルース・ベネディクト(1)［Benedict 1946=2005］は、日米の文化を比較して図3のような人生曲線を描いた。横軸が年齢、縦軸が自由度、自由度曲線において、日米はちょうど対照的になる。

人生の始まりと終わり、すなわち老人と子どもはしばしば同一視される。「幼児と老人は無能力という点で互いに似ている」［上 240］とボーヴォワールは書く。また『レ・ミゼラブル』のなかでヴィクトル・ユーゴーは「老ジャン・ヴァルジャンと幼児コゼットの一対《カップル》を、感動をこめて描いた。」［上 240］ディケンズの『骨董店』でも「深い愛情に結ばれた小さいネルと祖父」の「老人＝幼児という一対《カップル》」［上241］はくりかえし描かれる「大衆の心に触れる」主題となった。ボーヴォワールはその理由を次のように説明する。

「家庭の変貌は孫と祖父母の関係を変革した、彼らのあいだには反目のかわりに協調が生まれる。もはや家長ではなくなったので、祖父は両親の頭ごしに小児たちと共犯関係《なれあい》を結び、また逆に、子供たちは彼のなかに楽しげに甘やかす遊び仲間を見出す。」［上233］

つまり近代化と共に祖父母は権力者ではなくなったので、同じ無力な子どもたちと同盟関係を結ぶのだ、と。しかしフランシス・バーネットが一八八六年にイギリスを舞台に描いた『小公子』では、孫のセドリック少年と厳格な祖父、ドリンコート伯の関係はけっして甘やかなものではない（のちに祖父は軟化するが）。つまり富と権力の直接の継承関係にある者のあいだでは、むしろ反目と対立があたりまえなのだ。

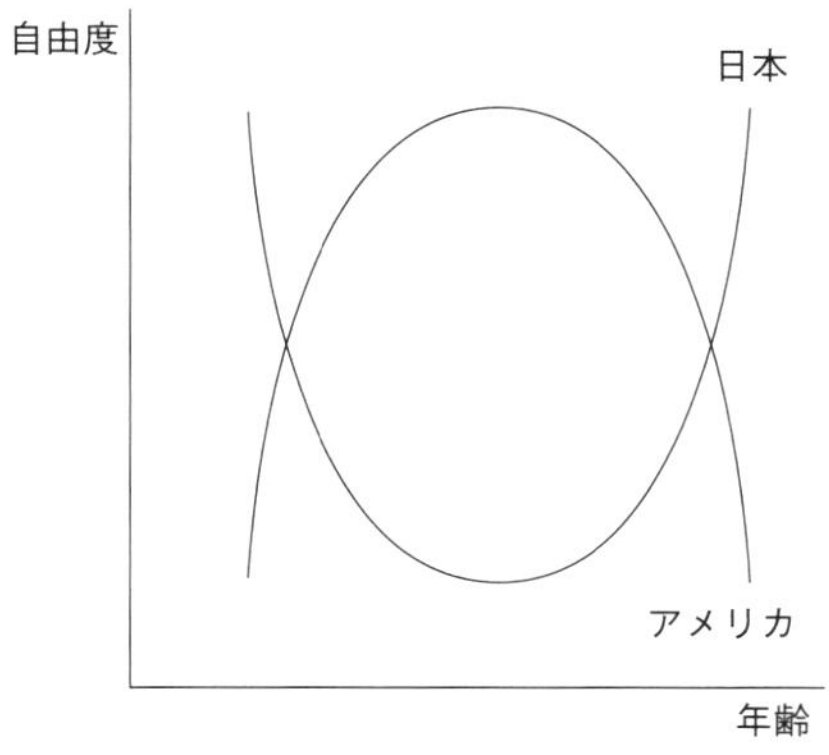

図３　日米の人生曲線

日本にも老人と幼児を同一視する翁童論がある［鎌田 1988］。ベネディクトが描く人生曲線では、老人と幼児は同一視されているが、日本とアメリカではその同一性の方向が逆向きである。アメリカ文化においては両者は無力であるがゆえの同一視であり、日本ではその逆、むしろ社会規範を逸脱した自由や闊達さにおいて同一視されるところが対照的である。無力な者は責任能力を持たないがゆえに、行動を制限され、成人の監督下に置かれなければならない。反対に日本のような社会では、成人以前の幼児と成人以後の老人とは、世間の規矩を離れて自由にふるまうことができ、社会もまたその逸脱に寛容なのだ。

こういう社会では「オトナになる」ということの意味づけがいちじるしくちがってくる。アメリカのような社会では、子どもは大人の制約を一刻も早く逃れて「大人になりたい」と思うであろう。反対に日本のような社会では、オトナになるということは責任と制約を背負うことにほかならないから、オトナになることへの拒否感を子どもたちが持つとしてもふしぎはない。

「老人になる」ということについても同じことが言える。アメリカのような社会では、老人になるということは責任能力とそれに裏づけられた自由とを手放すことを意味する。それが歓迎すべき変化でないことは想像にかたくない。他方、日本のような社会では、老人になるということは、人間界を離れて「仙界に遊ぶ」悠々自適の境涯を楽しむことを意味する。それが実現できるかどうかは別として、東洋の文化理想は老人の境涯をポジティブに描きだす。

だがこの日米比較文化を、文化という不変の定数で説明するのは適切でない。未開社会であっても歴史とともに変化する。ボーヴォワールが依拠したHRAFの民族誌データも、極論すれば白人社会と接触した後の民族社会の姿であり、それ以前については知りようがない。

アメリカ社会はその当時、世界でもっとも移動と変化の激しい社会だった。そこに技術革新と移民が拍車をかける。こういう社会では若さと新しさの価値が最大化し、「古い」と言われることは無効と失格を意味するようになる。

「今日の技術主義《テクノクラシー》的社会では、知識は年月とともに集積されるのではなく、時代おくれになる」。したがって「経験ということが以前ほど価値あるものと思われなくなったために、老年の威信がひじょうに低下した」〔上244〕とボーヴォワールは指摘する。

それだけではない。アメリカは第二次世界大戦後も新移民が相次いだ。移民一世は言語習得もままならず、移民二世は親の言語とホスト国の言語とのバイリンガルになり、移民三世はホスト国の言語のネイティブ・スピーカーとなってアメリカ化が完成する。「日に日にアメリカ人になっていく」ような移民社会では、一世より二世、さらに三世の方が有利であり、二世や三世が一世の出自を恥じるというようなことも起きる。

日本の戦後もまた移動と変化の激しい社会だった。農村の技術革新のなかで、ガス釜が普及したことで、ガスの取り扱いのできない姑は、米を管理・分配するしゃもじ権を若い嫁に手放さなければならなかった。農村の生活改善運動のなかには「一日一回フライパン料理」という栄養改善をめざした油を使った料理の奨励もあり、伝統料理しか知らない旧世代の姑たちは、台所を嫁に明け渡さなければならなかった。技術革新は家のなかの嫁と姑の力関係をも変えたのだ。

ベネディクトの描く人生曲線を、文化という共時軸ではなく、歴史という通時軸で比較すれば、日本がやがてアメリカ化することは見やすい道理であろう。そして事実、戦後日本はそのとおりに変貌した。「若い」こと、「新しい」ことが賛辞になり、年齢よりも「お若く見えますね」と言われることが高齢者の目標になり、若返りや若作りがファッションとなった。アンチエイジングの誕生である。

厄介者としての老人

フランスの一七世紀、一八世紀、一九世紀の老いを論じて後、ボーヴォワールはいよいよ二〇世紀、「現代社会の老い」を論じる。彼女によれば「誰でも知っているとおり、今日、老人たちの境涯は言語道断なものである。」〔上 251〕

ここでもスキャンダル（言語道断）という表現がくりかえされる。もしこれまでのボーヴォワールの議論が正しければ、老人の地位は近代化とともに低下したのであり、現代とは老人にとってもっとも苛酷な社会だともいえる。

『老い』が執筆された時期、近代化は完成に近づき、フランスは高齢社会に突入していた。高齢社会の背景のひとつは少子化、すなわち出生率の低下であるが、もうひとつの要因は長寿化、すなわち平均寿命の延長である。

「一八世紀のフランスにおいて人の望みうる年齢は三〇歳であった。何世紀というあいだ、六〇歳以上の人が占める比率はほとんど変わらず、約八・八パーセントであった。人口の老齢化は、フランスでは一八世紀の終りに始まった〔…〕。一八五一年にフランスでは六〇歳以上の老人は一〇パーセントとなり、現在では約一八パーセント、〔…〕ということは、一八世紀以来人口における老人の比率が二倍になったことを意味する。」〔上 257〕

国連とWHOの定義にしたがえば、人口高齢化率が七％を超えると高齢化社会、一四％を超えると高齢社会、二一％を超えると超高齢社会とされる。この定義にしたがえば、フランスはこの時期すでに高齢社会に移行していた。

高齢社会では、若者たちは父親を侮り、その権威を失墜させようとする。

「老人は衰弱と死に向かって下降するしかなく、無益な、たんなる厄介者にすぎず、人びとが望むことは、できれば彼を端数として片づけることなのである。」〔上254〕

この「人びと」とはほかならぬ「若者」たちのことである。

「彼らの利益は、老人たちを劣った存在として扱い、彼らにその権威失墜を信じさせることにある。」〔上253-4〕「人はその価値を貶めることによって父親を殺すわけであり、そのためには、老年そのものの価値を低下させることが望ましい。」〔上253〕

これらの文章の背後に、若者の叛乱であった「パリの五月」の声を聞き取ることができないだろうか。六〇年代末に世界を席捲したスチューデント・パワーは、戦後生まれの世代（ベビーブーマー）の親世代に対する異議申し立て、いわば世代間対立であった。同時期に起きた中国の文化大革命のなかでも、紅衛兵たちの「造反有理」の声が響き、若者が年長者の権威に楯突くことが英雄的に扱われた。フランスではマオイスト（毛沢東主義者）たちが影響力を持った。文革の暗黒面はまだ知られていなかった。

日本でも、わたしもまた属する同じ世代のあいだでは、Don't trust over thirty.（三〇歳以上のオトナは信じるな）という標語が流通していた。その世代の者たちが、数年も経たないうちに三〇歳を超え、やがて自分たち自身が高齢者人口のボリュームゾーンになるとは、予想もしていなかっただろう。そしてわたしたちは今や、高齢者人口が二九・一％（二〇二二年）に達する「超高齢社会」の段階に入っている。[2] 想像力の欠如というべきだろう。だが、若さとはしばしばそういうものだ。

今や日本において人口の四人に一人以上となった高齢者は、ボーヴォワールの言うとおり、「無益な、たんなる厄介者」視されている。この人口集団は社会にとって重圧、お荷物と見なされる。

高齢者福祉へ

この「厄介者としての老人」は、ボーヴォワールの同時代のフランスでは、どのように処遇されていたのだろうか？

ボーヴォワールの筆は苛烈である。

「老人は社会からみれば猶予期間中の死者にすぎない。」〔上253〕

その老人を家族はどう扱っていたのだろうか？

「成人は自分に依存する老人に対して、陰険なやり方で圧制をふるう。〔…〕彼が、当人のためになるから、という論法を用いることはいうまでもない。そして家族全体が共犯者となる。人びとは老人の抵抗をすりへらすように努め、やたらと労りを押しつけて彼を無力化し、皮肉をまじえて親切にあしらい、ばか者扱いをしながら話しかけ、さらに彼の頭ごしに眼くばせをかわしあったり、つい口がすべったようなふりをして傷つけるような言葉をもらしさえするのだ。もし説得や術策によって彼に譲歩させることに失敗すれば、嘘をついたりあるいは暴力に訴えることをためらわない。たとえば、一時的に養老院にはいるように説きふせておいて、そこへ遺棄する。」〔上254〕

まるで現場を見てきたようなボーヴォワールの精緻な筆が描く光景に、思いあたる読者もいることだろう。

アメリカやイギリスでは「身体のきかなくなった者は、郡《カウンティー》の救済院に収容された、これは同時に病院、精神病院、孤児院、老人や廃疾者の収容所の役割をする施設であった。人びとは働く能力のない老人がなんであれ権利をもっているとは考えず、彼らを怠け者、落伍者、屑として扱った。彼らを扶養する義務は本質的に家族に帰属するのだ。」〔上282〕

当時のフランスにも、限界があるとはいえ、すでに年金制度も養老院も存在していた。福祉国家の初期である。だが、高齢者の扶養は彼女がいうとおり「本質的に家族に帰属」していた。高齢者問題が家族の問題である限りは、社会問題とはならない。

ボーヴォワールは言う。

「豊かな社会のみが多数の老人をもちうるのだ、とハリングトンは結論する、しかし、この豊かな社会は豊穣さの果実を彼らには拒否するのである。この社会は彼らに「かつかつの余命」をあたえるだけで、それ以上は何もあたえない。」〔上286〕

「老人問題」が「社会問題」になるのは、社会がこの「厄介なお荷物」をどう処遇するか、という問いに答える責任を負った時である。その問いへの答えが高齢者への社会保障であり、ボーヴォワールはここからその領域へ踏みこむが、それを論じるのは次章以降にしたい。当時のボーヴォワールが知らなかった高齢者福祉が、その後各国で急速に進んだからである。

(1) ベネディクトは人類学者だが、戦時中米軍捕虜となった日本兵への面接調査のみにもとづいて、日本の土地を一歩も踏まずに本書を書いた。

(2) 二〇二〇年の統計では人口高齢化率は日本が二八・四%で世界のトップ、フランスは二〇・七五%で世界一〇位、日本はフランスを抜いて高齢化先進国になった。フランスの高齢化率が横ばいなのは、移民人口の流入があるためと、出生率が相対的に高位に推移しているからであろう。

第5章 「生きられた経験」としての老い

老年学と向老学

下巻に入ってボーヴォワールは客観的な老いからいよいよ「生きられた経験」としての主観的な老いへと踏みこむ。言い換えれば「三人称としての老い」から「一人称としての老い」へ、と。ボーヴォワールの表現を借りれば「外面」から「内面」へと、「彼がいかに彼の老いを生きるか」〔下 331〕という主体的な経験としての老いへ。それを現象学の用語で「世界＝内＝存在」と呼ぶ。そしてこれこそが彼女が本当に論じたかったことであり、上巻はほとんどその序章と言ってよい。

一九八六年、まだ三〇代だったわたしは「老人問題と老後問題の落差」〔上野 1986〕という論文を書いた。「老人問題」と「老後問題」の区別は第1章で紹介した花村太郎から借りたものだが、それというのも当時登場していた老年学のあれこれは、あくまで客体としての加齢現象を扱っており、「老いるとはどういう経験か？」というわたしの問いに答えるものではなかったからだ。

そこに登場したのが向老学である。老年学は gerontology の訳語だが、向老学というなじみのない言葉は、見てのとおり日本生まれの造語であり、対応する外国語の訳語はない。作ったのは高橋ますみ(1)、東海地方ではよく知られた女性の活動家で「高齢社会をよくする女性の会」が九〇年代に全国大会を名古屋で開催したときの実行委員長でもあった(2)〔高橋 1986; 高橋 2003〕。のちに日本向老学学会を創設、一九九九年から二〇一四年まで継続したこの学会は、『日本向老学研考』という学会誌を一〇号にわたって発行したが、後継者を得られず、ついに幕を閉じた(3)。

設立趣旨に「「人間がその誕生から死に至るまでのあらゆる段階において、個々人の尊厳を保ちつつ、かつ主体的に生きることを可能としうる社会の構築」を、その究極的な目標として位置づける」ということの学会の英語名が、Association of Active Ageing であることに、わたしは違和感を持った。人はアクティブである限りはアクティブに生きればよい。だが老いるとは「これまでのようにアクティブに生きられなくなる」状態を指すのではなかったか。active ageing とは、一種のアンチエイジングの思想にほかならない。

わたしの著書、『老いる準備』〔上野 2005〕には向老学学会の設立大会での講演録をもとにした「向老学の時代へ」が収録されている。そのなかでわたしは、向老学学会設立趣旨を書いたパンフから、初代会長だった武村泰男の「老いの意味を考える——日本向老学学会発足に際して。高齢者をお荷物と考えるのではなく、その豊かな知恵を生かしうる社会へ」という文章を引用して、それに批判的なコメントを寄せている。そのなかで武村は「老馬の智用うべし」という中国の古諺《こげん》を引く。

それに対するわたしの反応はこうだ。

「人間は知恵を持った生きものだ、年寄りの知恵は使いものになる、と武村さんは主張する。気持ちはわかるが、それでもやはり次のような疑問が浮かんでくる。知恵があるうちはいい、知恵がなくなったらどうするんだろうか、知恵が今でも足りんわたしらはどないして生きたらいいんやろ、知恵のない人間は生きてたらあかんのか……そう思うひともいるだろう。どんな知恵のある人も、いつかは理性をなくすときもくるだろう。ボケたら、どうすればいいのだろう？　ボケ老人に、生きるねうちはないのだろうか？」［Ibid.: 29］

言いがかりのように聞こえるだろうか？

武村は「高齢者を人権問題か、さもなくば排除の対象かと見る見方は、どこか女性問題と似たところがある」［Ibid.: 30］とずばり、指摘する。そして「女性を弱者と見るのではなくて、女性と男性とが同じように活躍する社会こそが発展する社会であると積極的に主張されてしかるべき」であると述べる。

だが……とわたしはここでも留保をつけている。

「フェミニズムが要求してきたのは、女も男なみに強い、女も男なみに能力があるから、男と同じように待遇してほしいということではなかった。女は弱い、喧嘩したら勝てないかもしれない。子どもを産んだら、ハンディができるかもしれない。だが、それだからといってなぜ強い者の言うことに従わなければならないのか。弱者が弱者のまま、尊重される方法はないのか。そう、主張してきたはずである」と。

もしフェミニズムが「女も男なみに」という思想だったとしたら、向老学もまた「年寄りになっても若者と変わらない価値があると言いつづけなければならないことになる。高齢者は弱者ではない、と言いつづけなければならない。齢をとっても若々しく生きよう、というアクティブ・エイジングの考え方を採る人もいる。だがそういう人は、自分がアクティブじゃなくなったらどうするのだろうか？」［Ibid.: 31-2］

そして次の文章で結んでいる。

「向老学学会というのは、老いに立ち向かう学会ではなく、老いを迎えいれる学会だ、そうわたしは信じている」［Ibid.: 43］と。

引用しながら、自分の考えが二〇年前と少しも変わっていないことに、おどろく。

老いるという経験の言語化

向老学が必要だったのは、高齢者が「物言わぬひとびと」だったからだ。ようやく大量の人口ボリュームゾーンの人々が高齢期に入っていくにあたって、人生で初めて味わう老いという経験に直面して、それをさまざまに言語化しはじめた。いわば「長寿の大衆化」時代を迎えていた。

ボーヴォワールは下巻第二部の序で、こう書く。

「この検討をする際に避けられない欠陥の一つは、私の用いる実例が主として恵まれた階層の人びとによって提供されているということである。その理由は［…］ほとんどそうした人びとだけが自分の経験について述べる閑暇と手段をもちえたからである。」［下331］
『老い』下巻を読むと、作家、知識人というひとびとは「物言わぬひとびと」どころか、おどろくほど自分自身の老いについて饒舌かつ辛辣に記述を残していることがわかる。ボーヴォワールは上巻と同じく、作家や知識人が書き残した「生きられた老い」の経験を、それも呪詛と悲嘆にまみれた記録を、これでもかと引用する。
ツルゲーネフはこう書いた。
「あらゆる欠陥のなかで最悪のものがなんだか知っているか？　それは五五歳以上であるということだ。」［下335］
ヴァレリーは「年取るとはなんと厭なことだろう」と言った友人にこう答えた。
「その話はしないでくれ。わたしはひげを剃る時以外は決して鏡を見ないことにしている。」［下353］
ワーグナーは「老いることがたまらなく厭だった。ある店の鏡に映る自分の姿を見て、彼は不機嫌に言った、「あの灰色の髪の男が自分とは思えない。このわたしが六八歳だなんてことがありうるだろうか？」」［下352］
モンテーニュは『エセー』第三巻でこう言う。
「私は、老齢による無力がどんな利益をあたえるにしても、感謝する気にはなれない。」［上184］
スウィフトは七〇歳の誕生日に、「苦渋にみちた口調」でこう言った。

「わたしはもはやわたし自身の亡霊でしかない。」〔下 363〕

女性は老いの自覚が早く始まるかもしれない。五八歳のヴァージニア・ウルフは一九四〇年一二月二九日の『日記』にこう書いた。

「わたしは老いの残酷さを嫌悪する。わたしにはそれが近づいてくるのが感じられる。わたしは歯ぎしりをし、気むずかしくなる。」〔下 546〕

ヘミングウェイはこう書く。

「隠退という言葉はこの世でいちばん厭わしい言葉だ。自分が選ぶにせよ、運命がわれわれを強いるにせよ、隠退して自分の仕事——われわれをしてわれわれたらしめる仕事——を放棄することは、墓へ降りることに等しい。」〔上 305〕

自死を選んだヘミングウェイは、自らの意思で「墓へ降りる」時を決めた。文学者という一見、隠退のないしごとに恵まれている人ですら、こうだ。わたしたちは六六歳で自裁した日本の文芸評論家、江藤淳の遺書に同じ響きを聴く。

「脳梗塞の発作に遭いし以来の江藤淳は形骸に過ぎず。自ら処決して形骸を断ずる所以なり。」〔平山 2019: 755〕

ユーゴー、モーリアック、シャトーブリアン、フォントネル、ヴィヨン、ホイットマン……その気になって探せば、ものを書くひとびとは、至るところで「一人称の老い」について語っている。膨大な文献を渉猟し、それを採集しては引用するボーヴォワールの執念に圧倒される。その引用の羅列をこれでもかと見せられる読者にとって、下巻の読書体験は決して愉快なものではない。下巻の「生きられた経験」としての老いのネガティブな記述は、上巻で「文化の中の老い」「歴史の中の老い」が描きだした暗鬱な高齢者像を反映し、反復する。というのも彼らは、高齢になる前には高齢者を「他者」と見て差別し軽侮していた当のひとびとだからだ。高齢になった今、彼ら自身がほかならぬその「他者」になったのだ。

マイノリティの自己否定感

アメリカのエスニックマイノリティの研究では、マイノリティ集団の人々は、ホスト社会のマジョリティが持つマイノリティについてのイメージを内面化する傾向があるとされる。マジョリティから付与されるネガティブな第三者イメージは、当事者に内面化されてネガティブなセルフ・イメージになる。たとえば黒人が「性欲が強くて、こすっからく、目を離すとすぐに物をちょろまかすずるい人々」と見なされると、彼らはそのイメージを内面化して自己否定するか、あるは戯画的に演じるか、もしくはそれに反発してマジョリティに過剰に同一化しようとする。階級上昇を達成した黒人中産階級について指摘されるのは、白人以上に白人らしくふるまおうとする「過剰同一化 over identification」の心理機制である。そしてマジョリティの集団で人種差別的な発言が出ると、そのなかのマイノリティ当事者に対して「キミは別」という差別化を行い、それに当事者が同調することによって人種差別はマジョリティ／マイノリティの共犯関係によって再生産される。

同じことは女性についても言える。「女は感情的で嫉妬深く、甘えがあって、すぐに泣く」という否定的なイメージが流通していれば、女性はそのネガティブ・イメージを参照系として自己検閲を始める。「すぐ泣く」ステレオタイプなイメージを利用して涙を利用することもあるし、反対にそれを過剰に否定して歯を食いしばり冷静にふるまおうとすることもある。後者には「キミは別」「キミは例外」「キミは女じゃない」という揶揄と侮蔑に満ちた「名誉男性」の称号が与えられる。どちらにしても性差別的なステレオタイプは、当事者の同意によってさらに強化され再生産されるし、黒人が「名誉白人」になっても決して白人そのものになれないのと同じように、女性が「名誉男性」になっても決して男性集団の正式の一員とは認められない。

高齢者も同じである。マジョリティの社会が高齢者に否定的なイメージを持っているからこそ、マイノリティとしての高齢者のセルフ・イメージはそれをとりこんだものになる。

だが違いは、長い間「他者」として蔑視してきた当の高齢者に自分自身が変貌したことを、いつかは誰もが認めざるをえなくなるという点だ。自業自得と言うべきだろうか？

そしてあらゆる差別のうちで、第三者による差別以上につらいのは、自己差別に違いない。なぜなら他の誰が自分を責めるより以前に、自分が自分を受け容れることができない、つまり自己否定感から逃れられないからである。

向老期というアイデンティティ・クライシス

前章では近代化という歴史的な変化が、老人の地位を低下させたことを客観的に指摘した。同じように近代化という変動は、老人の主観的な自己意識にどのような変化をもたらしただろうか？

少子化にともなう高齢社会のもうひとつの側面は、長寿社会である。高齢期がそれまで以上に長期化して、死ぬに死ねない超長寿社会が到来した。そしてその点では、日本社会は世界の最先端を走っている。平均寿命は女性八七・一四歳、男性八一・〇九歳（二〇二四年）、九〇歳を超えて生きる確率は女性の二人にひとり以上、男性の四人にひとり以上と言われている。死の前に必ず訪れる、他人の助けを必要とするフレイル期間の平均は、女性一二・〇六年、男性八・七三年（二〇一九年）。高齢者人口のうち認知症の発症率は五人に一人、九五歳以上の発症率は八割。つまりわたしたちの文明は、老い、衰えて、依存的な存在になり、認知機能に障害を持ってなおかつ高齢者が死なないでいられる社会を作り出したのだ。長寿を願いつづけてきた人類の、文明の成果と呼んでよい。

平均寿命が四〇代から五〇代の時代には、老人になれるのは健康と環境に恵まれた特権的な人々だったことだろう。食品添加物も環境汚染もない社会に住んでいるひとびとが長寿かといえば、そうとは限らない。長い間、人類は四〇代ぐらいで感染症で亡くなった。感染症との闘いに勝利したからこそ、文明社会の死因が慢性病に変わったのだ(4)。

だがその結果、これまでの人々が歴史や文化のなかで呪詛してきた老いの姿を、人口学的な大量現象として目の当たりにする現実に、わたしたちは直面している。わたしが「老いる」ということばを

「老い衰える」とたたみかけ、「齢《よわい》を重ねる」という表現を「弱《よわ》いを重ねる」と言い換えるようになったのはそのせいである。それはわたしたちの文明にとって、「見たくない現実」、つまりスキャンダルなのである。

近代化は客観的に老人の地位を低下させただけでなく、主観的に老いの受容をかつてなく困難にした。老いの自己受容はどうしてこんなに難しいのだろうか?

ボーヴォワールが当時知らなかったエリク・H・エリクソンのアイデンティティ概念を借りて、説明してみよう[Erikson 1968=1973]。子どもから大人への移行期が「青年期」、大人から老人への移行期が「向老期」である。だが発達心理学者はこれまで青年期研究に集中してきて、向老期研究にはあまり関心を払ってこなかった。

青年期もまた、近代化の所産である。成熟には生理的、心理的、社会的、文化的の四つの次元があるが、近代社会における青年期とは、このあいだのズレが大きく引き延ばされる期間である。前近代の子どもから大人への移行は、初潮と同時に成女式が待ち受けているようにほぼ同時的で断続的なものだった。だが近代社会の子どもは、生理的成熟から心理的、社会的、文化的成熟までの期間がおそろしく長い。身体は性的に成熟し子どもを産むことが可能になっているのに、教育期間は延長し、二〇歳を過ぎても一人前にならない。近代社会の人的資本形成には、読み書きそろばんだけでは十分でなく、外国語リテラシーのみならず、それに加えて今日では情報リテラシーなど、求められる水準が格段にあがっている。

子どもが生産財から「穀潰し」になったのは、近代の学制のせいである。ために義務教育の施行後も、就学率はなかなか上がらなかった。その後、高学歴化によって就学年限はひたすら延長した。その期間は親に経済的に依存しているために、性的に成熟した身体を持ちながらその自由な使用を妨げられるのが少年・少女である。『少女民俗学』［大塚 1989］の著者、大塚英志は、「少女」に「性的使用を禁止された身体の持ち主」と卓抜な定義を与えた。そのように「少女」や「乙女」もまた、近代の産物である。

生理が強いる成熟はまっ先に来る。だがしばしば「経済的自立」で定義される社会的成熟はなかなか来ない。社会人になってからも親から自立しない成人子を「パラサイト・シングル」と命名したのは社会学者の山田昌弘［山田 1999］である。さらに文化的には社会人になるだけでは成人資格としてじゅうぶんでないところもある。結婚するまでは半人前と思われるし、結婚しても親にならない限り、一人前と認めてもらえない社会もある。生理的、経済的、社会的成熟に加えて、心理的成熟は最後にやってくる。いや、ついにやってこないかもしれない。子どものままでも生きられる幼熟社会をつくってしまったのが、ポスト近代だからだ。

エリクソンは青年期心理学の研究者として知られている。子どもから大人へのカテゴリー移行にともなう青年期を、エリクソンは「アイデンティティの危機」と呼んだ。社会的なカテゴリーが子どもから大人に変わる移行期にアイデンティティの再編成が伴うからだ。子ども時代のアイデンティティが成人としてのアイデンティティに移行を遂げる過程で混乱が生じ、アイデンティティの危機が訪れるが、それがふたたび再統合されることで安定した成人のアイデンティティに到達するとされる。

だが大人であることは、上がりではない。その後にさらに「老人」というカテゴリーが待っている。だとすれば「青年期」と並んで、同じように向老期も「アイデンティティの危機」とはいえないだろうか。社会的カテゴリーが大人から老人へと、再び移行する時期だからである。

エリクソンの時代は青年人口の多い成長期だった。青年期のアイデンティティ・クライシスに注目した彼は、成人期以降の人格の発達課題には応えていない。だがそれ以降のエリクソニアンたちは、そのあとも長く引き延ばされた成人期以降の「アイデンティティの危機」に取り組む必要に迫られた。近年では「ミッドライフ・クライシス（中年の危機）」として広く知られるようになったこの移行期は「人生の折り返し点」であり、前半が「獲得の時期」だとしたら後半が「喪失の時期」だとする点で共通している。ミッドライフの年齢の幅は三〇代後半から六〇代まで、と広くとられているが、実際にはもっと長期化しているかもしれない。六五歳になったからといって、老人へのカテゴリー移行に、人びとが同意するとは限らないからである。

成熟と同じく、老化も生理的次元に最初に訪れる。体力は低下し、「お肌の曲がり角」を迎える。だが社会的老化である定年や引退の年齢は、長寿化にともなってしだいに延期されている。文化的老化は何より親族カテゴリー上の地位の移行（父母から祖父母へ）でしるしづけられるが、それに抵抗する人びとが多いことはすでに述べた。そして心理的老化、つまり老いの心理的受容は最後にやってくる。いや、これもついにやってこないかもしれない。TV出演等で話題を呼んだ百歳を超えたきんさん、ぎんさんの姉妹に、あるインタビュアーが「稼いだお金を何に使いますか？」と聞いた時、「老後のために貯めておきます」と答えたのは有名な逸話である。

青年期という「オトナでもない、コドモでもない」中途半端な移行期を、エリクソンは「モラトリアム」と呼んだ。「執行猶予期間」と訳されるこの時期は、いずれ必ず来る刑の執行を不安と葛藤のなかで待機する時間である。アイデンティティ再編の時期にアイデンティティの統合に失敗した青年たちの臨床例を、エリクソンは「モラトリアム症候群」と名付けた。青年期のこの危機に、うつ病や統合失調症、自殺などの精神的危機が集中していることはよく知られている。なら、その逆のプロセス、向老期にも「モラトリアム症候群」が発症してもふしぎではない。事実、向老期うつ病、老人性精神病、自殺などが、再びこの時期に集中する。近代社会では、多くの人びとが青年期と向老期の二度、モラトリアムを経験する。誰もが経験するからといって、それが乗り切るのに容易な期間であるとはかぎらない。

否定的なアイデンティティへの同一化

エリクソンの「自己アイデンティティ self-identity」の概念は「個人的アイデンティティ personal identity」と「社会的アイデンティティ social identity」とに分解される。この両者が一致するとアイデンティティは統合されて安定するが、ずれが起きると葛藤が生まれる。サルトルとボーヴォワールの実存主義の用語を使えば「対自的存在」と「対他的存在」と言い換えてもよいかもしれない。青年にとっては「もう子どもじゃない（のに子ども扱いされる）」ことも「まだ子どもでいたい（のに大人の責任を与えられる）」のも、どちらも苦しい。しかも青年期と呼ばれるこの子どもから大人への移行期は、近代化に伴って長期に引き延ばされ、その過程で「大人になる」ことの試行錯誤が繰り返されるようになった。

同じ概念を向老期にあてはめると、向老期にもまた個人的アイデンティティと社会的アイデンティティとのあいだの不一致が生まれる。老人の自覚がないのに老人扱いされたり、身体的な老いにさからえないのに「若さ」を強要されたりする。しかもこの移行は、「成人式」のように年齢によってきっぱりと非可逆的に決定された移行ではない。否認と受容をともないながら、だらだらと終わらない長い移行の過程である。社会が個人に「老人」というカテゴリーを押しつけても、それを本人が社会的アイデンティティとして同一化するとは限らないし、ましてや個人的アイデンティティが社会的アイデンティティに一致するとは限らない。何より「獲得と成長の時期」である青年期と違って、向老期は「喪失と衰退の時期」だからこそ、老人という社会的アイデンティティへの同一化はよりいっそう困難を伴う。石川達三に『四十八歳の抵抗』〔石川 1956〕というベストセラーがある。(5) 主人公は五五歳が定年制の時代に五〇代を直前に迎えたサラリーマンという設定だ。定年制は「社会的死」をぶっちぎりで宣告する儀式である。五五歳定年制は今から思えばいかにも若いが、定年年齢が六〇歳から六五歳に引き延ばされた今日の高齢者は、「五八歳の抵抗」を試みるかもしれない。それはただ「向老期」が長期に引き延ばされた結果にすぎない。

青年期が肯定的なアイデンティティへの同一化であるのに対し、向老期とは否定的なアイデンティティへの同一化を意味する。それが痛苦と抵抗に満ちていないわけがない。社会が押しつける「老人」カテゴリーにしぶしぶ同意し、いわば二級市民であることに同意したときに、ひとは「老人になる」。

高齢期適応の類型

高齢者の社会的アイデンティティへのこのような適応は、いくつかの類型を生む。

荒井保男［荒井 1978］が紹介するアメリカの老年学者、ライチャードの適応（不適応）類型は以下のようなものである。

①円熟型 mature group（未来志向の自適型）
②安楽椅子型 rocking chair group（消極的な隠遁依存型）
③装甲型 armoured group（若者への敵意を示す自己防衛型）
④憤慨型 angry group（人生の失敗を他者に帰す抑鬱的な閉鎖型）
⑤自責型 self-haters group（悲観的な孤独型で、自殺に至ることもある）

社会福祉学者、副田義也が同じくライチャードの類型を紹介しているが、訳語はいささか異なっている。

①建設型
②依存型

③防衛型
④敵意型
⑤自己嫌悪型

副田はさらにD・リースマンの老化に対する反応の理念型の三タイプを紹介している。

①自律的反応
②順応的反応
③無律的反応

近代的個人の人格類型を「伝統志向型」「他者志向型」「内部志向型」の三タイプに類型化した、いかにもリースマンらしい類型である。

これらの類型への言及は副田の論考、「主体的な老年像を求めて」〔副田 1978; 副田 2022〕に登場する。とすれば副田の関心も「老いに向かう」一人称としての経験にフォーカスしたものだとわかるが、それでもライチャードやリースマンの類型は、やはりあくまで観察の結果得られた「他人事」である。

副田は日本の社会意識にある老年観をも、独自の視点から分類する。

（1）敬老思想
（2）蔑視意識
（3）無関心
（4）「枯れた」老人

（5）「子どもに返った」老人

そして「敬老思想」はタテマエにすぎない、と言い放つ。ホンネレベルでは蔑視と無関心があり、賢者としての老人の欲望の否定の裏側には愚者としての老人の欲望の受容があるが、いずれも老人の「他者化」の所産にほかならない。このような社会意識のもとでは、老人はつねに「不完全な成人」すなわち二級市民たらざるをえない。副田は、「社会学者たちの手による老年世代論は、これまでのところ、この思想的レヴェルの問いにこたえることに成功しなかったようにみえる」〔副田 2022: 428〕と述べる。そう述べる副田自身が、この問いに答えていない。だがこの問いに答える責務は、社会学者だけにあるわけではない。

「老人が、〔不完全な成人としてではなく：引用者注〕完全な老人として社会の主体となるための論理を追う作業は、社会科学の思想的基盤にかぎってみても、工業化社会の社会意識の総体でみても、自明のものとされてきたアントロポロギー（人間学）にたいする根底からの変革の要請である。」〔Ibid.: 439〕と書くとき、副田は限りなくボーヴォワール評の問いに近づいている。

その彼のボーヴォワール評はこうだ。

「人間の生き方における主体性の思想として既存の社会思想のうち、老年を正面きって主題にしたのは、ボーヴォワールの『老い』である。〔…〕ところが邦訳でB5判七〇〇ページ余におよぶこの大作は、ついに一度も、死の問題と正面きって取り組むことなく終わる。おそらくは、それが、この博識をきわめた哲学者・文学者の著作を失敗に終わらせた基本的原因であろう」〔Ibid.: 439〕とにべもない。

わたしは副田のボーヴォワール評価には同調しない。彼女は「老い」を論じたのであって、「死」を論じたのではない。しかもこの「神の死」以後の実存主義者にとっては、「死」は霊性や宗教の言語で語られるようなものではなかった。死は端的に「無」である。副田の問いに答えなかったからと言って、ボーヴォワールの『老い』の価値が下がるわけではない。「人間学にたいする根底からの変革」を要請する副田にしてからが、「その論理がどのようなものかを描ききる力量は、もちろん、私にはない」〔Ibid.: 429〕と告白する。

その課題はわたしたちに残されたままである。

（1） 新聞社勤務の夫について転勤をくり返し、自分の人生を持てないと感じた高橋は『女40歳の出発』〔高橋 1986〕を書いて主婦の起業を勧め、みずからもウィン女性企画という女のしごとをつくる事業を立ち上げた。

（2） 高橋はのちに著書の中で向老学を思いついたのは三〇代、思い立ってイギリスへ留学に行く飛行機の機上でのことだったと回想しているが、そう考えればわたしの『40才からの老いの探検学』〔上野 1990〕を含めて、三〇代というのは老いを考えるに決して早すぎる年齢ではないのかもしれない。

（3） 「学会」と名乗っているが、日本学術会議に登録した学術団体ではない。『日本向老学研考』も学会誌と称しているが、学術ジャーナルではない。高橋は創設者だが、歴代の会長は大学教授や弁護士など地域の名士で、彼女は一度も会長に就任したことがない。わたしは請われて初期の理事を務めた。「市民と研究者が創る学術団体」を謳うこの会の会員の多くは、趣旨に賛同して集まったアマチュアで、プロの研究者を巻きこむことができず、また発祥の地、名古屋ローカルを超えることもなく、解散した。趣旨がよかっただけに残念である。

（4）日本人の死因のトップ・スリーは、一位ががん、二位が心疾患、三位が脳血管疾患である。この三つのいずれもが加齢にともなう慢性病で、完治することがむずかしい。実は上位に肺炎という感染症が入っているのだが、それも上記の慢性病の療養中に、誤嚥性肺炎などを起こして亡くなるというケースが大半で、基礎疾患があることが多い。近年では八〇代以上の死因の第三位に「老衰」が上がってきた。「心不全」とか「多臓器不全」とか言われることもあるが、あからさまにいえば「老衰」とは何が死因か特定できない、ということを意味する。医師がそう死亡診断書に書いても、遺族が納得するようになったということである。

（5）定年年齢が五五歳だった当時に、一九五五年から五六年にかけて『讀賣新聞』で連載されてベストセラーになった小説。

第6章　知識人の老い

老いの軌跡

知識人の老いについてのボーヴォワールの筆は辛辣きわまりない。

知識人とは、自分自身についてもっとも雄弁なひとびとである。彼らは生涯にわたって発信を続け、老いても発信者でありつづける。作品の記録は痕跡として残り、生涯にわたる彼らの変化を証言する。長きにわたって活動を続けるアーチストや作家、思想家、政治家などは、業績に老いを刻印する。それは円熟である場合も、衰退である場合もある。人によってもジャンルによっても違う。わたしたち後から来る者は、その軌跡をいやおうなしに目撃してしまう。

ボーヴォワールは「老人」とは「自分の背後に長い人生をもち、前方にはきわめて限られた存続の希望しかもたない者である」［下427］と定義する。若者を「前途洋々 promising」と表現することがある。後期高齢者になったわたしの人生には、過去があって未来がない。「わたしの人生は……」と書き出すとき、「……であった」と過去形で終わることが増えたことに、たじろぐ。

七五歳で文化功労者に顕彰された仏文学者、桑原武夫のお祝いの会に同席したことがある。若い記者に「先生、これからの抱負は?」と訊かれて、彼がこう応じたのを覚えている。「キミ、ボクは年寄りだよ。年寄りにそんなことを訊くものじゃない」と。

「長い人生」には、その人の記憶と業績とがある。その業績を本人が覚えていても世間が忘れている場合もあるし、その逆もある。ネットの時代には過去の発言や業績が容易に検索可能になり、たとえ本人が記憶していなくても、誰も古証文から逃げることができない。[1] 戦争中の翼賛や、敗戦時のふるまいなど、過去の黒歴史もあばかれる。

だが時間が直線的にではなく、円環的に流れる社会では過去は未来と容易に結びつく。ボーヴォワールはこう言う。

「反復的社会、歴史が緩慢に進行する社会では、人は単に彼個人の未来だけでなく、世界の未来をも自由にしうるのであり、彼はそこに彼の仕事の成果が残ることを予測する。その場合、八〇歳の人間も家を建てたり、さらに樹木を植えたりすることに喜びを感じる。」［下 449］

「たとえ明日、世界が滅びても、わたしはりんごの木を植える」とマルティン・ルターは言ったと伝えられる。こう言うとき、その実、人は世界の滅亡を信じてはいない。「わたし」以前に世界はあり、「わたし」以後にも世界は続く。なぜなら世界は神が創りたもうたから。

だが、こういう世界への信頼は「神の死」と共に消えうせる。ボーヴォワールは情け容赦もなく宣告する。
「今日では、年取った人間はもはやこの種の永遠無窮を当てにすることはできない。歴史の運行が急速化したのだ。人が昨日建てたものを歴史は明日破壊するであろう。老人が植える樹木は伐り倒されるであろう。ほとんど到る処で家族は細分化した。小さな企業は独占企業《モノポール》に吸収されるか、でなければ破滅する。息子は父の事業を継がないだろう、そして父はそのことを知っている。彼が死ねば、所有地は放棄され、のれんは売られ、事業は処分されるだろう。彼が為し遂げたもの、彼の人生の意味を形造っていたものは、彼自身と同様、滅亡に瀕しているのだ。」〔下450〕
こちらの経験の方が、わたしたちには思い当たる。
歴史に残るとはどういうことだろうか。二〇二一年に百歳を目前に物故した多産な作家、死ぬ直前まで執筆を続けた瀬戸内寂聴は「作家というのは死んだら次の年から本が消えちゃって忘れられるもの」と言い放った。存命中の作家で死後も読まれ続ける作家は、どのくらいいるだろうか。過去にも一世を風靡した流行作家で忘れ去られた人びとは、何人もいる。

早すぎるピーク

ボーヴォワールは、身体的な能力が問われる職業（スポーツ選手、舞踊家、歌手、俳優、芸人、演奏家など）から知的職業（数学者、科学者、作家、音楽家、画家、政治家など）に至るまで、実にさまざまなジャンルの人物を取り上げ、文献や証言に基づいて、彼らの老いを叙述する。ボーヴォワールが第

ミケランジェロ
ロダン
カミーユ・クローデル
ジャコメッティ

❖画家
ヴァザーリ
レオナルド・ダ・ヴィンチ
レンブラント
ティントレット
ティツィアーノ
クロード・モネ
ゴヤ
ルノワール
ピカソ
ヴァン・ドンゲン
ジョヴァンニ・ベリーニ
アントニア・ダ・メシナ
デューラー
フランツ・ハルス
グアルディ
コロー
アングル
セザンヌ
ボナール
ゴーギャン
ファン・ゴッホ
ニコラ・ド・スタール

❖美術評論家
ベレンソン

❖作曲家
ワーグナー
ツェルター
タネーエフ
モーツァルト
ペルゴレーシ
バッハ
ベートーヴェン
モンテヴェルディ
ヴェルディ
ストラヴィンスキー

❖演奏家
パブロ・カザルス

❖歌手
モーリス・シュヴァリエ

❖ボクサー
カルパンティエ

❖科学者
マスターズとジョンソン
キンゼー
ガリレイ
ビュフォン
フランクリン
ラプラス
ハーシェル
マイケルソン
モーリー
パヴロフ
ヒルディッチ
シュヴルール
ダーウィン
カストラー
ニューカム
W・H・ピカリング
J・W・キャンベル
ピカロー
ラザフォード
ポンテコルヴォ
アインシュタイン
エーレンフェスト
インフェルト
ニールス・ボーア
ニュートン
プランク
ウィグナー
シラルト

❖数学者
アンリ・ポワンカレ
オイラー
ガウス
レーマン
エリー・カルタン
エヴァリスト・ガロワ

❖発明家
エディソン
ライト兄弟

❖政治家
トロツキー
レーニン
ラロック
クレマンソー
リシュリュー
ラカナル
エリオ
ディズレーリ
ミラボー
カイヨー
ルーズベルト
ジャネット・ヴェル
メルシュ
スターリン
チャーチル
ティエール
ジュル・フェリー
フレシネ
ガンベッタ
ブーランジェ
デルーレード
デルカッセ
ブリヤン
ヴィヴィアニ
マルヴィ
カンボン
ロイド・ジョージ
デシャネル
タルディユ
クーリッジ
ボールドウィン
ヒットラー
チェンバリン
バルフォア
アトリー
イーデン
ド・ゴール
ネール
ジンナー

❖ジャーナリスト
トラウベル
エムマニュエル・ベルル

❖貴族ほか
ブイヨン
ブランメル
ド・ヴィルロワ
ニノン・ド・ランクロ

❖軍人
フォッシュ
モルダック
ペタン
スコウビー
ナポレオン

『老い』下巻（人文書院）でのジャンル別登場順。ジャンルと人名の表記は底本による。
出典：NHK テキスト 100 分 de 名著 2021 年 7 月『ボーヴォワール　老い』掲載図版

❖作家

ゲーテ
ツルゲーネフ
セヴィニェ夫人
ルウ・アンドレアス＝サロメ
カザノヴァ
レオトー
プルースト
ジュアンドー
フローベール
ジィド
ヴィクトル・ユーゴー
スウィフト
シャトーブリヤン
エドモン・ド・ゴンクール
コレット
トルストイ
チェーホフ
ヘミングウェイ
H・G・ウェルズ
ヘンリー・ミラー
谷崎潤一郎
ブラントーム
レティフ・ド・ラ・ブルトンヌ
モーリヤック
ヘルマン・ブロッホ
ポール・モーラン
カミュ
アンデルセン
ミシェル・レーリス
ゾラ
アーサー・クラーク
アントニーナ・ヴァランタン
クズネツォフ
カフカ
ジュネ
デフォー
ヘンリー・ジェイムズ
セルヴァンテス
ジョン・クーパー・ポーイス
アルベール・コーエン
トマス・ハーディー
マルタン・デュ・ガール
メレディス
アナトール・フランス
ヴァージニア・ウルフ
ゲエノー
アルフレッド・カピュ
バルザック

❖詩人

アラゴン
ラ・フォンテーヌ
モークロワ
O・W・ホームズ
ボードレール
サン＝ジョン・ペルス
イェイツ
ヴァレリー
ロンサール
ポープ
ホイットマン
セネカ
ロバート・バーンズ
リルケ
コクトー
ヴィニー
マラルメ
サント＝ブーヴ
ソフォクレス
コルネイユ
ランボー
バルビュス
ラマルティーヌ
エウリピデス

❖文学者

サン＝テヴルモン
ヴォルテール
ネッケル夫人
ノディエ
ゲオルク・ブランデス

❖思想家・宗教学者

フォントネル
エマソン
ガンディー
ジョヴァンニ・パピーニ
ジューベール
ヴイヨ
ロワジー
ルソー
ジョレス

❖歴史学者

ピエール・グーベール
ピエール・ミケル

❖哲学者

カンギレム
サルトル
アラン
プラトン
ショーペンハウアー
アリストテレス
メルロ＝ポンティ
モンテーニュ
ヘーゲル
オーギュスト・コント
レヴィ＝ブリュル
バシュラール
デカルト
ベルグソン
カント
ソクラテス
フィヒテ
ニーチェ
カール・マルクス
バートランド・ラッセル

❖精神分析学者

フロイト
グロジャン
ロールシャッハ
エー
デナール・トゥールイースト
ドレー

❖育児学者

ドナルド・マルコック

❖劇作家

シェリダン
シェイクスピア
バナード・ショー
マリヴォー
イヨネスコ

❖俳優

ジュリエット・ドルエ
サラ・ベルナール
チャーリー・チャップリン
デュラン
ド・マックス

❖彫刻家

ピギャル

『老い』第五章・第六章に登場する人物

五章と第六章で取り上げた人物は詩人、作家、哲学者、科学者、数学者、俳優、政治家など二四ジャンル計二五二人にわたる。

身体性を伴う職業についてボーヴォワールはこう指摘する。

「肉体的能力が大きく要求される職業では、生物学的退化は決定的に作用する。まだ若いうちにスポーツマンは試合から除外される。彼はしばしば自分の領域のなかで転職する、たとえばスキーの選手はチームの監督になり、プロの拳闘家はマネジャーになる。しかしまったく異なる領域に転換する場合も多い、カルパンティエは酒場を開き、キリーはスポーツカーを売り、マリエル・ゴワチェルは映画を撮影する。彼らの人生には断絶があり、それは彼らが予見したものではあるが、それでも彼らのなかの多くは新しい職業につくのが困難であり、世を怨むようになる。これと類似の断絶が舞踊家や歌手の生活にも起こる。舞踊家は肉体の柔軟性を失い、歌手の声は変質する。多くの者は実演をやめてその芸術の教師になる。〔…〕他の者は、そうせざるをえなくて、あるいは自ら選んで、完全に引退する。」〔下 456〕

アスリートの人生のピークは早い。その最盛期は年齢的に早く、かつ期間が短い。わたしはフィギュアスケートのファンだが、羽生結弦選手が二三歳、二〇一八年平昌五輪で二度目の金メダルを獲得した時の記者会見で「自分の人生史上、一番幸せな瞬間」だと言うのを聞いて、怖れを抱いた。彼の人生にこれから先、二度とこれ以上の栄光の時は来ないのか、これから先の彼の人生はもっぱら下降の道を辿るのみなのか？　これから先だって彼が「最良の時」と感じる時は訪れるだろうに。六六年ぶりと言われる五輪二連覇を得て、そう言いたい気持ちはわかるが、ちょっと待て、と言いたい気分になった。とはいえ、その羽生選手がたび重なる不幸な故障で二〇二二年の北京五輪では四回転半の挑戦に失敗し、羽生がいるあいだは彼を超えられなかった宇野昌磨選手が羽生の座を占めるかと思われたが銅メダルに終わり、それに代わって一九歳の新星、鍵山優真選手が銀メダルを奪った。短期間に勝者と敗者が入れ替わるトップアスリートの世界の苛酷な現実を、わたしたちは目の当たりにしたのだ。

育ちざかりの身体を酷使するフィギュアスケートは、成長に伴って肉体のバランスや柔軟さが変化する。かつてできなかったことができるようになるだけでなく、できたことができなくなる。その変化は女子のフィギュア選手の場合にはさらに苛酷に、短期間のあいだの順位の入れ替わりとして目前にくりひろげられる。勝者である期間は短い。十代のあいだに「人生のピーク」が来てしまった者は、「余生」というには長すぎるその後の人生をどうやって生きればいいのだろうか？　アスリートは多いが、彼らのすべてに「その後」の受け皿が用意されているわけではない。監督やコーチになるのは幸運な者たちだ。解説者やタレントになる者もいる。なかには知名度を利用して政治家になる者もいるだろう。だが他の多くの者たちは、人生の再設計を考えなければならない。

野球やサッカー、ラグビーなどの団体スポーツもそうである。サッカー選手のカズこと三浦知良は四〇歳を過ぎてピッチに立ち続けたことでヒーロー扱いされた。他方、野球選手はサッカーやラグビーより経験とスキルが生きる分だけ選手寿命が長そうだが、それでも四〇歳を超えることはめったにない。苛酷なのは相撲取りである。相撲取りの平均寿命はどれだけだろうか？　人為的に身体改造したツケは引退後に来るかもしれない。

身体を用いるパフォーミングアートの世界も、老いにはきびしい。ダンサー、とりわけバレエダンサーがそうである。バレリーナは四〇歳を超えると引退がささやかれる。パリ・オペラ座のバレエダンサーの定年は四二歳だという。森下洋子は四〇歳を超えて舞台に立つだけで、引退を噂されつづけた。草刈民代は四四歳で現役を引退した。上野水香は所属するバレエ団の規定で四五歳で定年を迎えた。一〇三歳まで生きて車椅子でダンスの舞台に立った大野一雄、七〇代でもダンスを続ける田中泯は、ダンスの概念そのものを変えた。ダンスに身体を合わせたのではなく、身体にダンスを合わせたのである。

俳優はどうだろうか。映画女優は長い間年齢を隠して公表しなかった。若さと美しさが一致しているところでは、容色の衰えはそのまま隠退を意味した。小津映画が重用した戦後の銀幕のスター、原節子が四二歳からあと、公開の場から姿を消したことは有名である。だがようやく女性映画のなかに、中年の女や老年の女が主人公として登場するようになった。七五歳で死んだ怪優、樹木希林に続いて、あくまで年齢不詳の美女を演じる吉永小百合や岸惠子に代わって、倍賞千恵子や田中裕子などが、皺の刻まれた肌を解像度の高いスクリーンにアップでさらす老女優として再び注目を集めている。

映画より舞台の方が肉体を酷使する。林芙美子の「放浪記」を二千回以上演じたと言われる伝説の女優、森光子は、舞台の上で定番のでんぐり返しができなくなったと感じた時に、演出を変えた。演技が変わるだけでなく、せりふも覚えられなくなるだろう。蜷川幸雄は埼玉県の彩の国さいたま芸術劇場の芸術監督に就任したとき、「五五歳以上限定」の素人高齢者劇団、さいたまゴールド・シアターを創設したが、それだって当初はとんだりはねたりのできる元気な前期高齢者ばかりだっただろう。二〇〇六年にスタートしたこの劇団は、二〇二一年に一五年間の活動に幕を下ろしたが、その頃にはメンバーの平均年齢は八〇歳を越していた。

その点では能役者は有利かもしれない。そもそも野太い男の声で若い女を演じる能舞台では、面をつけることで「そういうことにしておこう」というお約束が演者と観客とのあいだに共有されている。そのハイコンテクスト性があるからこそ、歌舞伎の女形のように声を裏返したり、女らしいしぐさをしなくても、彼らはここにいない死者や女を演じることができるのだ。

演劇といえば、障害を持ったままならない身体をそのまま舞台にさらして、身体表現の極北をめざした劇団『態変』[2]のような集団もある。アスリートやダンサーたちは身体をルールに極限まで従わせようとしてきた。だがそれを逆転して、身体に合わせてルールの方を変えようとする者たちもいる。

そのうち認知症高齢者ばかりが舞台の上に立って、かみあわない会話をするシュールな舞台も登場するだろうか。思えば「財布がなくなった」と騒ぎ立てる認知症の高齢者に、「あなたの思い違いですよ」と事実を言う代わりに、「困りましたね、じゃ一緒に探しましょう」とつきあう高齢者施設の職員は、毎回芝居を演じているようなものだろう。ある介護職は「私たち、俳優もやらなきゃいけないんです」と言った。

歌手はどうか？　声は年齢を隠せない。若作りをした女優から思いがけず年齢を感じさせる声を聴いて、その落差に驚くこともある。若いときのつややかでのびやかな声は加齢と共に失われるが、ファンは「推し」と共に歳をとる。ジュリーこと沢田研二は体型も声も年齢相応に変化したが、ファンはファンダムに熱狂した自分の過去を愛おしむ気持ちと共に、ジュリーの舞台に声援を送りつづける。だがそれも「年齢のわりに」「年齢にもかかわらず」という割引を伴ったものだろう。

ボーヴォワールが唯一例外を設けるのは、演奏家という職業である。

「肉体のもつ役割が重要であるにもかかわらず、老化現象がもっとも無理なく克服される職業《キャリヤー》は、ピアニスト、ヴァイオリニスト、チェリスト等、音楽の演奏家である。彼らは八〇歳を過ぎてもその才能と名声を保っていることがある。」

さらに「彼らが演奏する曲目への理解を深めることによって、その最晩年にそれまでの自己を凌駕する場合もある。」［下457］

だがベートーヴェンのように、晩年に音楽家にとって致命的な聴覚の喪失を経験する者もいる。また脳溢血で半身付随になったピアニストもいる。舘野泉は後遺症で右手が使えなくなったが、そのあと、「左手のためのピアノ曲」を演奏しつづけた。同じことは弦楽器や管楽器の奏者には困難だろう。

演奏家がぼけたらどうなるか？　認知症のピアニストが、楽器の前に座ると曲を弾き始めたというエピソードがある。たとえ言語がスリップオフしても、身体化されたディシプリンはなくならない、かのようだ。

科学者の賞味期限

知的職業の者たちはどうか？

「知的労働者は、他の職域の者に比べて生理的凋落によってそれほど邪魔されない」とした上で、「さまざまな知的・芸術的領域において、年齢と創造性のあいだにはどのような関係があるか、そしてそれをどのように理解すべきか？」〔下457〕と、ボーヴォワールは問いを立てる。

知的な分野における老いの探究に乗り出す彼女の筆は苛烈である。

「科学者が老年期に独創的発見をすることはきわめて稀である。」〔下457〕

「とくに数学においては、年取ってからの発見はきわめて稀である。」〔下458〕

「学者は四〇歳に達すればすでに老いているのである。」〔下463〕と、アーサー・C・クラークにならってボーヴォワールは宣告する。

「学者たちの老化は生物学的な原因によるのではない」とした上で、「ある年齢を過ぎると彼らがもはや何も発見しないのは何に起因しているのだろうか？」と問いかける。

「老いた学者にブレーキをかけるものがなんであるか」〔下462〕を詳細に検討して、こう言う。

「彼は彼の業績《しごと》の価値を失墜させるおそれのある学説や体系に対して闘う。彼は彼の業績《しごと》を修正し、豊富にすることは喜んでするだろうが、それを否認することは欲しない、しかるにそれを否認することは、ある段階では、進歩のために必要となることがあるのだ。」〔下462〕

この指摘が思い当たる研究者は多いだろう。トマス・クーンのいうパラダイム転換において、挑戦者は、先行の世代に対して「父殺し」のようなことをやってきた。だが自分が「父の座」を簒奪すると、今度は次の世代の抑圧者に廻ることもある。

「偉大な学者はその人生の前半においては学問に有益であるが、後半においては有害である」〔下463〕というバシュラールの言を彼女は引用する。

パラダイム転換が起きるとその後には、ノーマル・サイエンスの時代が来る。かつて革命的だったパラダイムは通常科学化して陳腐化する。だがそのときまでには追随者が列をなし、かつての挑戦者は権威に変わる。

四〇代までに確立した名声を維持するために、五〇代にはいって自己模倣を始める先輩の研究者たちを、わたしは底意地の悪い眼で見てきた。名声と地位は五〇代にゆるぎないものになるが、自分の創造力が衰えていることを誰よりもよく知っているのは自分自身である。創造者の自負のある者ほど、その内面的なギャップに苦しんでいるはずだ。だが同じ視線は、わたし自身に跳ね返ることになった。

わたしが先輩の研究者の背を見て学んだことは、後半の人生に向けて、自分のジャンルを大胆に変えることだった。ある分野でエキスパートであっても、畑を変えれば誰でもビギナーになる。わたしが五〇代に入ったとき、わたし自身の老化とともに日本社会の高齢化が進行していた。介護保険の施行が目前にあり、日本の歴史のなかで誰も経験したことのない新しい動きが始まろうとしていた。それ以来、わたしは高齢者の介護問題に足を踏みいれるようになったのだが、それはわたしにとってまったく未知の領域だった。わたしは学生を引き連れて現場へ赴いたが、介護保険の施行に立ち合うというスタートラインは、わたしも学生も同じだった。わたしは自分のライバルを育てるつもりで彼らと共にフィールドワークをし、データを集め、討論した。事実、そのなかからケアの専門家となった若手の研究者が何人か育ち、彼らはもはやわたしの学生ではなく、同僚となった。そして彼らから容赦のない批判にさらされることになった。学位論文の審査のたびに、かつて指導学生だった執筆者からわたしの業績に対する的確な批判を文中に見いだすと、そのつどわたしは「ご指摘のとおりです」と受け容れてきたが、それはわたし自身が先行の研究者に同じことをやってきた記憶を忘れないでいるからである。

わたしのもとにいて教師の弱点をもっともよく知る彼らは、わたしが教えた道具の刃先を研いで、わたしのアキレス腱を衝いてきた。もちろん自分のアキレス腱は誰よりも自分がよく知っている。的外れでない批判は、謙虚に受け容れるほかない。そうやって先行者を踏み越えていくのが、後から来る者の役目なのだから。

政治家の責任倫理

政治家の老いは苛烈である。なぜなら彼らの事蹟は、現実政治の取りかえしのつかない結果として目前にあらわれ、彼らに結果責任をきびしく迫るからだ。

権力者は共同体の運命を決める最高の意思決定者である。そしてどんな意思決定にも、意図した効果と意図せざる効果とがつきまとう。マックス・ウェーバーは心情倫理と責任倫理とを区別した。どんなに善意の動機からなされた意思決定であっても、その結果が意図したものでなければ、責任倫理を問われるのが政治家の宿命である。

その最大の意思決定が戦争である。一九六二年のキューバ危機のとき、世界の運命はフルシチョフとケネディという、ソ連とアメリカの少数の意思決定者の掌中にあった。世界を何度でも破滅させる核戦争の幕が切って落とされるかもしれなかったからだ。アメリカ大統領執務室には核兵器発射を指示するボタンが設置されているという。大統領の行くところにはどこへでもＳＰがその核戦争のボタンを配備したボックスを持ち歩く。その事情はソ連が崩壊したあとのロシアも同じである。そのボタンが独裁者の手に委ねられたらどうなるか？　たとえばドナルド・トランプやウラジーミル・プーチンのような男の手に。

日米開戦は「やむにやまれぬ祖国防衛」の動機から、決定された。すべての戦争は「祖国防衛」の自衛戦争という正当化を伴っている。国民は開戦の詔勅に熱狂した。だが戦争の結果は、勝利か敗北か、のいずれかだ。惨憺たる犠牲を払ってもたらされた敗戦という結果に、日本の政策決定者が責任をとった形跡はない。

ボーヴォワールが挙げるのはウィンストン・チャーチルとマハトマ・ガンディーというふたりの対照的な例である。

「一九四〇年にチャーチルは天から授けられた人のごとくに迎えられた。国全体が彼に権力を任せる

べきだと要求していたのだ。」〔下 505〕

だが、ドイツとの戦争に勝利し、「凱旋将軍に向けられるような喝采」に迎えられたあと、一九四五年に国民は保守党を見放して「国事の運営から完全にしめ出され」〔下 507〕、チャーチルは「失業した人間」になった。一九五一年に保守党がふたたび勝利し、チャーチルは首相に返り咲いた。体力の衰えにもかかわらず、彼は「権力の座に留まることに固執した」〔下 508〕。「途方もない失策《へま》」をくり返し、一九五五年に「ついに決心して辞任した。」一九五六年に脳卒中の発作を起こし、五九年に「ふたたび議員に選ばれ」た。

「そのあと、彼の精神は完全に崩壊した。そして五年間、彼は耄碌し、正気を失ったまま、生きながらえた。」〔下 509〕

嵐の中の舵取りを任せられた船長が、凪の航海に熟達しているとは限らない。改革期のリーダーが、平時の指導者に転身できるとは限らないことを、わたしたちは明治維新の立役者たちのその後の運命に見てきた。とりわけかつてのヒーローだった者が、権力の座を去った後には、わたしたちはその老残の姿を目の当たりにする。国家の最高権力者、アメリカのレーガン大統領も、イギリスのサッチャー首相も、晩年は認知症になったと伝えられる。老いの現実からは誰も逃れられない。

インド独立闘争の父、ガンディーの事例はもっと痛苦に満ちている。

「彼はその全生涯を賭けた事業——インドの英国からの解放——を完遂した。しかし彼の勝利は残酷にも反《かえ》り火となって彼を襲ったのである。」〔下 509〕

ヒンズー教徒と回教徒との対立は、インドの宿痾《しゅくあ》である。植民者イギリスがこの宗教対立を巧妙に分断支配に利用したことは、よく知られている。一九四七年、彼は両者を和解させるために三週間にわたる断食を実行した。ガンディーはこの時、七八歳に達していた。ボーヴォワールによれば、「すばらしい健康に恵まれ、ひじょうに辛い断食を数多く自分に課しても健康を害することがなく、長い歩行、暑気、粗悪な住居などに耐え、万人から尊敬されていた」ガンディーは、「手段がよい以上、結果がよくないはずはない」〔下 510〕と確信していた。だが手段が結果を保証せず、免責もしないことは、歴史が証明している。

ガンディーの統一的国民主義は実らなかった。回教徒は回教国家の分離独立を求め、そこから「恐ろしい殺戮が荒れ狂った」「パキスタンではヒンズー教徒が、インドでは回教徒が、そしてこの両方の国でシーク教徒が殺戮された。」〔下 511〕

七八歳のガンディーはこう述べた。

「わたしの心のなかにあるのはただ苦悩だけである。わたしは長生きしようという欲望をまったく失った。」「今日の姿におけるインドには、わたしの占めるべき場所はない……もしインドが暴力の洪水に浸されるならば、わたしは生きたいとは思わない。」〔下 510〕

一九四七年、インド独立の日、ガンディーは祝典に参加しなかった。

「あれほど望んだ独立も彼に絶望をもたらしただけだった。そして彼は、彼を裏切り者とみなした一人のヒンズー教徒に暗殺されて、非業の最期をとげた。」〔下 511〕

「人間にとって、自分の行動《しごと》がまさに成就するときに、それが根底から歪められるのを見ることほど悲劇的な境涯は少ないであろう」［下511］とボーヴォワールはコメントする。

そして冷徹にこう言い放つのだ。

「政治家は歴史をつくるために、そして歴史によって抹殺されるためにつくられているのだ。」［下511-2］

もし政治家が志半ばで斃れたら、彼は自分のやったことの功罪含めた帰結を目にしないですんだだろう。その意味では長命の政治家は、自分が用済みになった世界、退場を迫られる時代に立ち会わなければならない。裏返していえば、短命に終わった政治家は、夢を見たまま、逃げ切ることもできるのだ。明治維新を例にとれば、維新以後の日本を見ることなく死んだ坂本龍馬は、汚《けが》れを知らない英雄のイメージを保つ一方、維新後の世界に生き延びてしまった西郷隆盛は、自分がのぞんだものとは違った新政権に失望して下野し、結局官軍に追いつめられて逆賊としての死を余儀なくされた。

二〇二二年に銃撃によって「不慮の死」を遂げた安倍晋三という政治家は、戦後最長の在任期間を誇ったが、そのあいだに国の長期債務残高は一〇〇〇兆円を超した。それがもたらすツケを国民が背負わなければならなくなる時には、それを決定した者たちはこの世から消えて責任をとる者は誰もいない。

作家の老い

「作家たちはどのように老いるのであろうか？」〔下471〕

この問いへのボーヴォワールの答えは情け容赦もない。

答えはこうである。

「一般には高齢は文学的創造にとって好適ではない。」〔下471〕

「人が六〇歳を過ぎて書くものは、まず二番煎じのお茶ほどの価値しかない」〔下471〕というベレンソンの言い分を、ボーヴォワールは受け容れる。

なぜなら、と「作家」ボーヴォワールの探究が始まる。この分析は彼女自身にはねかえってくるはずだ。

「年取った人間にもっとも適さない文学のジャンルは小説である」〔下476〕とボーヴォワールは宣告する。

アンドレ・ジィドは八一歳のとき、「私は〔…〕自分が言うべきであると考えていたことのすべてをすでに言ってしまった。これ以上書けば、過去のくり返しになることを恐れる」〔下474〕と告白した。サルトルが論じたジャン・ジュネとギュスターヴ・フローベールは「袋小路のなかで苦悶」しながら、「唯一の脱出口」として書くことを求めたが、「老年期においては彼らはこの和解を実現してしまった」〔下476〕ために、沈黙を選ぶ。

年取った創作者は、自己模倣の危険に陥る。その罠に囚われなかったヴォルテールやユーゴーなど少数の幸福な例外を除いて、「他の者たちは、出がらしのお茶を何度でもつくって出すか、でなければ沈黙する。」〔下478〕なぜなら彼らにはもはや書く理由がないからである。出がらしよりは、沈黙の方がまだよいかもしれない。だが職業的な書き手は、書くことをやめることができない。

なぜ年齢は文学に味方しないのか?

ボーヴォワールによれば「書くという行為」は「想像界を選び、伝達することを欲する」ということを意味する。

そのためには「あたえられた現実世界を想像された宇宙によってとってかわらせようと主張するには、この現実世界をはげしく拒否することが必要である。」「しかし一方、伝達という企ては、他人に関心をもつことを前提とする。〔…〕もしあらゆるもの、あらゆる人間に完全な絶望、徹底的な憎悪をいだいているのならば、沈黙に満足する以外はないであろう。」〔下473〕

「書くという企てはそれゆえ、人間たちが生きている世界への拒否と、人間たちへのある種の呼びかけとのあいだの緊張を含んでいる。〔…〕これは困難な態度である。それははげしい情熱をもつことを意味し、長いあいだ維持されるには強い精神力を必要とする。」〔下473〕

このあたりは、ボーヴォワール自身の書き手としての真情を吐露したところであろう。書くという行為は、つねに現に与えられたものとは異なる「もうひとつの現実」を作り出すことだからだ。それは「現実へのはげしい拒否」(理想主義とはそうしたものだ)と、現実との和解への希望との、両方をそなえていなければならない。

にもかかわらず「老いはもろもろの力を減少させ、情熱を衰えさせる。」［下473］

ボーヴォワール自身はどうか？

「作家［…］が自分の利益よりも自分の自由を選ぶこともありうる」「これが私に起こった」と、彼女は簡潔に書く。

「私の読者は、私から何にもまして楽観主義を要求していた、とくに女性の運命という点に関しては。」［下475］

気むずかしいサルトルに比べて、いつも上機嫌で人との交わりを好むボーヴォワールは、生来前向きで明るい女性と周囲から思われてきた。だが柳の下に二匹目のどじょうを求める読者の期待を、ボーヴォワールは裏切った。期待を裏切ったことで「はげしい非難」を浴びた作品、『危機の女』［Beauvoir 1967=1969］は、暗鬱で救いがない。

作家にとっては書くことは現実への拒否と現実との和解の両極を含む。それが一方の極へだけ振れると陳腐で凡庸なものになるし、振れ幅が小さいとぬるくて浅いものになる。その両極への振れ幅が大きいほど、書くものは緊張感と強度を孕むことになるだろう。

ボーヴォワールはここでおそらく、自分自身にとっての「創作の秘密」を語っている。近年になってようやく訳出された少女時代の友情の思い出、親友ザザをモデルにした『離れがたき二人』［Beauvoir 2020=2021］は、未来をふさがれて夭折した友の死への、はげしい怒りによって書かれている。

それからの一生のあいだ、書くことへ向けて彼女を駆り立ててきた衝動は、この世の不条理に対する怒りと、それでもなお書くことがもたらす希望とでなくて何だろうか。現実を一切粉飾しようとしない彼女の苛烈な筆は、彼女が現実に対峙する構えの強度の反映なのだ。このごまかしのない視線は、彼女自身にも、彼女の他者との関係にも向けられた。

老年文学というジャンル

年齢が文学に味方する場合もあるとは考えられないだろうか。老年文学というジャンルはどうだろう？

博覧強記のボーヴォワールは谷崎潤一郎を引き合いに出す。谷崎の『瘋癲老人日記』〔谷崎 1961〕は老年文学の達成であろう。息子の嫁に性的魅力を感じ、その足を拝跪《はいき》し、その足に踏まれたいと欲望する老人は谷崎自身だろうか。嫁の颯子にはモデルがいると言われるが、この作品が谷崎が実際に経験したことかどうかはわからない。日本には他にも性的能力を失った江口老人を主人公にした川端康成の『眠れる美女』〔川端 1960〕がある。性的能力を失っても妄想はいよいよ天翔《あまがけ》り、妄想と現実との乖離は絶望的に大きくなる。「現実へのはげしい拒否とそれとの和解」とは、どの年齢にとっても他人事ではないのだ。

青春ばかりが文学の土壌ではない。青春朱夏白秋玄冬というように、青春文学というものがあるとすれば朱夏文学、白秋文学、玄冬文学というものもあってしかるべきだろう。なぜならボーヴォワールのいうように「現実へのはげしい拒否と、にもかかわらずそれとの和解への希望」は、どの年齢にも異なるかたちであらわれるだろうからである。その意味では加齢は、つねに誰にとっても「新しい経験」であるに違いない。青春期に作家として出発した者は多いが、朱夏に出発した者たちもいる。瀬戸内寂聴の出世作は、四一歳のときに瀬戸内晴美の名前で書いた『夏の終り』〔瀬戸内 1963〕だった。タイトル自体が示唆的である。三八歳でデビューした森瑤子の『情事』〔森 1978〕の冒頭の一行は「夏が、終ろうとしていた」というものだった。いずれも結婚して出産した後の女の「朱夏」の惑いを描いた。というより「青春文学」そのものが、安部公房の処女作のタイトル、『終りし道の標べに』〔安部 1948〕が象徴するように、青春への墓標もしくは挽歌、すなわちこうでしかなかった現実への痛恨と哀惜ではなかったか。

近年の動向は、五〇代を超えてデビューする白秋文学、玄冬文学の登場である。芥川賞を六三歳という、史上二番目の高齢で受賞した若竹千佐子の『おらおらでひとりいぐも』〔若竹 2017/2020〕はその好例であろう。

死後の評価

ボーヴォワールが寛大さを示すのは、創造活動のなかでは音楽家と画家である。

「音楽家にとっては年を取ることは自由への歩みなのである。」〔下 479〕

「画家たち［…］がその傑作を産むのはしばしばその最晩年期である。」〔下 479〕

なぜなら「死が間もなく中断するであろう進歩にまだ喜びを見いだすこと、継続すること、自分の有限性を知り、それを引き受けながら自分を乗り越えようとすることにまだ喜びを見いだす」からだ。

それなら音楽家と画家は長生きしたほうがよい。現に板画家の棟方志功は七〇歳になったとき、百歳になっても彫りつづけられるだけの画材を用意していたと伝えられるし、一〇七歳で亡くなった篠田桃紅の晩年の作品は、ますます自由で闊達になっていった。

結論はこうである。

「科学者においては、老いはほとんど宿命的に硬化と不毛とをもたらす。芸術家は、これに反して、彼らの業績はまだ終わっておらず、それをさらに豊饒にすることができるという気持をしばしばもつ。」〔下 484〕

だが、どんな創造者にもかならず死が訪れる。人の評価は棺を覆うて定まると言われるが、必ずしもそうとは言えない。作家のなかには死後の読者を求める者もいる。だが生前に評価されても死後に忘れ去られる者もいるし、ましてや生前に評価されなければ死後に評価されることは、もっとありそうにない。

サルトルの死後、ボーヴォワールは六年間生きて、死んだ。

死後についてボーヴォワールは『老い』のなかでこう言う。

彼らの業績はいずれ「忘れられるか、理解されないか、けなされるか、賛嘆されるか、そのいずれにせよ、自分の死後の運命が決定されるときには何人もそこに居合わせないのだ。この、知らないということだけが確かなのであり、私の考えでは、それゆえ、どんな仮定を立てることも所詮つまらぬことであると思われる。」〔下 486〕

潔いひとである。

（1）ミュージシャンの小山田圭吾は二〇二一年五輪大会開会式の作曲担当に決まっていたが、一九九五年に雑誌に小学校から高校時代にかけての障害を持つクラスメートのいじめ体験を武勇伝のように語った記事がネット上で拡散され、本人が謝罪、退任を余儀なくされた。

（2）金満里が主宰する大阪在住の身体障害者によるパフォーマンス集団。変形した身体を隠さずにさらすレオタード姿で、ままならない身体のままならない動きを示すことで身体表現の常識をくつがえした。http://taihen.o.oo7.jp/main/jprofile.htm

第7章　老いと性

性欲の否定

近代になってから性欲を否定されたのは、子どもと障害者と老人だと言われる。子どもは無垢な存在として性から遠ざけられ、子どもの自慰は教育によって撲滅の対象となった。障害者は性欲のない（あるいは性欲を持つ資格のない）存在として扱われた。老人は？

前近代の日本の春画を見ると、老人の性が描かれている、ただし、すこぶる戯画的に。老人の性はあってはならないもの、あったとしても見苦しいもの、揶揄され嘲られる対象として描かれる。だがそれは老人に性欲がないことを意味しない。その反対に、揶揄は、老人になっても性欲は続くことを前提としている。

ボーヴォワールは『第二の性』で女性を論じるときに、大胆に性についても論じた。(1)ために『第二の性』はローマ教皇によって一時期禁書に指定された。同じように『老い』についても彼女はタブーを破ることを怖れない。

ボーヴォワールは『老い』のなかで「老人と性」について特別に章を割いていない。だが性についての記述はいたるところに散見される。本章ではそれを拾いながら、老人の性について論じていこう。

嘲笑される老人の性欲

世間は老人の性欲を嘲笑する。ボーヴォワールは上巻の序からすでにこんなことを書く。

「老人が若い人びとと同じ欲望、同じ感情、同じ要求を示すと、彼らは世間の非難を浴びる。老人の場合、恋愛とか嫉妬は醜悪あるいは滑稽であり、性欲は嫌悪感を起こさせ、暴力は笑うべきものとなる。」〔上8〕

権力や金銭に対する老人の欲望は理解され、許容される。だがとりわけ性欲は老人に禁止される。なぜなら老人はその資格を失うからだ。

古代ギリシャの喜劇作家、メナンドロスの昔から、世間は「高齢の者が性生活を望む」ことを許さない。彼はこういう言葉を残している。

「恋する老人以上に不幸な者はあるまい。もしあるとしたら、それは別の恋する老人であろう。彼を見捨てるもの――その原因は時間《とき》にあるのだが――から楽しみを得ようと願う者が不幸でないわけはあるまい。」〔上124〕

世間が老人の性欲を許さないだけではない。老人自身も性欲に駆られる自分をふかく自己嫌悪する。

ボーヴォワールが引用するのは、六六歳の時のエドモン・ド・ゴンクールの告白だ。

「一八八八年九月二八日。汽車のなかで交接への欲求に悩まされて、わたしは好色爺《じじい》なるものについて言われ、書かれ、印刷されたすべてのことを考えてみた。精液内極微動物によっていまだにはげしく苛まれる、哀れな好色爺……。自然がわれわれのなかに異性との接触の欲望をこのように強烈に、執拗に、頑固に存在させていることは、いったいわれわれの責任《つみ》なのだろうか?」〔下395〕

「淫奔な老人という不愉快で、人を不安にするイメージ」〔上127〕とボーヴォワールは書く。

「老人のセックスは彼がなんとしようと人びとに不快感をあたえる。」〔上166〕

中世イギリスの詩人、チョーサーは、『カンタベリー物語』のなかで、二〇歳の美しい娘と金の力で結婚した老いた貿易商人が、妻に若くて美男の従者と密通されて嘲りの対象となることを描く。

性欲は若さと健康に恵まれた肉体にだけ許される。シャトーブリアンは六二歳のときに一六歳の娘から求愛されたことをこう書いている。

「わたしはこれほど恥ずかしかったことはなかった。わたしの年齢で愛着のごとき感情を人に起こさせることはわたしにはまったくこっけいなこととしか思えなかった。この〔若い娘が彼を愛するという〕常軌を逸したことはわたしを喜ばせただけそれだけわたしには屈辱的に思われた、なぜなら、わたしは正しくもこれを嘲弄とみなしたからだ。」〔下620〕

彼はこの「若い女性の優しい誘い」を退けたが、のちに彼の作品、『悲しみの歌』のなかでこう描いた。

「もしもあなたがわたしを父親のように愛すると言ったなら、わたしはぞっとするだろう。もしもあなたがわたしを恋人として愛すると言ったなら、あなたの言葉を信じないだろう、そしてすべての青年がわたしには自分にまさる敵手と映るだろう。あなたの尊敬はわたしに自分の年齢《とし》を感じさせ、あなたの愛撫はわたしを狂おしい嫉妬に追いやることになるのだ……。老いは幸福までも醜くする。不幸ならば言うもおろか……。」［下 387］

大学でハラスメント防止委員を務めた経験からいえば、今日の六〇代の男性が、シャトーブリアンのような自省を持つとはとうてい思えない。彼らは厚顔にも年長の指導者に対する若い女性の敬愛を、性的な好意ととりちがえ、権力勾配を利用してノーを言えない相手に性的な接近をするからだ。これを「セクシュアル・ハラスメント」と呼ぶまでには、長きにわたるフェミニズムの闘いが必要だった。

男根至上主義

性欲を持つ資格とは何か？

ボーヴォワールはさらにあからさまな生物学的事実をつきつける。男にとってはそれは勃起能力である。

ボーヴォワールは辛辣にこう述べる。

「男の子は彼のペニスに第二の自我《アルテル・エゴ》を見いだす。［…］彼がおそれる自己愛上の損傷、それは彼の性器の衰弱なのである、すなわち、勃起に達しえないこと、この状態を持続し、相手を満足させるこ

とができないこと、である。」［下380］

老人の性欲がなぜこれほどまでに「不愉快で、人を不安にする」かといえば、それが男性にとって不安の根源を衝くからだ。ボーヴォワールは「壮年期の男たちをもっとも憤激させるのは、とりわけ好色で性的に不能な老人である」と言う。なぜなら「成人の男性は自分の性的活力についての不安からけっしてまぬがれていない」［上124］からである。

男性性の核心はあげて勃起能力にかかっていると、なぜだか男たちは考えているらしい。女性が男性の勃起した巨根を歓迎するとはかぎらないのに、女性の性的満足はペニスのサイズや硬さしだいによると男性自身が思いこんでいるようだ。これを男性の男根至上主義とかペニス・コンプレックスと呼ぶのはたやすい。ペニスに対するこだわりは男が男自身に課した呪縛である。よく対比されるように、日本において低用量ピルの認可に約四五年かかったのに、バイアグラの認可が半年で下りたことは男根政治と言ってよいくらい、象徴的な出来事だった。両者は同じ一九九九年の出来事だった。ピルの認可はバイアグラの認可の反対給付だったのだろうか？

男根は生物学的な身体のパーツであるだけではない。男性性を表象する象徴的存在であることを、精神分析家のジャック・ラカンは男根中心主義 phallocentrism とか男根支配 phallocracy と呼んだ。なぜなら精神分析の「父の支配」にとって、出生時の男根の有無はその後の人格の発達過程において、運命的な役割を果たしたからだ。ソシュールの構造言語学を経由したラカンは、フロイトの「解剖学的宿命 Anatomy is destiny」をさらに極限に押し進めて、言語を「父の言語」と定義し、それゆえに言語に従属する者——言語話者のすべてを意味する——は、男女を問わず「父の支配」から逃れられないと、出口のない決定論さえ唱えた。フランス哲学から「ファロクラシー（男根による支配）」という概念が持ち込まれたとき、日本国内のある哲学会で、会場の女性参加者が哲学のファロクラシーを問いかけた際の皮肉なやりとりをわたしは覚えている。学会の長老とおぼしい男性は、「少なくともわたしは男根で妻を支配したことはありません」と答え、会場には失笑が洩れた。いっそのこと「わたしは男根で妻を支配しております。それがよくて妻はわたしを離れられないようです」とでも答えれば、会場には羨望のため息が満ちただろうか。

男根は哲学のキーワードとして象徴化されるほど、男にとってはオブセッションのかたまりであるようだ。

だが、他方、性欲の減退を「解放」と見なす人びともいる。ボーヴォワールはソフォクレスを引いて、「あたかも狂暴で猛々しいひとりの暴君の手から、やっとのがれおおせたように、私は無上の喜びをもって性愛からのがれ去った」［上126］と書きしるす。

日本でも老人の文化理想は、「枯れる」ように老いることだった。「枯れる」ことはまず生々しい性的欲望を失うことを意味する。フランスでも同様なのか、ボーヴォワールは「道徳家たちの言う浄化は、何よりもまず性的欲望の消滅という点にある」［下374］という。「年取った人間が性欲の束縛からのがれ、それによって心の明澄さを獲得する」［下374］ことが期待される。一八世紀スコットランドの詩人、ロバート・バーンズがエレジーで謳うように、夫婦の文化理想は、「情欲がすでに消え去った理想的な老夫婦」が「手をたずさえて人生の丘を登った」後、「よろめく足取りで、しかし手をとり合って、旅の終末へと導く道をともに進」［下374］む姿である。

その文化理想を語った舌の根も乾かぬうちに、ボーヴォワールはミもフタもない現実をつきつける。既婚男性が性的に不活発になるのは身体機能が低下しているからばかりとはかぎらない。「年取ってからは、彼はあまりにもよく知っている伴侶に倦怠する。」その処方箋はこうである。「多くの年取った男性はむかしからの相手を新しい相手と代えることによって——この場合ふつう彼らは若い女性を選ぶ——男性としての精力を再びとり戻す。」［下380］

こうして「糟糠の妻」は、成功の証としての若くて豪奢な「トロフィー・ワイフ」に取り替えられる。これも見慣れた風景である。

「精力を取り戻した」彼らも、やがて確実に老いる。精力の更新を無限に続けることはできない。やがて彼らの人生の終わりには、ついに性欲からの解放が待っているのだろうか？

ポルノグラフィの役割

だが、現実は理想通りの老いを許してはくれない。

ボーヴォワールはズバリこう書く。

「不能は欲望を除外しない」［下400］

つまり「生殖機能が減退あるいは消滅した個人は、それだからといって無性化されたわけではない

［…］それはあくまで有性の個人であり――宦官や不能者といえどもそうでありつづける」［下375］からである。ここで彼女が語っているのはセックスではなく、セクシュアリティについてである。

一九七六年はセクシュアリティ研究にとって画期をなす年だった。この年にミシェル・フーコーの『性の歴史』第一巻［Foucault 1976=1986］が刊行されたからである。もしセックスが動物的なものだとしたら、性に歴史があるはずがない。動物としてのヒトもまた本能にしたがって、すなわちDNAとホルモンの指令どおりに行動するだろうからである。フーコーがこの書物で論じたのはセックスsexではなくセクシュアリティsexualityだった。「性現象」とか「性的欲望」とか訳されるこの用語は、文化と社会の産物であり、したがって歴史とともに変化する。

セックスとセクシュアリティの違いについてのもっとも簡明な定義は、全米性情報・教育協会SIECUS(2)のカルデローンとカーケンダールによる定義、セックスは「両脚のあいだにbetween the legs」、セクシュアリティは「両耳のあいだにbetween the ears」あるというもの。「両脚のあいだ」にあるのは性器だが、「両耳のあいだ」にあるのは大脳である。つまり「ムラムラする」のは大脳であって、性器ではない。フーコー以後、性を語るのに「本能」と「自然」を持ち出すのは禁句となった。

フーコーの『性の歴史』を、邦訳を待たずに英語版でわたしは夢中になって読んだ。その後、一九九八年に『発情装置――エロスのシナリオ』［上野 1998/2015］という本を書いた。「発情」を引き起こすのは文化であって自然ではない。エロティシズムは人それぞれというが、文化的に構築され、学習されるものだ。だからこそリテラシーの高い者ほど、多くの（倒錯的な性も含めて）エロティシズムの文化的シナリオのメニューを装備していることになる。ただたんに食欲を満たすことと、美食家が追求する欲望とは違う。性欲も同じである。そのエロスの文化的装置は、身体機能が衰えたからといって、消えてなくなるわけではない。

一九七〇年に刊行された『老い』の著者がフーコーを読んだ形跡はないが、本書のなかでボーヴォワールが述べていることはみごとにフーコー理論にあてはまる。

そこに登場するのがポルノグラフィである。

「言葉が、いまではなんといっても間遠になった〔性〕行動の代替物となった」〔下408〕と彼女は言う。言葉は「性的幻像《ファンタスム》」の乗り物である。肉体が自分の統制から疎遠になればなるほど、性的妄想はよりいっそう天翔る。

「老人性愛に関するもっとも痛烈な証言の一つ」〔下398〕として、ボーヴォワールが挙げるのが、谷崎潤一郎の作品である。『瘋癲老人日記』については前章で述べたが、もうひとつの作品『鍵』を、彼女は詳細に紹介する。五六歳に設定された主人公は（ボーヴォワールは一九五六年にこの作品が刊行された当時、「作者はもっと年取っていた」とさりげなくつけ加えるのを忘れない）[3]、嫉妬とマゾヒズムを駆動力として、エロティシズムに耽溺する。妻とのだまし合いのような駆け引きや、企みの多い疑心暗鬼のやりとりは、すぐれて知的な操作に依存している。エロスは単純な性欲とは違う。いや、もっと正確に言おう、性欲とは文化的な装置によって駆動されるものであり、人間はホルモンやDNAの奴隷ではない。

セックス・サーヴェイのなかの老人の性

高齢になればほんとうに性行動は不活発になるのだろうか？

博覧強記のボーヴォワールは、世界初のセックス・サーヴェイ、キンゼイ・レポートを参照している。一九四八年に実施されたアメリカ人男性の性行動調査によれば、性交の平均回数は五〇歳で週に一・八回、六〇歳で一・三回、七〇歳で〇・九回となる。六〇歳の六％、七〇歳では三〇％が「性的活動が皆無」となり、七〇歳で白人男性の四分の一は勃起不能となり、七五歳を超えると半数以上がそうなる［下 673］。

一九五九年に実施された『セクソロジー』誌が実施した別の調査によれば、六五歳以上の既婚男性は月に平均四回の性交を行っていた。

一九六一年にフィラデルフィアで実施された調査では、六〇歳で二五％の男性が不能となった。八〇歳の男性の二二％が性的欲望を感じていたが、性的接触があったのは一七％だけだった。

一九六三年にフランスで行われた調査では、性交の頻度は六〇歳で週に一回、七〇歳で二週間に一回である。

読者はもちろん日本のデータを知りたいと思うだろう。NHKが実施した日本初の科学的なセックス・サーヴェイ(4)［NHK「日本人の性」プロジェクト編 2002］によれば、「過去一年間セックスをしたことがある」人は、六〇代男性の七〇・三％、同じく六〇代女性の五一％。この数字のジェンダー差は、男性のセックスの相手が妻や恋人とは限らないことを示唆する。六〇代男性の性交頻度は「月に一回程度」が二〇・八％、それに「月に二、三回程度」一六・五％、「週一回程度」一一％と続く。

だがこの調査では七〇代以上のデータがわからない。なぜなら調査対象が「一六歳から六九歳までの日本国民」に限定されているからだ。つまり七〇歳以上はセックス・サーヴェイの対象に該当しない、あるいはデータとして意味をなさないと考えられたのだろう、あからさまなエイジズムと言うべきである。冒頭にあげた近代が性欲を否定した対象のひとつが老人であることを、まざまざと見せつけられる。

それなら高齢者に特化したセックス調査はあるか？　保健師の大工原秀子『老年期の性』［大工原 1979］がその嚆矢《こうし》だろう。大工原は「色きちがい」と呼ばれながら、老人クラブ等を訪ねてセックス調査を実施した。高齢者の性について、タブー意識がまだ強い時代だった。対象者を囲い込んだこのような調査はボランタリー・サンプリングと呼ばれて、データの客観性に信頼が得られない。だが、他に科学的な調査が存在しないところでは、彼女の調査は数少ない貴重なデータソースである。

大工原は一九七三年と一九八五年の二回にわたって同じ調査票で調査を実施しているので、そのあいだの歴史的変化を見ることもできる［大工原 1991］。七三年の調査対象者は六〇歳以上の高齢者、平均年齢七二歳の五一二人、八五年の調査対象者は同じく六〇歳以上、平均年齢七〇・二歳の高齢者五〇〇人。男女比は一回目が男性五一％、女性四九％とほぼ半々、二回目が男性五七％、女性四三％である。性行為「あり」は一回目で男性七七％、女性四九％、二回目で男性九六％、女性九二％と、一二年間のうちに男女とも増加、男性は一九ポイント、女性は四三ポイントとほぼ倍増した。それには高齢化に伴って男女共に高齢になっても有配偶率が上昇したことが関係していると考えられる。有配偶率は一回目で男性七五％、女性二五％だったのが、二回目調査では、男性八二％、女性三八％と上昇している。性行為の頻度は月一回が平均、ただし個人差が大きい。

残念なことに、大工原の調査では「性行為」に自慰が含まれているために「性交」頻度はわからない。保健師である彼女は保健衛生的な関心から、身体の性機能を使ったか使わないかに関心が向かい、相手のある性交に限定しなかったのだろう。データによると性行為のうち自慰は一回目調査で男性の九％、女性の三七％を、二回目調査では男性の一％、女性の五％を占め、その残りが「相手のある性行為」だが、とりわけ二回目調査で女性の性行為の相手に、配偶者以外の「特定の異性」八％や「不特定の異性」一三％が増えたことが目を引く。男性は一回目調査から配偶者以外の相手との性行為が「特定の異性」一七％、「不特定の異性」一四％と多いから、同世代の女性の性行動が男性に追い付いてきたとも言える。男性の性機能は「挿入も射精も不可能」が一回目調査で二三％、二回目で一八％と低下、このあいだに、身体機能が若返ったことが推測できる。さらに今日に至るまで追跡調査をすれば、経年変化がわかることだろう。

国際比較をすれば、日本人の性交頻度は欧米諸国と比べて低いことが報告されている。「セックスレス夫婦」の多いことも推定されている。エイズが流行したときに、諸外国は疫学的調査を名目に、ランダム・サンプリングにもとづく大規模なセックス・サーヴェイを実施した。日本でも一九九九年に厚生省が京大の木原正博教授らのチームに委嘱した五〇〇〇人規模の調査があるが、その結果は公表されていない。エイズの罹患率が諸外国とくらべていちじるしく低いことは、同性愛、異性愛を含めて日本人の性交頻度が少ないことからしか説明できないとする専門家もいた。

日本には他にも一九八二年に共同通信社が二万人を対象にした大規模調査、女性誌や男性誌が独自に実施した読者アンケートなどがあるが、いずれもボランタリー・サンプリングによる調査で、「科学的調査」とは言えない。またそれらの調査はほとんど七〇歳以上を除外していることから、高齢者の性行動についてはわからないことが多い。高齢者の性は調査の対象にならないほど、無視されてきたのだ。

注意してほしいのは、初期のセックス・サーヴェイがセクソロジー sexology の名においておこなわれていたことである。「世界初」のセックス・サーヴェイであるキンゼイ・レポートは Sexual Behavior in the Human Male と題されている。邦題は『人間に於ける男性の性行為』と訳されているが、もっとベタに翻訳すれば「ヒトの牡の性行動」と言うべきだろう。アルフレッド・キンゼイはもともと蜂の研究を専門とする動物学者だった。人間の性行動への関心は、ヒトという動物のもっとも本能的な部分と見なされる性行動への動物学的関心から来ていた。キンゼイも属するセクソロジストたちは、キンゼイのような動物学者のみならず、生物学者、生理学者、解剖学者、医者、産婦人科医、それに加えて心理学者など、主として自然科学系の研究者の集合だった。彼らはセクソロジーを自然科学の一分野と見なしていた。とはいえ、キンゼイの調査にも、人種や学歴などの社会的変数が組み込まれている。たとえば大卒白人男性の性交の頻度は、低学歴の黒人男性より少ない、といったように。このような調査結果は、「性欲の強い」黒人男性への人種的なステレオタイプを強化するだけでなく、他に娯楽の少ない低階層の性生活を連想させる。セクソロジストたちも、性行動が社会や文化によって影響されることを承知していたと見える。

フーコーの登場以後、性科学 sexual science の景色は一変した。セックスではなくセクシュアリティが研究対象になり、それが文化と歴史によって変化するものとなれば、性の研究に参入するのは文学、歴史学、社会学、哲学などの人文社会科学の領域の研究者に変わったのである。

女性のセックス・サーヴェイ

セックス・サーヴェイのうち、わけても注目を集めたのは量的調査ではなく、質的調査である。頻度や相手の人数などの数値を問うばかりでなく、そのとき何をどう感じたかを当事者の言語で語ることが重要視されるようになった。なぜならあたりまえのことながら、性的経験とは誰にとっても同じような画一的な経験ではないからである。

そういうセックス・サーヴェイのなかで画期的だったのは、一九七六年刊の女性の性経験を当事者のことばで語った史上初の調査データ、「ハイト・リポート」〔Hite 1976=1977〕だった(5)。日本では雑誌『MORE』が「ハイト・リポート」にならって、一九八〇年、八七年、九八年の三回にわたって読者アンケートを実施し、「モア・リポート」を刊行した〔集英社モア・リポート編 1983; モア編集部編 1990; 小形 2001〕。男性たちにショックを与えたのは、「ハイト・リポート」の回答者のうちおよそ七割が、

「オーガズムのふりをする」と答えたことだった。この結果を目にして多くの男性が青ざめたことが、当時の書評に表れている。「モア・リポート」でも、第一回目調査で、「オーガズムを感じたことがある」と答えたのは回答者の五四％にすぎず、さらに七割の女性が相手との性交の過程で「イッたふりをする」と答えた。男性のなかには「ふりをしたらわかる」と豪語した者もいたが、女性の多くは「相手の男は気づかない」と感じている。女はなぜ「イッたふり」までするのか？　それは女を「イカせること」が男性性の達成だと考えられており、そのゴールに達するために女の側が男のシナリオを共演するからである。

性交は男性と女性とでは非対称な経験である。大工原のレポートもまた高齢女性の切実な声を拾っている。第一回目調査で当時七〇歳を超えた女性の証言を、わたしは今でも鮮明に覚えている。それは夫とのセックスを「一刻も早く終わってほしいあのつらいおつとめ」と表現したものだった。「イクふり」は、その「おつとめ」を早く終わらせるための女性の側のテクニックだったことだろう。『ＭＯＲＥ』の調査にも、忘れられない投稿があった。『ＭＯＲＥ』の読者層はほぼ二〇代、そこに「四〇代主婦」と名のる読者からの投稿があったのだ。内容は以下のようなものだった。

「娘の読んでいるＭＯＲＥを見てこの調査を知りました。わたしが調査対象に当てはまらないことは承知しています。ですが、言わずにおれないことがあります。この年齢になるまで夫とのセックスでオーガズムを感じたことがありません。いつもイッたフリをしてきました。ですが今さら夫にあれはフリだったと伝えたら、夫はダメージを受けて立ち直れないでしょう。ですから私はこれから先もフりをしつづけるしかありません。ですが、娘にはこの思いを味わってほしくありません。」
自分の性感を封印したまま一生を送ろうとする、こんな女性も珍しくなかった。ましてもっと高齢の世代の女性にとっては、性について口に出すことすら憚られた時代だった。

高齢女性の性

男性の老いと女性の老いとには非対称性がある。同じように高齢者の性についても、高齢男性の性と高齢女性の性については圧倒的な非対称性がある。

ボーヴォワールは書く。

「歴史も文学も、年取った女性の性愛について確実な証言をわれわれに残していない。この主題は、年取った男性の性愛よりもさらにいっそうタブー視されているのである。」［下413］

生理的には「女性においては、かなり若い年齢で生殖能力は急激に中断される」、すなわち「月経閉止という唐突な断絶」［上34］を経験する。男性が「理論的には、老人の精液による卵子の受胎は無限に可能である」のに対して、もし生殖能力の有無が「成年」と「老人」を分かつとすれば、女性の方が男性よりも早く「老化」するというべきかもしれない。

だが「生物学的には女性の性愛は男性に比べて老いによって打撃を受けることが少ない。」［下408］たとえ男性に精液の生産が可能であっても、勃起と射精の能力が失われれば、男性の生殖能力は無くなったと見なされる。それに対して、「女性は、効果的で規則的な性的刺激を身に受ける場合はとくに、オルガスムに達することが常に可能である」というマスターズとジョンソンの言を引いたうえで、「たとえオルガスムに達しなくとも性行為を好みうるということを私は付言したい」〔下 409〕と言う。したがって「女性が最晩年まで性的活動を保持するのを妨げるものは何もない」〔下 409〕と断言する。

もちろん閉経後の肉体的変化や長期にわたる性交渉の不在のせいで、交接にともなう「性交時疼痛」や「排尿障害」があることにも、ボーヴォワールは言及を忘れない。だがそれに対しても、ただちにこう付け加える。「こうした障害の原因が肉体的なものであるか心理的なものであるかは知られていない。」〔下 409〕

今日では閉経後の性交痛についてはホルモン剤やゼリーなどさまざまな対症療法が知られているが、それ以上に「心理的なもの」が大きいだろうと推察される。夫との性交が苦痛だという妻に対しては、相手を変えてみたら、とアドバイスするのがいちばん簡単だが、身体的には簡単なこの対応は、社会的には簡単ではない。

ボーヴォワールは高齢女性が性的欲望を持ちつづけることを証言する。だがこの性的欲望を満足させることは、高齢女性にとってはむずかしい。

「年取った女性が男性に好かれることは、年取った男性が女性に好かれる度合よりもいっそう少ない。〔…〕七〇歳の女性は誰にとっても色情の対象ではなくなる。」〔下 410〕

なら、高齢男性が性風俗産業の顧客であるように、高齢女性も男並みに性風俗の顧客になる方法はどうか？

「金で買える性愛は彼女にとってきわめて実現困難である。年取った女性が相手を金で買えるほどの資力と機会を有することは例外的であり、一般に、恥ずかしさ、世評への懸念が彼女を思いとどまらせる。」［下 410］

女性は「年取った女でありながら肉体を解脱した明澄な心境の老婦人という役割を演じない者に対して、世論がきびしいことを知っている。」［下 411］

「若い人びとは、年取った人間、とくに年取った女性にまだ性生活があることを言語道断《スキャンダラス》だと考え」［下 411］ており、この譴責《けんせき》は、高齢男性に対してより高齢女性に対して、さらにきびしい。

配偶者のいる女性の場合でも事情は同じである。

たとえそれまで「幸福な性生活をもった者でも、その継続を望まない理由」がある。一つは「自己の肉体に対する嫌悪」から、女性自身が自分の衰えた肉体を夫に見られたくないと感じるからである。ボーヴォワールはこれを女性の「自己愛《ナルシシズム》」と呼ぶが、もしナルシシズムというものが自己客体化を伴うものだとしたら、女性を性的に客体視する男性の視線を内面化したジェンダー規範の効果だと考える方がわかりやすい。この理由がどれほど男性中心的なものであるかは、年老いた夫の方も、同じように老いさらばえた肉体の持ち主に変容していることを問わないことにある。もう一つの理由は「世論の圧力」だと彼女は言う。「世間の非難」や「物笑いの種」になることを怖れて、彼らは「世評の奴隷となる。」［下 378］個人主義の国と言われているフランスでも、日本同様、同調圧力は強いようだ。

その反対に、年齢が「性生活からの［…］逃げ口上」である場合もある。ボーヴォワールのいう

「私の知っていたある老婦人」は、年齢を口実に「夫婦生活の苦役」［下378］から下りたという。大工原が出会ったという日本の高齢女性の口から出た「あのつらいおつとめ」は、フランスの女性にとっても他人事ではなかったようだ。

（1）ボーヴォワールは『第二の性』で若い娘の性の入門から女性の性欲、マスターベーション、同性愛、夫婦生活、金銭で男を買うことなどに言及している。この本が刊行された一九四九年という時代背景を考えると、これらのテーマがどれほどタブー破りであるかがわかるだろう。
（2）Sexual Information and Education Council of the United States の略称。
（3）刊行時の谷崎の実年齢は七〇歳だった。
（4）「科学的な」というのは、ランダム・サンプリングによってサンプル・バイアスを排除する手続きを採用した調査を言う。NHKの調査は母集団である全国一六歳から六九歳までの国民の中から「層化二段階無作為抽出法」を用いて三〇〇地点から合計三六〇〇人を調査対象に選んだ。有効回答率は五八・四％である。
（5）ハイトは一九八一年に男性版［Hite 1981］を出している。

第8章　女性の老い

二重の他者化

ボーヴォワールは書く。

「われわれは男性的世界のなかで生きており老いはなによりもまず男性の問題」〔上253〕である。何度でもくりかえすが、老いは女と男にとって非対称な意味を持っている。

「老いは、男性と女性にとって同じ意味も同じ結果ももたない。」〔上97〕高齢男性は侮蔑され、嘲られ、嫌悪されるが、高齢女性はそれ以上に「嫌悪と嘲弄の対象である。」〔上169〕

「老婆は〔…〕すでに女性であるというだけでうさんくさいのであるが〔…〕つねに不吉な存在である。」

「老齢の女性に対するアンチ・フェミニスト的偏見」を、ボーヴォワールは「道徳学者《モラリスト》にして人文主義者《ユマニスト》」であるエラスムスに見出す。彼は老女を「意地悪」く描き出す。「この老いぼれた女たち、この動きまわる屍、いたるところ墓場の匂いを発散させ、しかも瞬間ごとに、人生ほど楽しいものはないと叫ぶ、この臭い骸骨ども。……ある時はだらりとした厭らしい乳房をあらわし、あるときは震える声でほえたてて恋男《びと》たちのたくましさをふるいおこせようとつとめるのだ。」〔上173〕

老女はどんなに努めても男をムラムラさせることができないので、無価値なだけでなく、醜悪だとされる。

デュ・ベレーの描写はこうだ。

「おお、老婆よ、穢らわしい老婆、／〔…〕／老いさらばえたこの世の恥辱よ」〔上174〕

老人は「他者化」されると書いたが、老女は他者のなかでもさらに他者化される。男性詩人たちの老女に対する情け容赦のない筆致は、自分が決してそうなるはずのない他者に対する同情のなさをあからさまに示す。彼らにとって「老人」と「老婆」とは、異なるカテゴリーに属するのだ。

女の賞味期限

女はいつから老いるのか？

ボーヴォワールは老いの始まりを「女性では三〇歳、男性では五〇歳としており、六〇歳になれば、誰もが死ぬよりほかはない」とするユスターシュ・デシャンを引く。もしこれが正しければ男性の「老後」は一〇年余りであるのに対し、女性の「老後」は人生の半分に及ぶことになる。なるほど、日本でも江戸城大奥では三〇歳を過ぎた女性は将軍のお手つきの対象にならない「お褥《しとね》すべり」となり、大奥の取締り役は「老女」と呼ばれた。「寿退職」をせずに職場に居すわる女子社員を「お局さま」と呼ぶ慣行は、ここから来ている。女には賞味期限があるのだ。

女性に対する年齢差別 ageism は、男性に対する年齢差別以上に苛烈である。一〇代の娘たちは二〇歳を越した年上の女たちを遠慮会釈なく「ババア」と呼ぶ。かつて日本の航空会社では三〇歳を越した客室乗務員は機内勤務から地上勤務へと異動する慣行があった。この慣行がなくなり客室乗務員の勤続年数が長期化し、平均年齢が上がったが、最近あるビジネスマンの投稿に、客室乗務員の年齢が高くなって「サービスが低下した」という指摘があった。客室乗務員はホステスのような役割を求められていることがはっきりわかる投稿だった。日本テレビでは三〇歳を過ぎた女性アナウンサーがニュース番組から降板する慣行があった。これを性差別と訴えて勝訴したのが田原総一朗の二度目の妻、田原節子（旧姓村上）である。筋金入りの闘士だった。職場の女性は年齢にかかわらず「女の子」と呼ばれ、「期間限定」の「職場の花」だった。『源氏物語』の研究者、大塚ひかりが『いつから私は「対象外の女」』［大塚 2002］で書くように、「対象外」とは男の性欲の「対象外」という意味だ。その年齢が三〇歳から先に延びたとしてもいつかは賞味期限が来る。その賞味期限を少しでも先に延ばそうと涙ぐましい努力をする「美魔女」たちもいる。

なぜならボーヴォワールが書くように「男性の立場からすれば、女性の境涯は色情の対象であることなので、年を取って醜くなるとき、彼女は社会のなかに割り当てられた場所を失うのである。」［上 142-3］

女を値踏みし、序列をつけ、評価する権力は男の手にある。いや、自分の手中にあると男たちは傲慢にかつ無邪気に思いこんでいる。思春期の少年たちもホモソーシャルな集団のなかで、クラスメートの女子たちをランキングするメンズ・トークを通じて、「男子の権力」を自明のものとして身につけていく。クラス内カーストが生まれ、「ブス」はそのカーストの最底辺からも「対象外」として放逐される。

#MeToo運動のときに象徴的なできごとがあった。財務省福田淳一事務次官（当時）のセクハラ疑惑に対して超党派の女性議員団が彼の上司である麻生財務大臣（当時）のもとへ抗議文を届けたときのことだ。自民党の衆議院男性議員（当時）長尾敬が、その映像をツイッター（現在のX）で「こちらの方々は、私にとって、セクハラとは縁遠い方々です」と揶揄した。この発言こそが、セクシュアル・ハラスメントとは何かを雄弁に語るものだ。つまり女の値打ちはオレサマをムラムラさせるところにある、ちなみに「こちらの方々」はオレサマをムラムラさせない、したがって女としての値打ちがない、という定義の権力を、長尾議員は無知かつ無恥にも、行使したことになる。

美しさが若さと、そして若さが無垢や未経験と結びついているところでは、「年功逆序列」ということも起きる。このことばをわたしが学んだのはAV女優を経験したことのある作家、鈴木涼美［上野・鈴木 2021/2024］からだ。どんな職業にもプロフェッショナリズムというものがあり、それは性産業においても例外ではない。年功序列とはそういう「先任者優先 seniority」のルールである。にもかかわらず風俗業界では、経験が増えるほど序列が落ちる。なぜか？　女が経験の蓄積から来る比較によって行使する、「男らしさ」への判定の権力を、彼らが怖れているからであろう。

女性の加齢恐怖

だが、この「定義の権力」は圧倒的に男性に非対称に配分されてきた。

『第二の性』のなかでボーヴォワールは、イレーヌ・ルウェリオティを引用する。

「男に受け入れられるためには、彼らのように考え、行動しなければならない。そうしないとあなたは嫌われ者になり、孤独があなたの運命となる。」［Beauvoir 1949: II 132］

もちろんこれは、男に選ばれない私は女ではない、男に選ばれない女に価値はない、男に選ばれるほかに女の生きて行く道はない……と思われていた時代の、選ばれる側の女の生存戦略である。だが「男のように考え、行動する」だけでは十分ではない。なぜなら彼女は女であり、男にはなれないからだ。男が期待する女性像を演じ、男のあてがった指定席に座り、男の作ったシナリオを共演することで、女は家父長制の共犯者となる。その「女らしさ」の文化理想は、献身と自己犠牲である。内面化された文化理想を生きるのは、女にとっても誇りとなり、快楽となる。

マリー・ル・アルドゥアンという女性作家の「一人の男に完全に捧げられた犠牲者としての自分を想像するのは楽しかった」という告白を、ボーヴォワールは引用する。

「私は必要なときにはいつも自己放棄をして、自分のことをただ義務に生きる偉い女、一人の男を愚直なまでに愛し、その男のどんなささいな気持ちも察するように努める偉い女、とよく思いました。」

〔Ibid.: II 111〕

たとえ現実の男がその女の崇高な献身に値しない者であってさえ、文化理想は彼女を、夫に対する優位を示すプライドとなって支えるのだ。ボーヴォワールが『第二の性』のなかで、しばしば女性のマゾヒズムについて述べるのはそのせいである。そしてわたしたちはこうした男女関係の卑小な再生産を、DV夫とその妻のあいだに見てとる。「私がいなければこのひとは……」「この人を支えることができるのは私しかいない」というなけなしのプライドで、彼女たちはDV夫に対して心理的優位に立ち、DVのイネイブラー（共犯者）となっていく。(1)

こうした「女らしさ」の文化理想は少しも過去のものとはなっていない。

現代日本の五〇代の文学研究者、中村和恵が最近のエッセイで書いていた文章に、衝撃を受けた。「男に賞賛されること、愛されること、欲されることなしには、存在できないと信じている女。歳をとり醜くなる前に死にたいと真剣に考える若い女。女の敵は女、女は信用できない、と繰り返しいう女。二一世紀の日本で、こういう女のことがよくわかる、という、その事実にわたしは、正直打ちのめされそうになる。わたしもそういう話をずっと聞いて大きくなった。おまえは女だからそのうちもともと能力が高くできている男のひとにしたがうほかなくなる。いまは賢いつもりかもしれないけれど、おまえは女だから元来愚かだし、女である上に生来愚かだ、どうせたいしたことはできない、だからうまく男を褒めて、おだてて、育てて、操縦して、守ってもらう、そういう賢い女にならなくてはいけない。でも正直で純真でなくては価値が下がる、不潔で嫌われてバカにされてレイプされるよ。

でも愛されるためにはある程度でもいいから綺麗でセクシーじゃないとだめ。鳩のよう、そして蛇のようでなくては。そういう矛盾だらけの話を聞かされて育った。」〔中村 2019: 22〕

「気になっていた」と言うAVライターの雨宮まみの文章を、中村は引用する。

「三十歳を過ぎたら、遊びのセックスの対象としてすら楽しみにされるような存在ではなくなるのだと思った。男に楽しみにされないような女。女からも同情の視線を投げかけられる女。そんな女である人生のどこに喜びを見出せばいいのかわからなかった。早く結婚するか、早く死ぬか、どちらかしかないように思えた。〔…〕三十歳をすぎ、三五歳を過ぎ、私は、以前暗闇だった道を平気で歩いている。」〔雨宮 2015〕

だが、そういう雨宮自身は、四〇歳で老いを経験することなく世を去った。

エイジズムは男も女も苦しめる。だが女はとりわけ加齢恐怖が強いようだ。女性に年齢を訊ねるのは失礼、という「マナー」はいつから始まったのだろうか？　自分の年齢を明らかにしたがらない女優は多いし、(2)「年齢不詳」と呼ばれることは女性にとってほめ言葉になるらしい。そのため値段が高いほどよく売れるといわれるコスメのアンチエイジング市場が成立する。その市場規模の大きさが、女性の加齢恐怖の関数なのだろう。

ボーヴォワールの場合

ボーヴォワールは言う。

「文学作品のなかでも、実人生においても、自分の老いを快く思う女性には私は一人も出会ったことがない。」［下 350］

もちろんこの言明は、彼女自身を例外としない。自身が六二歳の時に『老い』を書いたボーヴォワールは、自分の老いをじゅうぶんに自覚していたはずである。彼女は自分自身に対しても容赦ない視線を向ける。

第1章でも紹介したように、ボーヴォワールは五〇歳のとき、こんなアメリカ人女子学生の発言を知って、愕然としたというエピソードを隠さない。

「じゃ、ボーヴォワールって、もう老女《ばばあ》なのね！」［下 339］

ボーヴォワール自身の性愛生活はどうだったのだろうか。

ボーヴォワールは一九二九年、彼女が二一歳のとき、三つ年上のサルトルと出会って恋人になった。その後、「僕たちの恋は必然だが偶然の恋も知る必要がある」という彼の申し出を受けいれて、婚姻によらないパートナー関係を結んできた。「偶然の恋を知る」ということは、サルトルはボーヴォワール以外の、ボーヴォワールはサルトル以外の相手とも恋愛をし、互いにそれを認めるということである。

回想録によれば、ボーヴォワールとサルトルの性関係は数年しか続かなかったようである。早い時期に、彼女はふたりの共通の友人、ジャック゠ローラン・ボストと性的な関係を持っている。ボーヴォワールもサルトル以外の異性と性関係を持つことをためらわなかったが、この自由をより多く行使したのは、サルトルの方だった。

地方の高校の哲学教師であった彼女が、女性の教え子とのあいだに、同性愛的な関係を持っていたことも推測されている。彼女を慕って彼女のもとへやってくる若い女性たちを、ボーヴォワールはサルトルとの関係のなかにしばしば引きこんだ。場合によっては家出を示唆し、援助さえした。そしてボーヴォワールとサルトルの関係を最優先とする特権的な三角形のもとに、メナージュ・ア・トロワ ménage à trois（三角関係）とも言えるような関係を維持しようとした。

サルトルは聡明でエクセントリックな美少女を好んだ。彼は誘惑者としては超一流で、女性の関心を惹きつけ、心理的にも性的にも征服することを好んだ。一方でボーヴォワールとの「隠し事のない関係」を維持しながら、もうひとりの女性にとって彼が最優位の存在であることを求めた。そしてその欲望をあからさまにボーヴォワールに伝えた。ボーヴォワールがそのような関係に自ら教え子たちを巻きこんだのは、サルトルの性愛関係を自分の目が届く範囲に置いておきたいというコントロールの欲求があったからかもしれない。だがこの三角関係のバランスを維持するのはきわめて難しく、それはしばしばボーヴォワールのコントロールを外れた。そして、そこに関与する者たちを残酷に傷つけた。

この関係からボーヴォワールがどのように傷ついたかは、彼女の最初の小説、『招かれた女』［Beauvoir 1943=1956］に克明に描かれている。おそらく哲学や評論ではなく、フィクションでなければ書けないような感情の機微を描くために、彼女は「小説」というスタイルに向かわなければならなかったのだろう。この作品で、ボーヴォワールは作家としてデビューした。

一九四三年に『招かれた女』を書くまでのあいだに、サルトルはボーヴォワールが招いた若い女性と次々に関係している。三五年にはオルガ・コサキエヴィッツ、オルガとの二年間が終わったあとにはオルガの妹ヴァンダ、三八年にはナタリー・ソロキーヌ、三九年にはルイーズ・ヴェドリーヌとビアンカ・ランブラン。さらに友人のモーリス・メルロ＝ポンティの恋人、マルチーヌとも関係した［Francis & Gontier 1985=1989］。そのうち何人かはボーヴォワールと関係のあった女性たちで「招かれた」というが、「招きいれた」のは彼女自身だった。

この三角関係で傷ついたのは「招かれた女」本人でもあった。ランブランは後に、『ボーヴォワールとサルトルに狂わされた娘時代』［Lamblin 1993=1995］という回想録を書いている。そのうちナタリー・ソロキーヌに対しては、ボーヴォワールは金銭的援助まで申し出てパリへの家出を唆《そそのか》し、後にソロキーヌの母親から告訴されてさえいる。そのため、教師として不適格であるとして四二年にはパリ大学区から除名、四三年には懲戒免職の処分を受けている。そのあいだに、四〇年にサルトルは対独戦に召集されてドイツ軍の捕虜になり、ボーヴォワールは彼の安否を案じながら、書簡のやりとりをするしかない時期が続いた。四三年の『招かれた女』は、このような背景をもとに、哲学教師としてではなく、作家として立つ決意を彼女に与えた作品だと言ってよいだろう。

作家としての出発

『招かれた女』はオルガ・コサキエヴィッツに捧げられている。主人公のフランソワーズはボーヴォワール自身、その恋人で劇作家のピエールはサルトル、ルーアンの田舎町に住んで人生に退屈しているグザヴィエールはコサキエヴィッツ、そして劇団の一員でフランソワーズに関心を寄せる若者ジェルベールはボストがモデルであることがすぐに知れる。小説と銘打っておきながら、ボーヴォワールの作品は、どの作品も虚構の度合いがいちじるしく低い。したがって彼女の心理の動きが手にとるようにわかる。それ以上に、性愛を含めた感情生活を克明に記録しておかなければならないという透明性の強迫に、彼女自身が駆られているかのようだ。このような透明性は関係の当事者を傷つける。だがこの透明性こそ、ボーヴォワールとサルトルにとっての「自由」の代償だった。

フランソワーズはパリに出てきた田舎娘のグザヴィエールを心理的に支配する。「このさびしい娘を自分の生活に結びつけたことが、なにより得意だった。〔…〕グザヴィエールもいま自分のものになった。フランソワーズはこういった所有がなににもまして嬉しくてならないのだ。」〔Brauvoir 1943=1967: 16〕

田舎で退屈している娘をパリに呼び寄せるようにピエールはフランソワーズを唆す。そしてグザヴィエールへの期待を隠さない。「僕は色ごとの切りだしが大好きなのさ」そしてフランソワーズに「君と僕は一体さ。まったく車の両輪というところだからね」と言い、フランソワーズもそれに同意する。「どんな出来ごとでも、ピエールに話さぬうちはほんとうの現実にならない。」そして「身にしみて有難く思われる幸運がいろいろあるうちでも、一番の頭《かしら》はピエールといっしょに働けることだ。いっしょに働き、いっしょに疲れる生活は、抱擁にもまして、しっかりとふたりの心を結びつけた」〔Ibid.: 44〕と言わせる。その上でピエールは「僕らの仲じゃ、貞節とか不貞とかいうことは問題にならないんだ」〔Ibid.: 22〕と告げる。ジェルベールとの距離を縮めるフランソワーズにとっても、「何を言おうと、何をしようと自由な身だ。ピエールはあたしのすることに干渉しない。」〔Ibid.: 14〕

フランソワーズはピエールをけしかけさえする。「《あの子に惚れてもかまわない》と言ったのはあたしだった。」〔Ibid.: 210〕ピエールの征服欲は刺激され、「グザヴィエールは、僕といっしょにいれば、けっして退屈しない、と言ってくれたし、僕も、自分の生活のうちで君といっしょに過す時間ほど貴重なものはない、と言った」うえで、フランソワーズの前で「それもそのはず、結局好いた同士なんだからね」〔Ibid.: 210〕と臆面もなく口にする。フランソワーズはそれを聞いて「嫉妬ではないが、あの〔…〕ふさふさした金髪の娘を手放すのは、いかにも心残りな気がする」〔Ibid.: 211〕と感じる。「嫉妬ではないが」とわざわざ書くところなど、その感情を認めたくない気持ちがありありと出ている。フランソワーズはふたりがベッドを共にするのも時間の問題だと思うが、ふたりが初めての接吻をしたときのことをピエールが報告すると、「その情景は火傷《やけど》のようにフランソワーズの心をつき刺した」〔Ibid.: 216〕と書く。その感情を押し殺してフランソワーズは三者の「正しい関係」、「ややこしいかもしれないけれど、美しく幸福でもあり得る」関係を築こうとする。

だが彼女ののぞんだ「うまく釣り合いのとれたすばらしいトリオ」は実現しない。若くて思慮のない娘に翻弄され、トリオは娘の「裏切り」によってあっけなく崩れる。「裏切り」と呼ぶのも愚かしい、「だまされた焼餅男」のピエールは、グザヴィエールがジェルベールに身を任せたことを「こっそり鍵穴からのぞく出歯亀」よろしく、知るに至る。「男の顔に泥を塗られて黙っていられるもんか」と激昂するピエールに、フランソワーズは同調する。「グザヴィエールはピエールにたいして罪を犯した。ピエールの心に深手を負わせたのだ。」［Ibid.: 336］それがピエールと「ひとつに溶け合った」フランソワーズの感じ方だった。ピエールの怒りはフランソワーズの怒りだからだ。

フランソワーズはピエールに対する批評も忘れない。

「あたし、いつもおかしく思うのよ、ひとが自分に好意をよせると、それをそのひとの美点みたいに考える、あなたの癖が。それも己れを神とする気持のあらわれね」［Ibid.: 313］「そんなところもあるな」とまごついて認める男を、フランソワーズは「ほほえましい無邪気さ」として受けいれる。

もしこれらのやりとりが、ボーヴォワールとサルトルのあいだに実際に交わされた対話だとしたら、サルトルの男権的で自己中心的、身勝手なふるまいに読者はあきれ果てるだろうし、それを許容するいかにも女性的なボーヴォワールの洗脳ぶりにも啞然とするだろう。

だが、話はここで終わらない。フランソワーズはこの三角関係を壊す代わりに、ありとあらゆる手段でグザヴィエールを引き留め、関係を維持しようとする。その努力はもっと不快なさまざまな裏切りによって報われる。不自然な理想主義を自分に課したフランソワーズの知性は、ついに自分のどす黒い感情に負ける。

「フランソワーズは、グザヴィエールにたいして、暗い、苦しい気持が胸いっぱいにひろがるのを感じて、一種の喜びを覚えた。はじめて経験する、救いにちかい気持だった。憎しみが力強く、すくすくと成長して、いまのびのび花を咲かせたのだ。」〔Ibid.: 372〕

物語はさらに屈折する。フランソワーズはすでにグザヴィエールと関係していたジェルベールの誘惑に応じる。それが発覚して、グザヴィエールはそれをフランソワーズの「裏切り」と、嫉妬に狂った女の意趣返しととる。「焼餅やき、裏切り者、大罪人」と。その反対の極にあるのは、「ひとのために自分を犠牲にし、さげすまれながらも、空虚なモラルにしがみつく女」だ。その両極の自己イメージを、フランソワーズは受けいれられない。「ちがう、あたしはそんな女じゃない」と。そしてあろうことか、ジェルベールを弁護し、彼が愛しているのは自分ではなくあなただとグザヴィエールを説得し、パリにこのまま居続けるように経済的援助まで申し出る。グザヴィエールは「二度と顔を見たくもないわ」とすべてをはねつける。

物語の最後にフランソワーズは「あの子か、自分か」と問いを立てて、自殺か過失に見えるように企んで、グザヴィエールを殺す。(3)

「あたしははじめて完全に自分自身になった。やっとのことでどちらかを選んだ。自分を選んだのだ。」〔Ibid.: 420〕

これが最後の二行である。

「自分の意識でないような意識の存在を許せようか」というフランソワーズは、三角関係の中のひとりを、嫉妬から抹殺したのではない。三角関係のなかにあるあくまでも理想化された自己イメージ（意識の中にある）を守り抜いたのだ。ひとりの驕慢で浅薄な娘の「意識」に、自分が同じように卑俗な「嫉妬に駆られた女」として刻印されたまま、その「意識」を生かしておいてはならない。ここではフランソワーズのエゴイズムが勝ったのだ。そのエゴイズムは嫉妬以上のものだった。

ボーヴォワールの作家としての出発点がこんなおぞましい殺人で終わる小説であることにあらためて驚く。そして知性というものが、どれほどひとをがんじがらめに拘束するかに背筋が凍る。実存主義のいう「自由」が、人にどれほど残酷な試練を与えるかをも思い知る。そしてサルトルがどれほどご都合主義的な男権主義者であったかも。『第二の性』を書いた時、ボーヴォワールは彼をも男の例外にはしていなかったはずである。

ボーヴォワールの嫉妬

ボーヴォワールが嫉妬に苦しめられたことは、没後二七年めの二〇一三年に出版された小品、『モスクワの誤解』［Beauvoir 2013=2018］からもうかがうことができる。一九六六年から六七年に執筆された当時、ボーヴォワールは五九歳。この作品にはボーヴォワールとサルトルとおぼしき老夫婦がモスクワを訪問して、友人である若い女性に再会するところから始まる。ボーヴォワールとサルトルは世界中を旅した。そしてサルトルは行く先々で現地の女性を口説いた。女性の関心を惹き、その女性を知的にも、そして性的にも征服することは、サルトルの求めてやまない欲望であった。モスクワ在住の女性のモデルは、翻訳者の井上たか子の解説によれば「一九六二年に彼らが初めてソ連を訪問した時から、通訳兼ガイドを務め、サルトルの恋人にもなったレーナ・ゾニナ」［Ibid.: 167］だという。ボーヴォワールはレーナを「ずばぬけた知性と教養の持ち主である」と評している［Ibid.: 167］。

小説のなかでモスクワで魅力的なロシア女性と再会した夫は舞い上がり、彼女との時間をもっと長く持つために、妻に無断で旅行のプランを延長してしまう。滞在の延長ぐらいはどうにでもなる。だが、その決定を自分に相談もせずに決めてしまった夫が妻には許せず、予定通り帰ると言い募る。ついには「ひとりで帰る」という妻を、「引き止めない」とまでいう夫、「そうします」と答える妻に、夫も妻もショックを受ける。互いに最優先の存在ではなくなったことに、目を向けなければならなくなったからだ。最後にかれらはかみあわない会話を続けながら、少しの誤解を残して和解する。そのやりとりのリアリティが、これはほんとうにあったことだろうと想像させる。長い年月は、お互いの関係に対する透明性の要求を、誤解を含んだままそれ以上問わない狡知にまで、変容させたのだろうか。

「私は肉体を取り戻した」

もうひとつ、ボーヴォワールの性愛のエポックを画する出来事がある。

彼女は三九歳のとき、アメリカ人の作家ネルソン・オルグレン(4)に出会い、心身ともに彼に溺れた。四〇代を目前にした彼女は、オルグレンとの出会いによって「自分は肉体を取り戻した」と言う。

「彼の欲望が私を変貌させた。あのように長い間、嗜好もなく、形態もなかった私が、再び両の乳房を、腹を、性器を、肉を所有したのだった。」〔Beauvoir 1954=1967: II 33〕まだ四〇歳前後のボーヴォワールが「肉体を取り戻した」ということは、それまでは失っていたということを意味するのだろうか。

そのオルグレンとの関係を描いたのが、一九五四年刊の小説『レ・マンダラン』(5)〔Beauvoir 1954=1967〕である。ゴンクール賞を得たこの作品は「私」という女性の一人称で書かれており、アンヌとルウィスという別の名前を使っていながら、他の作品以上にボーヴォワール自身の回想録の体《てい》をなしている。

一九四六年にすでに名声を獲得していたサルトルは、招かれてボーヴォワールと共に渡米し、全米を講演してまわった。そのアメリカ訪問中に、サルトルはドローレス・ヴァネッティという女性と恋仲になり、彼女から結婚を迫られて困った立場に追いつめられた。サルトルと一時別行動をとったボーヴォワールは、わずかな日程のあいまを縫ってシカゴ訪問を企て、そこでオルグレンと出会い、恋に落ちた。(6) わずか三六時間の滞在だった。どうしても帰国の途につかなければならなかったボーヴォワールはいったんパリに帰り、翌年、オルグレンに会うために、シカゴを再訪する。

短い日程のあいだに、ボーヴォワールは初対面のオルグレンにシカゴの裏社会を案内してくれるように頼んだ。第二次世界大戦後のアメリカは、戦場にならなかった国土に加えて、戦勝気分に沸いた、野放図に豊かな社会だった。だが同時に、暴力やドラッグやマフィアが暗躍する闇社会をも抱えていた。シカゴはそのアメリカの裏側を知るには、かっこうのフィールドだったのである。そしてオルグレン以上に、案内役としてふさわしい人物はいなかった。彼はその当時、すでに暗黒小説の作家として名をなしており、自身シカゴの闇の世界に片足を突っこんでもいた。パリから来た、教養豊かで少女のような好奇心にあふれ、どんなところにもためらわず入っていく冒険心を持ち、見るもの聞くものに感動を示すこのフランス女性に、オルグレンはただちに夢中になった。ボーヴォワールの方も、これまでパリでは見たことも会ったこともないようなオルグレンの野人ぶりと、情熱的な愛人ぶりに魅了されたことだろう。いわば新世界と旧世界とが、互いのその異質性を認めて惹かれあうような、文明史的な出会いだったかもしれない。

『レ・マンダラン』の中で主人公のアンヌはこう独白する。ほとんどボーヴォワールの告白ととってもいいだろう。

「私は二十歳なのだ。私は、今、初恋を生き、これが私の初めての旅行なのだ。〔…〕私のすでに古びたいのちで、私のもはやあまり若々しくない身体で、私は愛する男のために幸福をつくりだしているのだ、なんという幸福だろう！」〔Ibid.: 196〕

まるで女子高生のような初々しさである。

最初の出会いの激情のあと、ボーヴォワールはシカゴを再訪する。「恋愛に夢中になった女としての自分をみつける」〔Ibid.: 192〕ために。

再会した男は「息がつまるほど私を抱きしめ」た。

「ああ、とうとう！　ぼくはどんなに待ったろう！　なんて長かったろう！」

「アンヌ、ぼくは毎晩あなたを待っていたんだ！」

そう言って「彼は私をベッドに寝かせた。〔…〕私は目をつむった。再び一人の男の身体が、その信頼と、欲望のすべてをかけて重く私の上にのしかかっていた。それはルウィスだった。彼は変ってはいなかった。私も、私たちの愛も。私は発って行ったが、戻って来たのだ。私は再び自分の居場所に戻り、自分から解放されていた。」〔Ibid.: 195〕

ルウィスはアンヌに結婚を申しこむ。「君はぼくの妻だ。ぼくのたった一人の妻なんだ」とまで言う。だがアンヌは「私はあなたを愛しています」と言いながら、それを退ける。「どれほどあなたを愛しているか、あなたもご存じでしょう。でも、私の年齢《とし》になると、自分の今までの人生を簡単に棄て去るわけにいかないの」〔Ibid.: 213〕と答えて、「君はどうやら、二つの人生を生きるようにうまく都合をつけてるらしいものね」〔Ibid.: 199〕とあてこすりを言われる。反対にアンヌが「もし私があなたにパリに来て一生住むようにお願いしたら、あなたはいらっしゃる？」と訊ねて、ルウィスは「ぼくはパリじゃ書けない」〔Ibid.: 213〕と答える。[7]

しかし、再会のあと、ボーヴォワールことアンヌは、恋人のわずかな変化にも敏感に反応する。「私たちは或る場所を発つ時、永遠に去ってしまうと考えることはあまりにもつらいので、「私、また戻って来ます」とつい言ってしまう。しかしそれは、嘘なのだ。人は決して戻りはしないのだ。一年が経つ、事物は移り変る。何一つ同じではないのだ」〔Ibid.: 193-4〕

アンヌはルウィスにわずかな倦怠を感じとる。誇り高い彼女はそれを受け容れることができない。

その後、オルグレンは、四九年にパリに滞在するが、そこが自分の居場所ではないと思い知って、失意のうちにシカゴに帰る。他方、ボーヴォワールにとっても事情は同じだった。ボーヴォワールは自分の居場所がパリにしかないことを思い知る。サルトルをモデルにしたロベールという男は、アンヌに「君は、あらゆるものから遠く離れて、あっちで暮らせると思うのかい?」［Ibid.: 311］とクールに宣告する。サルトルとの関係のみならず、『レ・タン・モデルヌ *Les Temps Modernes*』(8)の政治的で知的な仲間たち、さまざまな社会活動や執筆活動は、パリを離れては成り立たないものだった。結局、ふたりはお互いに、愛情生活より自分の仕事を選んだ。自分の仕事を選ぶとは、自分のエゴイズムを優先するということだ。「愛がすべてではないからよ」と口にしながら、同時にアンヌに「私は、いつか、罰せられるのではないだろうか? 私の人生を投げ出さずに愛したことについて……」［Ibid.: 205］と言わせずにはいない。

この恋愛が終わったあと、アンヌは「ルウィスは私の生活の中の一つのエピソードにすぎないのだ」［Ibid.: 315］と自分に言い聞かせる。

「長年の禁欲のあとで、私は新しい愛を願っていたのだ。私はことさらに今度の愛を挑発したのだ。私は私の女としての生活が終りに近づいたのを知っていたので、その愛を極端に誇張して考えたのだ。［…］もしもルウィスが私から離れるなら、私はもとの禁欲生活に容易に帰って行くだろう。」［Ibid.: 315］

「もとの禁欲生活」——当時のフランスの四〇代女性は、自分はすでに性愛の対象に値しないと思っていたかのようである。

『レ・マンダラン』がモデル小説であることは、この小説を発表したのちに、オルグレンが自分とのやりとりを、同意なしに彼女が赤裸々に描いたことへの怒りを表明していることからもわかる。後にボーヴォワールの評伝作家がオルグレンに取材したとき、彼はボーヴォワールへの怒りを露わにしながら、同時に彼女をいまだに愛していることを伝えた。

七二歳で死ぬ前日、「彼は自分がかくも愛した女性、自分たちの恋を全世界に売り渡した女性に対してまだかんかんに怒っていた。彼が人生の最後の数時間に考えていたのは彼女の手紙だった。手紙は机の上にあった。ページはきちんと整理されていた。」〔Francis & Gontier 1985=1989: 484〕

ちなみに一九四九年に出版された『第二の性』はオルグレンとの恋愛の進行中に書かれている。この恋愛は彼女に、女であることがどんなことか、深く思い知らせたことだろう。

透明性への強迫

「もとの禁欲生活に帰って行くだろう」の直後に、ボーヴォワールはもう一つの文章をつけ加えている、「それとも、別の恋人を探すだろう。」

そして事実、そのとおりにした。オルグレンのように情熱的な恋人ではなかったが、もっと友愛に満ちた関係だった。

ボーヴォワールのもう一人の長期にわたる恋人は、彼女が四四歳から関係したクロード・ランズマンである。ランズマンは『レ・タン・モデルヌ』の編集長を二六年間にわたって務めた政治的活動家であり、九時間二七分に及ぶホロコーストのドキュメンタリー、『ショアー』を制作したことで知られる。のちに書籍化した『ショアー』の序文を、ランズマンはボーヴォワールが『ル・モンド』に書いた記事から転載するよう要請した。その当時七七歳だったボーヴォワールより一七歳年下のランズマンは、彼女が生涯で同居した唯一の男性である。同居は数年継続し、同居を解消した後、ランズマンは三回結婚をくり返すが、そのあいだもボーヴォワールとの親しい交友関係は続いていた。(9)

「〔ボーヴォワールと同居した五年間は〕私の人生における決定的な五年間でもあった。別れた後も、一週間に少なくとも二晩はここを訪れた。なぜなら私たちは最期のときまで、相互の愛と讃美、連帯、仕事、共闘の平等な関係に基づく不滅の友情によって結ばれていたからである」〔Lanzmann 2009=2016: 上 306〕とランズマンは回想録で証言する。

彼はボーヴォワールがサルトルを失ったときの悲嘆につきあい、そしてボーヴォワール自身の死に立ち会った。

ランズマンとサルトルの関係について、ボーヴォワールの評伝作家はこう書いている。

「クロード・ランズマンが彼女の人生であまりにも大きな場所を占めるようになったので、サルトルとの相互理解が損われはしないかとボーヴォワールはおそれていた。だが、ボーヴォワールは書いている。「ランズマンとサルトルと、そしてわたし自身の用心深さのおかげで実現した均衡は強固で、長続きした」。」〔Francis & Gontier 1985=1989: 434〕

ボーヴォワールとサルトル、ランズマンとの間のメナージュ・ア・トロワを維持し、この「均衡」を保つためにボーヴォワールは、二人が一緒にいたときに何を話して何をしたかを、いなかったもう一人に細大漏らさず伝えずにはいなかった。ランズマンのところに行けば、サルトルと何を話し、何をしたかを事細かに話し、他方、サルトルのところに行っても同じことをする。家へ戻ってから息もつかせずに一気に何もかもを話そうとするボーヴォワールの強迫的な態度を、ランズマンはいささか持て余すかのように回想している。

「彼女はものごとを、一日の出来事を、夕食での出来事を、一週間の出来事をいつでもどんな場でも語るべきだという強迫観念にとらわれていた。だから、何でもすぐに、まるで息せき切るみたいな性急さで口にし、話すのが常だった。［…］顔を合わせた瞬間から堰を切ったように始まる饒舌に、私はしばしば閉口させられた。」［Lanzmann 2009=2016: 上 315-6］

お互いのあいだに秘密は持たない。透明性へのすさまじい強迫は、他者との関係にも向けられ、さらに自分自身との関係の点検にも向けられる。(10) 感情生活を細大漏らさず言語化し、書き留めようとするこの性癖から、ボーヴォワールもサルトルも、人間とは何か、女とは何か、男とは何かについて、互いに学んだことと思われる。

そしてその人間とは何かの探究は、老いにも向かった。

（1）「イネイブラー enabler」とは「（依存を）可能にする人」の意。DV被害者の妻は、夫から依存や暴力を引き出す役割を果たすこともある。DV夫に対する妻の献身は、そのようなものである。客観的な条件があるにもかかわらずDV夫のもとを去らない妻を「プライドのゲーム」と喝破した心理カウンセラー、信田さよ子の観察は当たっている。
（2）女優や女性タレントのプロフィールにはしばしば生年が欠けている。
（3）グザヴィエールの殺害で終わるこの小説がオルガに捧げられた後も、実人生のなかで、ボーヴォワールはオルガへの友情と援助を惜しまなかった。
（4）作家としてのオルグレンの知名度は高くないし、日本語の翻訳も少ない。翻訳家の柴田元幸が主宰する雑誌『MONKEY』Vol.27（Fall 二〇二二年）のなかで、柴田訳「分署長は悪い夢を見る　あるいは昼&昼にアミタールを入れたのは誰だ?」を読むことができる。柴田によれば「スラング満載」のこの作品は、警察署長と犯罪者のやりとりをシニカルに滑稽に描いたものである。そこにはシカゴの裏社会が暗い諧謔と苦い皮肉に富んだはじけるような文体で描かれている。
（5）『レ・マンダラン』もまた、『第二の性』同様、ローマ教皇庁によって「禁書」扱いされた。
（6）オルグレンをボーヴォワールに紹介したのは、ニューヨークのメアリー・グッゲンハイムである。ボーヴォワールは面識のないオルグレンに電話し、シカゴの案内を頼んだ。
（7）翻訳者の朝吹三吉は男女の会話のなかで、女性の会話を女言葉の敬語体で訳しているが、これには違和感がある。
（8）一九四五年にサルトルとボーヴォワールによって創刊された哲学思想誌。創刊時の編集委員にはレイモン・アロン、メルロ゠ポンティ、ミシェル・レリスらがいる。
（9）ランズマンも女性をハンターのように追いかける習性の持ち主であり、取材先で訪れた北朝鮮で、ことばも通じない現地の女性との監視の目を盗んだつかのまの情事を武勇伝のように回想録に書いている。
（10）だがこの透明性への要求はボーヴォワールとサルトルとのあいだでは行使されたが、トリオのもう一角には適用されなかったようだ。ボーヴォワールの死の四年後に、彼女の養女であるシルヴィー・ル・ボンは、ボーヴォワールが生前に公開を許さなかった『サルトルへの手紙』『戦中日記』を刊行した。そのなかでボーヴォワールはトリオのもうひとりについて、容赦ない批評を加え、情報をコントロールし、関係を操作していることが明らかになった。ル・ボンはそれに対して怒りをぶつけている。ランブランに『ボーヴォワールとサルトルに狂わされた娘時代』を書かせたのはこの二冊の本の刊行であった。

第9章　高齢者福祉の起源

社会福祉の戦争起源

老人とはわずらわしくもめんどうな厄介者であり、老人になるとは情けなくもいとわしい経験であることを、ボーヴォワールはくりかえし述べてきた。人びとは長寿をのぞんできたにもかかわらず、実際に長生きしてみるとそれは少しも歓迎されず、老人が幸福に暮らせる社会は歴史上にもめったになさそうなこともわかった。

だがボーヴォワールが書かなかった／書けなかったことがある。それは高齢者福祉についてである。一九七〇年、六二歳のボーヴォワールが『老い』を書いたときに依拠したのは六〇年代のヨーロッパ社会の現実であり、七四年にはすでに「福祉国家」の危機が唱えられていた。

社会福祉の戦争起源説については、すでに専門家のあいだに一致を見ている。ヨーロッパ全土を巻きこんだ第一次世界大戦と第二次世界大戦は、おびただしい戦死者と戦傷病者を生んだ。身命を賭して国家に貢献した者が国家から報酬を受ける資格があると、年金制度は軍人恩給から始まった。社会保障は兵役経験者に手厚く、そのなかには大学への優先入学権や公務員への優先採用権のような「ベテラン（退役軍人）特権」もあった。これがジェンダー格差を生むことは容易にわかる。すなわち徴兵対象となるかならないかで、男性は一級市民権、女性は二級市民権と、生涯にわたって格差がつくことになったのだ。[1] その後、年金受給権は徐々に拡大し、やがて全国民を対象とする国民年金となった。

フランスでは第二次世界大戦後、一九四五年に全国民を対象とする社会保障制度が制定された。当初は商工業の被雇用者に対象が限定されていたが、やがて農業以外の自営業者、さらに農業従事者向けの年金制度へと拡充されていった。加えて医療保険や家族手当が整備されたが、「老齢年金」の名を持つこれらの年金は、それだけで高齢者の生活を維持するに足る金額とはいえず、家族による扶養を補うレベルにすぎなかった。

日本でも事情は同じである。被用者の加入する厚生年金は現役時代の所得の約二分の一を保証する水準に維持されているが、農業や自営業者が加入する国民年金（基礎年金）は、加入期間四〇年を経過して満額支給を受けても月額七万円に満たず、生活保護水準にも達しない。日本における年金制度の最大の問題は、制度設計時には年金額の設定が自営業（その多くは農家である）の家計補助や家族扶養の補足給付にすぎない水準に抑えられていたことである。その前提は、自営業者には定年がない、すなわち死ぬまで働ける、ということにあった。事実、死の前日まで、畑に出ていて翌朝死んでいるのが発見されたという農家の女性のエピソードなどがあるが、その時代の平均寿命を大幅に上回り、他の誰かに依存しなければならない「フレイル期間」がこれだけ延びた今日、自営業者だからといって死の直前まで働けるわけではない。それだけでなく、家業の継承をもとにした三世代同居を前提とする制度設計は、年金収入のみが一〇〇%収入源であるような今日の低年金高齢者世帯の登場を、予期していなかった。

なぜ老人を介護するのか？

福祉先進国であるスウェーデンに詳しい社会学者、大岡頼光は『なぜ老人を介護するのか』〔大岡 2004〕というおそろしい問いを立てる。

あらゆる動物のなかで死者の埋葬を行うのは人間だけである。戦場には死者が放置され、インドの路上には屍体が犬に食われるのを待っている〔藤原 1983/1990〕と言われるが、(2) いずれも非日常における共同体と文化の解体の徴候であって、平時における喪はかならず埋葬を伴う。なぜなら死とは共同体のものだったからである。

ヒトの集団は、高齢者の介護も行う。動物の世界では、生殖の任務を終えた個体が生き延びる理由はない。淘汰され、放逐され、あまつさえカマキリの牡のように次世代の栄養として食われる運命にある。サルの社会では老いた牝ザルが子育てに関与したり、餌の分配にあずかる例も報告されており、生殖後の個体が、共同体の文化の伝承に一定の役割を果たしていることも観察されているが、生殖期間を終えた後の人間の余命はおそろしく長い。「「女性が生殖能力を失っても生きているってのは無駄で罪です」って」と発言したのは、石原慎太郎元東京都知事だが、人類の文化伝承に生殖期間以後の老人の役割が大きいことは指摘されている。

だが、高齢者の介護に社会資源を配当することに合理性はあるのか？　大岡は労働力再生産論では、高齢者福祉は説明できないとする。つまり「福祉国家は「労働力の再生産」のためにあるという論理構成では、老人や障害者など「今後労働力となることを期待できない者」の介護を福祉国家に要求することはできない」［大岡 2004: 18］という。

ボーヴォワールもこれをうらづける発言をしている。

「子供は未来の現役であるから、社会は彼に投資することによって自分自身の未来を保証するのに反し、老人は社会からみれば執行猶予期間中の死者にすぎない。」［上 253］

児童福祉には根拠がある。次世代の生産性の担い手を育てることだからだ。他方、ただ死んでいくのを待つだけの高齢者には、何の生産性もない。性的マイノリティの人びとに対して「生産性がない」と差別発言をした政治家は、それならまず「高齢者には生産性がない」と言うべきだっただろう。自ら「なぜ老人を介護するのか」と問いを立て、答えを「人格崇拝」と「社会連帯」に求める大岡の立論は、わたしを納得させるものではないし、この問いに明快な答えを出した者はいない［上野 2011］。だが、ともあれ、高齢者への社会福祉が世界的に進んできたことは確かである。

社会福祉 social welfare とは文字通り、個人の福祉 well-being に対して社会に責任があることを意味する。それ以前には、ボーヴォワールの記述を追ってきたように、高齢者福祉に関与したのは家族と共同体であった。国民国家の成立と共に中間集団である共同体が解体し機能しなくなると、高齢者福祉にもっぱら責任があるのは家族のみとなった。子ども、高齢者、障害者など依存的な存在に対する家族の負担がこれほど増えたのは、近代化によって国民国家と近代家族のセットが生まれて後のことである［上野 1994/2020; Fineman 1995=2003］。そしてその家族の負担は、もっぱら私領域における女に割り当てられてきた。

社会福祉は、その私領域における家族の負担を少しずつ公領域へと移転してきた。社会保障とは、家族の失敗と市場の失敗を補塡するものとして「補完性の原理」で語られる。「市場の失敗」とはつまるところ市場における個人としてのふるまいの失敗だが、市場に登場するプレイヤーとは実際には個人ではなく、家族を代表する家父長なのだから、(3)「市場の失敗」とは「家族の失敗」に包摂される。市場と家族はともに「私領域」に属するものだからだ。つまり社会福祉とは市場と家族における自助に失敗した個人に向けられる公助を意味する。自助とはその実、家族福祉を意味するから、福祉の社会化とは、私的責任から公的責任への移転、すなわち脱家族化を意味する。

考えてみれば家族が自助の単位であるとは不思議なことである。ある時、わたしの学生が「先生、家族って共助でしょ？」と言ってきたときには驚くだけでなく、感嘆した。この学生の頭の中では、家族が運命共同体のように一体化しておらず、自助とは「個人」の単位にまで切り詰められていたからだ。だが、生活保護申請に際して現在でも親族に対する扶養照会の慣行のある日本では、家族の援助がないことは自助努力を欠いていることになるのだ。自助とは個人福祉か、家族福祉か。その境界は揺れ動いている。

社会保障の歴史は、わたしたちにおそろしい事実を教える。どの国でも高齢者福祉の歴史の方が児童福祉の歴史より早く始まる傾向がある。なぜなら家族は子どもをよろこんで迎え、子どもの養育を他者にゆだねようとはめったに思わないが、高齢者の介護を重荷に思う有権者たちにとっては高齢者福祉についての合意形成がしやすいからだ。高齢者福祉には、なにがしか家族から高齢者を切り離したいという「姥捨て」の要素が見られる。すなわち高齢者福祉とは社会的「姥捨て」の制度的保障——それもみじめでない程度の——と考えてもよい。そして「みじめさ」の程度は、当該の社会が判定する。

家族の中の老後?

では一九六〇年代までのフランスの高齢者福祉はどのようなものだったのだろうか?

ボーヴォワールによれば高齢者の福祉に第一義的に責任があるのは家族である。ボーヴォワールは書く。

「人びとは働く能力のない老人がなんであれ権利をもっているとは考えず、彼らを怠け者、落伍者、屑として扱った。彼らを扶養する義務は本質的に家族に帰属するのだ。」〔上 282〕

アメリカでも「二五・九パーセントの老人が子供たちと生活をともにし」ており、「フランスでは二四パーセントの高齢者が、とくに田舎において子供たちと生活をともにして」いた。「いまなお四世代が同一の屋根の下に集まっているのがときとしてみられる。」〔上 286〕

フランスの人口学者、エマニュエル・トッドは『新ヨーロッパ大全』〔Todd 1990=1992-93〕でヨーロッパの家族を絶対核家族、平等主義核家族、直系家族、共同体家族の四類型に分類した。このなかでフランスは平等主義核家族に当たり、親子のあいだは分離的で兄弟のあいだは平等主義的であるとした[4]。だが同時に中欧・東欧型の共同体家族も一部にあり、レヴィ＝ストロースが指摘するように、日本の「家」とよく似た「メゾン」として残っている。

核家族のもとでは、成人子が生殖家族を形成すると同時に、定位家族からの世帯分離が起きる。そうなると原家族の方には老夫婦が取り残される。ボーヴォワールの時代にはとくに都市部において、高齢者夫婦世帯はすでに一般的になっていた。それに対して彼女は辛辣な視線を向ける。

「多くの老夫婦の場合、二人は同じ屋根の下に住むが、まったく離ればなれに生きている。そうでない場合は、前述《さき》にみたように、彼らの間柄は不安で、要求が多く、嫉妬に悩まされ、たがいに不可欠でありながら、人生を生きやすくするように助け合おうとしない。真の和合を経験する者はごく少数である。」〔下 558〕

ボーヴォワールは「一般に、女性は夫が退職することを恐れている」とも書く。「〔退職した〕夫はつねに重荷となるだろうし、家のなかでしなければならない仕事は多くなるだろう」〔上 312〕からである。

ある女性の証言はこうである。

「夫が家にいるのはやりきれませんわ。彼は人がすることが気になって、いろいろ口を出すんです。」［上 312］

また別の女性の発言を書き留める。

「男たちは働くのをやめたが最後、何もすることがありません。［…］仕事をやめるがはやいか、死んだも同然です。あたしは夫に自家《うち》にいてもらいたくありません。」［上 312］

こんな証言を読むと、現在の日本の老夫婦とのあまりの共通点につい憫笑がこぼれてしまう。二〇一四年刊の辻川覚志医師の『ふたり老後もこれで幸せ』［辻川 2014］は、調査の過程で拾った老夫婦二人暮らしの妻の発言を書き留めている。

「夫はずっとテレビばかり見ている。そのため、話しかけても返事しない。その上、細かなことまで口を出してくる。」（七〇代前半　女性）

「退職してから［…］家事は一切手伝わず、文句だけ言うようになり、うっとうしい。一日中、パソコンをやっている。夫の存在自体に腹が立つ。一日中、気分が滅入る。」（七〇代前半　女性）

半世紀のあいだにフランスの老夫婦に変化はあったのだろうか、それともあいかわらず日本の老夫婦と大同小異だろうか。どちらの社会にとってもこの半世紀間の大きな変化は、離婚率が上昇したことで、捨てられる夫が増えたことだろう。

ボーヴォワールはこんな指摘もする。

「夫婦者は、寡夫であれ独身者であれ独り暮らしの者よりもいっそうかたく彼らの家の中に閉じこもる。」〔上 290〕

事実、介護保険施行初期に、訪問介護の利用が伸びなかったのは同居家族の抵抗があったからだった。また夫が要介護の場合には他人が家に入ることを許さず、自分の身体を家族以外の者にさわらせないという者もいた。後に訪問介護の利用が伸びたのは、単身世帯がふえたことと無関係ではない。今日、各地の自治体は独居高齢者の「見守り」に熱心だが、それには大きな落とし穴があることがわかっている。同居家族のいる高齢者世帯で孤独死が発生しているからだ。「同居孤独死」と名づけられているが、ふしぎな命名である。(5) それというのも「家族がいるから安心」と周囲が考え、家族もまた孤立したまま周囲からの介入を拒否するからである。独居者の方がかえって他人の介入に拒否感がない。というよりも助けを求めざるをえなくなるのだろう。

子どもに呼び寄せられて子どもと同居したからといってけっして幸せとは言えない。

「老人が急激に移住させられた場合、それが彼の子供たちの家であっても、彼は途方にくれ、しばしば絶望する」〔下 554〕とボーヴォワールは指摘する。子どもの家にあとから厄介者として参入した年寄りは、すでに子どもがつくりあげた暮らしのなかに居場所を持たない。子どもの「家風」に合わせなければならないのは、後から参入した老いた親の方なのだ。

子どもとの同居を避けて、近接異居を選ぶ高齢者もいる。

「退職者の多くは子供たちの近くで暮らすためにそれまでの住居を離れるが、子供たちは彼らにかま

ってはくれず、結局むだに自分の生活習慣を犠牲にしたことになる。」〔上308〕

ボーヴォワールの結論はこうだ。

「経済的弱者の老人においては、家族の絆は心を元気に保つことの助けとはならないことが確かめられた。暮らしの安楽な老人たちの場合は、友人のほうが家族より大切なのだ。兄弟、姉妹、従兄弟などが近くに住んでいても、老人が生きるうえで助けとはならない。彼にとって大切なのは、配偶者と子供たちにほとんど限られるが、配偶者といっしょでも二人暮らしの孤独に悩むこともあるのである。」〔上290〕

結局、家族はあてにならない。ボーヴォワールの洞察は、家族のなかの老人の運命を先取りしている。孫への愛情はどうか？「年取った人間がもちうるもっとも暖かい、もっとも幸福な感情は、彼らが孫にいだく感情である」〔下559〕とボーヴォワールは書く。子も孫もいない彼女にとってもそのくらいは想像がつく。だが「この感情は必ずしも単純なものではない」〔下559〕と指摘するのも忘れない。

ボーヴォワールによれば、祖母の態度は「愛憎並立的《アンビヴァラン》」である。それが娘の子どもならば「彼女〔祖母〕が娘を愛し、娘を自己と同一視する場合は、彼女は孫たちを愛するが、しかし孫たちの傍で二次的な役割しか演じられないことをくやしがる。」反面、もし祖母が母親役割のお株を奪ってしまえば、実の母親である娘が子どもの愛を競って、祖母に嫉妬する。

他方、もし「彼女が娘に敵意をもっていれば、娘がそれによって自己を確立し、彼女の支配から脱れるその子供たちにも敵意をいだく。」［下559］息子の場合はこうだ。「彼女は息子をその子供たちのなかに愛するのだが、彼らはまた彼女が嫉妬する嫁の子供でもあるのだ。」母親役割は女性のアイデンティティに深く結びついているために、孫をめぐって「娘あるいは嫁との対抗意識はきわめて先鋭になることがある」［下559］と、ボーヴォワールの観察限は鋭い。

現代の日本でも孫の近くに住みたくて、たとえ息子の妻とうまくいかなくても、子どもの傍《そば》に引っ越す高齢者もいる。孫の顔を見たくても嫁との折り合いが悪ければ、姑の出入りを嫁はいやがるし、孫を連れてたびたび訪れてもくれない。また子育てをめぐっては価値観の対立があらわになることもある。若い妻のなかには、姑に育児支援してもらった負い目を感じたくないばかりに、祖父母に孫を預けることを忌避する者もいる。いずれその負い目を介護で返さなければならないことを予期するからだ。「保育所に預けるぐらいなら私たちが孫をみるよ」という祖父母側の意見はしだいに通らなくなり、「祖父母に預けるぐらいなら保育所に預けたほうがまし」と考える若い母親も増えてきた。またようやく子育てを卒業したのに、これからの人生を「孫育て」に奪われるなんてまっぴらごめん、と考える「新世代の祖母たち」も登場した［河村 2017］。「保育所に預けられる子どもたちはかわいそう」という偏見も完全になくなった。それだけではない。孫はすぐに大きくなって、祖父母と一緒にいるよりも、同年齢の友人たちとつるむようになる。孫頼みの賞味期限は短いのだ。

独居高齢者の貧困と孤立

なら、家族を頼れない、家族から見捨てられた、家族のいない、独居高齢者はどうか？

独居高齢者の最大の問題は貧困である。現代日本においても高齢シングルの相対的貧困率は女性の四四・一％、男性はやや少なく三〇・〇％（国民生活基礎調査二〇二一年）、代わって男性シングルの最大の問題は孤立である。そして孤立と貧困とは密接に結びついている。

ボーヴォワールはアメリカの例を引いて、「わが国の老人たちの貧窮はもっとも恒久的で困難な問題の一つである」［…］独り暮しの老人たち［…］とくに女性たち［…］はもっとも悲惨である」［上284］と言う。

フランスでもマルセイユ等で実施された独り暮らし老人の調査結果によると「一〇パーセントの男性と一九パーセントの女性が「飢餓状態に近い」という。数千人もの老人が毎年パリとその周辺で飢えのために死んでいる［…］さらに毎冬、新聞は寒さで凍え死ぬ老人の例をいくつも報道している。」［上280］

近年でもフランスでは時ならぬ寒波の到来の度に、暖房が確保できずに凍死する高齢者の報道があった。ロシアのウクライナ侵攻で燃料コストが急上昇した近年のヨーロッパの冬は、貧困な高齢者にとって、ひときわきびしいものとなっただろう。

高齢者は「悪い健康と窮乏と孤独という三種の悪循環」の犠牲者であるという証言を、ボーヴォワールは引用する。だが当の高齢者は「自分の悲惨を恥じて、彼らは家に閉じこもり、あらゆる社会的接触を避ける。彼らは自分が貧民救済金で生活をしていることを隣人に知られたくなく、その結果、隣人がかわりにしてくれるかもしれないささいな奉仕や最小限の世話にも事欠いて、ついには寝たきりの病人になってしまう。」〔上285〕
この福祉スティグマは、わたしたちにとっても身近なものだ。

救済院・施療院・養老院

どこにも行き場を失った高齢者は施設送りとなる。

一九世紀には「ラ・サルペトリエールはヨーロッパ最大の施療院であり、八〇〇〇人の病人を収容していたが、そのなかの二ないし三〇〇〇人は老人だった。」〔上28〕他方、救済院《オスピス》には「あらゆる年齢層の廃疾者と病人が収容」されており、そのうち「老人に割り当てられた二七五〇〇のベッド〔…〕のうち〔…〕寝たきりの病人が二五・一パーセントを占めている。」〔上295-6〕「フランスの病院において、老人は入院者の三分の一」を占める〔上35〕。

「フランスにおいては、救済院《オスピス》と施療院《オピタル》〔あるいは公立病院〕のあいだには嘆かわしい混同が行われている」〔上295〕とボーヴォワールが指摘するのは、日本における介護保険以前の「社会的入院」を彷彿とさせる。彼らは退院しても行先がないばかりに、長期にわたって病院に収容されるのだ。

高齢者は次のように救済院へ送りこまれる。

「X氏〔あるいはX夫人〕は独り暮しで老齢のため施療されるべきである」という医者の一通の手紙

をつけて、多数の老人が応急処置の扱いで送りこまれてくる。病院は彼らをけっして追い返さない。
［…］「大部屋－腐敗室《プリソワール》」で、二四年来死を待っている老人たちがいるのだ。」［上 296］

「大部屋」には五〇人もの老人が寝かせきりに横たわっている。「腐敗室」という呼称は、加齢臭だけでなく、排泄物の匂いや褥瘡の腐爛臭など、たえがたい臭気をただちに連想させる。

一九七三年、ジャーナリストの大熊一夫は、アルコール依存症を装って精神病棟に入院し、『ルポ・精神病棟』［大熊一夫 1973/1981］を世に問うた。そのなかで、彼は「脳軟化症の人と知的障害者と言われる人」が入れられた「不潔部屋」と病院が名づける収容室を発見する。「脳軟化症」は今でいう脳梗塞、半身麻痺や言語障害などの後遺障害が残る場合があり、「知的障害」には、当時「痴呆症」と呼ばれた認知症高齢者が含まれていた。統合失調症が「早発性痴呆」と呼ばれていた時代のことだ。その不潔部屋は「万年床で、すごい臭いを発して」いたと、大熊は証言する［大熊由紀子編著 2024: 58］。彼らは生きながら廃人扱い、いや、廃品扱いされた。

収容施設の処遇は悲惨なものだ。

「救済院への入院は老人にとって悲劇である」とボーヴォワールは断言する。暖房設備がないために冬は寒く、献立は一律であり、衛生設備は欠陥があり、シャワーは週に一回か月に一度しか使わせてもらえない。これをボーヴォワールは「医学的遺棄状態《ほったらかし》」と呼ぶ。

ある専門家の統計によればこうだ。

「ある救済院に入院を認められた健康な老人のうち、

八パーセントが最初の一週間に死ぬ、そして
二八・七パーセントは最初の一月に
四五パーセントは最初の六ヶ月に
五四・四パーセントは最初の一年に
六五・四パーセントは最初の二年に
死亡していることが明らかにされている。」〔上297〕

「私は多くの証言によってそれが事実であることを確認した」とボーヴォワールは書く。「つまり、老人の半ばは入院の最初の一年間に死んでいる」のだが、「しかし嘆くべきは、むしろ生き残った者の運命である。」というのも、彼らを待っている運命は「放棄、隔離、老衰、錯乱、死」〔上298〕だからである。

ボーヴォワールは実際に救済院を訪れてもいる。建物の三階に住んでいる寝たきりの病人たちは「身体を動かすことができないので、食べさせてもらったり、赤ん坊のように拭いてもらう。しかしそうした失禁《ガーチスム》〔耄碌〕状態はけっして安らかなものではなく、私の会った老婆たちの顔は、恐怖と絶望に痙攣し、一種の痴愚と嫌悪のなかに凝固していた。」〔上301〕二階に住んでいる「半ば健康な者」たちは「共同部屋の一方の端から他の端まで移動することができる」が、「階段が降りられない、そしてエレベーターがないので〔…〕庭へさえも彼らは行くことができない。」「文字通り閉じこめられている」〔上301〕のである。

日本における認知症高齢者の施設ケアも、居室に施錠したりフロア全体を隔離したり、エレベーターに暗証番号をつけたりして、入居者の外出を制限するところはたくさんある。わたしは月額五〇万円以上のコストがかかる高級有料老人ホームを訪れた時、認知症の高齢者が廊下の端から端までを動物園の熊のように往復している姿を目にして、胸がつぶれる思いをした。

「あの方は何をしていらっしゃるのですか?」と職員に尋ねたら、「認知症の方で外出が危ないので館内を歩いてもらっています」と答えが返ってきた。良心的な施設なら、認知症者の外出を禁止せず、職員が同行して外に出る。だがたいがいの施設には、それだけの職員の余裕がない。これだけのコストを支払ってもこんな介護しかしてもらえないのか、と。

救済院では「身体の自由がもはやきかない」老人たちは「中央に穴のあいた椅子〔ポータブル便器のことだ：引用者注〕に腰かけて毎日を過ごす。」健康な老人であっても「ベッドの中で用便をすませる」〔上301〕ように強いられる。彼らは「受動性を極限にまでおしすすめ」られ、ひどい「無気力」「無感覚状態」に陥っている〔上301〕。「彼らは自分が生者たちの世界を去って、死を待つ以外なんの見通しもなくここにいるのだということを、よく知っている」〔上302〕とボーヴォワールは言う。それを見るのは彼女にとって「胸がしめつけられる」〔上301〕経験であった。

養老院へ送りこむ場合も似たようなものだ。「老人の七四パーセントは養老院《アジル》にはいることを嫌がっている」〔上294〕ので、「もし説得や術策によって彼に譲歩させることに失敗すれば、嘘をついたりあるいは暴力に訴えることをためらわない。たとえば、一時的に養老院へはいるように説きふせておいて、そこへ遺棄する。」〔上254〕思い当たるひともいるだろう。

「〔養老院の〕共同生活は大部分の在院者にとってきわめて耐えがたい」とも彼女は言う。そしてこんな証言を引く。

「わたしたちはけっして一人でいることはない。じつに厭なことだ、いつも自分のまわりに人がいるなんて！」そして別の養老院の入居者の証言はこうだ。「養老院の人たちはわたしたちをまるであらゆる老齢者が例外なく幼児に戻るかのように扱う。彼らはまるであなたが一歳か二歳の赤ん坊のように話しかける。」〔上300〕

これらの証言を聞いて、半世紀以上前のフランスの話だと、他人事のように思えるだろうか？

施設は必要か？

最後にボーヴォワールはささやかな提言をする。

「大部屋に住む女性たちと個人専用の部屋に住む女性とのあいだには、驚くべき対照がある。」というのも「彼女たち〔個人専用の部屋に住む女性〕は身なりに留意しており、本を読んだり編物をしていた、そして医師と冗談をかわしていた」〔上302〕からである。

そしてこう結論する。

「もし自分だけのわずかな空間とくつろぎがもてるならば、それだけで彼女らの生活を一変させることができるだろう」〔上303〕と。

そのとおり、高齢者の尊厳のためには個室が必須とされて二〇〇三年に推進された全室個室の新型特養(6)は、そのわずか三年後には贅沢品と見なされて居住費負担を利用者に強いる「ホテルコスト」を徴収されるようになった。そのため費用負担に耐えられない利用者のなかには、退去を余儀なくされた者もいた。日本の高齢者施設では、個室がまだデフォールトにさえなっていないのだ。「貧乏人は多床室へ」と誘導するところすらある。その多床室でさえ、居住コストの負担を求められるようになった。老後の沙汰もカネ次第……ボーヴォワールが言うように、高齢者の生活には性別のみならず階級要因が強く働くようだ。

施設ではないが、当時アメリカで流行していた高齢者の居住コミュニティ、サン・シティ(太陽の都市)についても、ボーヴォワールは言及している。「高い生活水準の老人たちだけがもっぱら住む」居住都市である。だが、彼女は「老人たちにとって彼らのあいだだけで暮らすのはいいことかどうか」と問いを立てる。わたし自身も長い間、なぜ高齢になったからといって、年寄りばかりが集まって一箇所で暮らさなければならないのか、それがどうしても納得できない、と言い続けてきた。

ボーヴォワールの提言はこうである。

「あらゆる年齢の者が住む集団住宅の中に、独立してはいるがいくつか他の年齢の者と共通の施設(食堂、その他)を含む老人住宅＝ホームをつくることが、いっそう望ましいであろう。」[上293]

半世紀以上前のボーヴォワールの提言が、多くの高齢者施設を訪ね歩いて到達したわたし自身の結論ときわめて似ていることに、驚く。高齢者施設はもういらない。必要なのは高齢者仕様住宅、もっと正確にいえば、高齢者も住める多世代のための住宅である。

現に福祉先進国である北欧はすでに脱施設化に向かっている。スウェーデンはこれ以上の高齢者施設の建設を禁止し、高齢者住宅へと建て替える方向へと転じた。「もっと施設を」という日本の高齢者福祉は、世界の潮流に逆行したものだ。

(1) 兵役と市民権の関係については上野［2006/2012］を参照。

(2) 「ニンゲンは犬に食われるほど自由だ」のキャッチコピーを付した藤原新也の『メメント・モリ』（死を想え）は、インドの路上で屍体が犬に食われる衝撃的な写真を載せたが、それは都市化と貧困による極限状態のあらわれであろう。通常インドでは、火葬か水葬が行われる。

(3) 社会史家のフィリップ・アリエス［Ariès 1960,1973=1980］は、近代が解放したものは個人ではなく家族だと言う。

(4) この兄弟間の平等性がフランス革命の「自由・平等・博愛」に反映されているとトッドは指摘する。ちなみに博愛fraternitéの語義は「兄弟愛」であり、女性は含まれていない。

(5) 「よりよい介護をつくる市民ネットワーク」編による『第6回シンポジウム　だまってたらあかん！　報告書　今こそ介護者（ケアラー）支援を考える』には新井康友作成の「「介護の社会化」に逆行する介護保険制度」と題して、二〇二〇年に報告された「大阪府下における同居孤立死」の事例が複数紹介されている。そのなかには七〇代の老夫婦のうち介護者の夫が病死しケアを受けていた妻が餓死したケースや、八〇代の主たる介護者であった夫が同じく病死した後、認知症の入った妻が熱中症で死亡したケース、九〇代の母と七〇代の息子の世帯で二人とも凍死したケースなど、悲惨な事例が報告されている。これらの二人世帯は周囲から孤立していたばかりか、独居世帯と違って「同居家族がいるから」という理由で行政の見守り対象からもはずれていたと考えられる。

（6）　介護保険法施行後の二〇〇三年、厚労省は新規建設の特養は「全室個室」の「新型特養」にしか補助金を出さないと大胆な政策を打ち出した。だがそのわずか三年後、この制度に乗って全室個室の特養を建設した事業者は、利用者から高額（月額七万円程度）のホテルコストを徴収しなければならなくなり、この負担に耐えられず施設から退去する利用者や、個室から多床室へ移る利用者もいた。現在個室特養の入居者はコスト負担に耐えられる経済階層の利用者か、制度改定前から入居していて自己負担のない生活保護受給者のいずれかである。この手のひらを返すような制度の改定に対して、事業者たちは「二階にあげて梯子をはずされた」と怒りをあらわにした。

第10章　ボケ老人へ向ける眼

認知症への恐怖

超高齢社会をわたしは恵みだと感じてきた。加齢はどんなひとにも平等に訪れるからだ。そして「生涯現役思想」に対して、加齢をたんに「老いること」ではなく、「老い衰えること」と言い換えてきた。人生の最後に他人に依存しなければならない期間が必ず待っている。それを避けたければ長寿を呪い、早逝するほかない、と。

加齢をわかりやすく「だれもが中途障害者になること」と言い換えても来た。中途障害者と幼児期からの障害者とはちがう。それが与件であれば障害は「不便だが不幸ではない」個性のひとつにすぎない。彼らを苦しめるのは、他者からの差別の視線だ。だが中途障害者はちがう。誰が何を言うより前に、いまの自分をかつての障害のなかった自分と比べずにいられないのが自分自身だからだ。差別のなかでも、自分を自分で受け入れられない自己差別ほど苦しいものはない。

「おひとりさまの老後」と題する講演会場でのことだ。終わった後の懇親会で、主催者側にいたある男性が近づいてきた。「私は脳梗塞で死線をさまよいました。必死のリハビリでここまでこぎつけましたが、その折、家族があのとき救急車を呼ばないでおいてくれれば……と何度思ったかしれません」と、わたしにささやいた。後遺障害が残るくらいなら、いっそそのまま死んでいた方がまし、という意味だった。わたしは驚いてその男性の顔をまじまじと見た。

「ご家族はどんなことがあってもあなたに生きていてほしいと思われたのではありませんか?」と答えるのがせいいっぱいだった。そして「今は生きていてよかったとお感じですか?」と問い返した。男性はこくりとうなずいた。

障害のなかにはカラダの障害、ココロの障害、アタマの障害……の一部または全部の集合がある。高齢期のカラダの障害になら、難聴には補聴器があるし、視覚障害には音声ガイドがあるし、歩行困難なら歩行器も車椅子もある。歯が無くなれば義歯があり、寝返りを助けるベッドマットレスも登場した。そしてそれらの補助具を使うのを、人はためらわない。

ココロの障害には、老人性鬱病や向老期に発症する精神障害が挙げられる。向老期はやはりアイデンティティの危機なのだ。それにだって治療法もあれば治療薬もある。

だが人々が加齢に際してもっとも怖れるのはアタマの障害、すなわち認知症である。

その昔、認知症は老年性痴呆と言った。それ以前は耄碌とかボケと呼ばれた。二〇〇四年に「痴呆」が「認知症」と改称されたことで、病名の一種になったが、それがよかったか悪かったか。認知症専門医のなかには、認知症は病気ではなくただの加齢現象の一種だという見解もある。なぜなら今でも認知症は、原因も予防法も治療法もわからない加齢に伴う現象だからだ。それより「ばあちゃん、この頃耄碌した」「うちのじいちゃん、ボケてきた」と言われる社会の方が、認知症高齢者に対する許容度が高かったかもしれない。

長寿社会では身体のパーツがその使用期限を超えても、生命は生き続ける。同じように脳の認知機能が衰えても、身体は生きる。だが身体の機能の低下や喪失とちがって、脳の機能の低下や喪失が人々をふるえあがらせるのは、それが人格の崩壊と結びつくと、彼らが考えているからである。認知症の高齢者は聞くのにも話すのにも不自由しない。足腰も達者で出歩くのが好きなひともいる。だが彼らが何を言おうとも、もはや誰もとりあってくれず、外に出たいという当然の願望も、徘徊と呼ばれてよってたかって阻まれる。つまり人間扱いされなくなるのだ。

「認知症七〇〇万人時代」

ボーヴォワールが『老い』を書いた一九七〇年代には直面せずにすんだ超高齢社会のもうひとつの現実が、「認知症七〇〇万人時代」と言われる大量現象である。認知症発症率が高齢者の五人にひとりと言われる今日、誰が認知症になるかはたんに確率の問題のように思える。認知症予防と言われてドリルや回想療法などが行われているが、効果のほどは確認されていない。どんな生活歴や生活習慣が認知症発症と結びつくのかも、証明されていない。難聴や飲酒・喫煙の習慣があると認知症になりやすいと疫学的なデータがあるようだが、それもわずかな確率の差にすぎない。毎日手を動かす作業をしていれば認知症にかからないと言われるが、包丁を持って毎日台所に立っている主婦も認知症になる。知的好奇心が強いと認知症にならないと言われるが、まさかあの人が、と思うような知的好奇心の強い研究者が、認知症になっている。認知症診断基準となる簡易テスト「長谷川式スケール」の発案者として有名な、精神科医で認知症医療の第一人者、長谷川和夫医師が認知症を発症したことを世間に公表したときには誰もが驚いた［長谷川・猪熊 2019］。医者は自分の得意とする分野の病に罹るというジンクスがあるそうだが、そのとおりになった。本人も含めてご家族が、その事実を公表したことに感銘を受けた。なぜなら多くの知識人や文化人が認知症になると、家族がそれを恥じて世間との接触を遮断する傾向があるからだ。これまで自分の生き方や思想を発信してきた知識人には、ひとがこうやって老いて死んでゆくことを同じように世に示す義務があると思う。芸能人には芸能人らしく、その衰え方も含めて。

何を恥じることがあろう。それがにんげんというものだ。

と、つね日頃口にしていたら、ある介護職から「上野さんがそうなっても、公開の場に出ていいんですか?」と突きつけられた。「はい、けっこうですよ」と答えておいた。

ボーヴォワールの見た認知症

ボーヴォワールの時代にも認知症者はいた。ボーヴォワールは『老い』のなかで、「老年性痴呆」

について言及している。

「老人の精神障害でもっとも古くから知られていたもの［…］は、老年性痴呆である。」そしてこう書く。「最近、老人人口が増大したために、この疾病の患者数も増えた。」その上、こうもつけ加える「それはとくに女性に多い。」［下588］老年人口に女性比率が高く、女性の方が男性より長寿なのだから、当然だとも考えられるが、人口当たりの発症率を見ると、八〇歳台後半で男性三五％、女性四四％、九五歳を過ぎると男性五〇・六％、女性八三・七％と、たしかに女性の方が多い。(1)

ボーヴォワールの「老年性痴呆」こと認知症に関する知見は、今日の水準から見ても、ほぼ妥当なものといえる。

「この痴呆はいくつかの徴候を呈する。多くの場合、はじめは曖昧な症状であり、記憶がしだいに欠陥を示し、精神的硬化症がますますひどくなる。他の場合では、疾病は急性の症状ではじまる。たとえば興奮、昏迷状態、［…］妄想などである。［…］次いで、社会的行動における混乱がみられ、患者は錯雑した、突拍子もない活動を行ない、不条理で危険となりうる行為をする。たとえば、ガス栓を閉めないとか、まだ燃えているマッチをところかまわず捨てるとか。［…］大部分の者は夜間不穏の徴候を示し、彼らはよく眠れず、動きまわる。」［下588-9］

この「痴呆」が認知の障害に当たることも、彼女は正確に把握している。

「すべての患者に共通する特徴は、記憶の漸進的喪失である。［…］記憶の固定がないことと忘却とのために、患者は時間＝空間に関する見当識喪失の状態となり、彼は自分が現在いる場所も時間も判らなくなる。この認識の欠如によって彼はしばしば記憶喪失性徘徊を行なうようになる、なぜなら彼は自分がどこにいるか判らず、道に迷ってしまうから。」〔下589〕「記憶喪失は言語にもおよぶ、患者はまず固有名詞を忘れ、その次に抽象名詞、次いで具体名詞を忘れる」〔下589〕と言われれば、わが身にもすでに徴候が始まっているかと思える。「病勢の進行は数ヵ月かかる場合もあり数年の場合もある。また途中で興奮、昏迷、錯乱など、初期の特徴であった付随的症状によって中断されることもある。」だが、「生理学的には、彼の健康はかなり良好のままでつづくことがある。」〔下590〕

ボーヴォワールは認知症者本人の自覚と悲嘆にも触れる。

「性格障害は重大であり、患者はすぐに苛だち、喰ってかかる。彼は自分の所有物に貪欲に執着する。彼は同じ不満を何時間もくどくどとくりかえす。一般に彼は自分の状態を自覚していない。しかし患者のなかにはときどきそれに気づくこともあり、彼らは歎き悲しんで泣く。」〔下590〕

彼女は老年性痴呆の一種であるプレスビオフレニー presbyophrenia について言及しているが、その特徴として「固定的記憶の喪失、空間＝時間の見当識の喪失、それを補償するための作話症〔虚《うそ》の話をつくりあげる症状〕」〔下590〕を挙げる。作話症は、病名というより、つじつまの合わない現実を合理化するために当事者がおこなう防衛的な補償努力と解すべきであろう。

記憶障害という認知症の中核症状に対して、周辺症状 Behavioral and Psychological Symptoms of Dementia と呼ばれる問題行動についても、ボーヴォワールは彼ら彼女らのふるまいに、今日の認知症ケアのレベルから見ても共感的な理解と解釈を示す。問題行動とは誰にとって問題なのか？　本人にとってではなく、周囲がそれを「問題」と受け止めるからこそ「問題」なのだ。

「息子によって事業《しごと》から遠ざけられた別の老人は庭を裸体で歩きまわる」が、この認知症の周辺症状と見られる奇矯なふるまいに対するボーヴォワールの解釈はこうである。

「彼はこの衣服の剝奪によって――自分の衣服をひきちぎるリア王のように――彼が受けた〔所有権の〕剝奪を象徴しているのだ。」［下 568］

「老人によくみられるあの異常行為、放浪も同様である。自分の家で満足な役割をあたえられないので、祖父《おじい》さんは家族の者に告げずに幾日も彷徨して過ごす。彼は自分が何を求めているか知らないのだが、何かを捜し求めているような気持になっている。彼はこうすることによって家族の者に彼らなしでもやっていけることを示し、また彼らが心配していると考えて喜ぶ。」［下 568］

ボーヴォワールにかかると認知症ケアをするひとびとをしばしば悩ませる失禁や弄便《ろうべん》すら、次のように解釈される。

「糞尿の失禁はしばしば意趣返しなのである。」［下 568］

なぜなら「老人たちの態度の多くは抗議的性格をもつが、それは彼らの境涯が抗議を必要とするものだからである。」［下 568］

『恍惚の人』がもたらしたもの

『老い』の日本語訳が刊行されたのと同じ年に、日本では有吉佐和子の『恍惚の人』〔有吉 1972〕が刊行され、痴呆症（当時）について注目を集めた。ボーヴォワールも有吉も当時勃興期にあった老年学の知見をよく学んでいた。この本は発表の年に二〇〇万部を売り上げる「戦後の大ベストセラー」となり、版元の新潮社が建てた社屋の別館は「恍惚ビル」と呼ばれた。ボーヴォワールの『老い』も「この種の翻訳物としては番外の売れ行き」で一〇万部を超えた〔上野 2000/2003〕。「恍惚」と表現は婉曲だが、妻に先立たれた八〇代の認知症の舅、立花茂造を、嫁の昭子がワンオペで介護する壮絶な物語である。舅は痴呆が進行し、失禁したり、布団の中で排便したり、さまざまな問題行動を起こす。帰宅の遅い商社マンの夫は手出しをせず、妻は息子にも手伝いを求めない。思いあまった昭子が市役所に相談に訪れると、老人福祉指導主事はこう言う。「老人をかかえたら誰かが犠牲になることは、どうも仕方がないですね。主婦の方に、しっかりして頂くより方途がない」……そんな時代だった。(2)

この小説は徹頭徹尾、嫁の昭子の視点から書かれている。老いて痴呆になった茂造の内面は描かれない。痴呆老人は得体のしれない怪物、理解を絶する異物として描かれているからこそ、人々の恐怖心を煽った。それに比べれば、ボーヴォワールの認知症高齢者に対する視線はより共感的であり、より内省的である。『恍惚の人』を書いたときの有吉は四一歳、ボーヴォワールが『老い』を書いたのは六二歳。その年齢差がもたらした違いだろうか、それとも……？

この小説は日本中の読者を、認知症に対する恐怖でふるえあがらせた。多くの（男性）評論家たちは、こうなる前に死にたい、と言った。当時六四歳だった平野謙が有吉との対談の中で、ボケたら「安楽死ということにしてもらいたいなあ」、こうなってまで「生きていたいと思いませんね」と言うのに対し、作者の有吉は「でもね、私はぼろぼろになっても生きてやろうと思います。耄碌して、はたに迷惑かけても、私は生きてやろうと思います」と断言したが、それを果たすことなく一九八四年に五三歳で亡くなった［上野 2000/2003］。

認知症ケアの「魔の三ロック」

認知症ケアに長年取り組んできた精神科医、高橋幸男医師は著書『認知症はこわくない』［高橋 2014］の中で、認知症者の問題行動をひきおこす「からくり」理論を唱えている。認知症者の問題行動にはかならず理由がある。その背後にある「からくり」の引き金を引くのは、しばしば周囲にいる第三者、多くの場合は家族にほかならない。その「引き金」に当たるのは、「叱る」「責める」「急《せ》かす」、なかには「励ます」も含まれる。すべて当事者のありのままを否定するものだからだ。認知症者の「問題行動」には、そのような対応に対する防衛や抗議、怒りの意思がこめられている。高齢者施設入居者の七割以上が認知症者だが、彼らが「帰宅願望」を持つのは、異常行動ではない。騙し討ちのように置き去りにされた彼らにとって、帰宅願望は当然の要求であり、悲鳴なのだ。職員になだめられ、いさめられ、ごまかされ、ついに自分の要求が届かないとあきらめて彼らが無口になったとき、それを「適応」と呼ぶ。
同書のなかで高橋医師は、以下のように反省の弁を述べている。
「家族が困っているから入院させる。［…］徘徊が入院理由のトップだったので、薬を多めに投与して足腰を弱らせて少し動けなくしてから「引き取ってください」と家族に言うんです。それが当時は最善の医療だと思ってたんです。本当に申し訳ないことをしたと思います。」［高橋 2014］

認知症ケアはケアのなかでもハードルの高いケアと考えられてきた。徘徊や暴力を抑えるために、「魔の三ロック」が行われてきた、と看護師の田中とも江らと共に「縛らない介護」をめざしてきた平岩千代子は言う。「身体を縛るフィジカルロック、言葉で制するスピーチロック、向精神薬で動きを抑えるドラッグロック」の「三ロック」である［平岩 2021］。高齢者施設でも居室に外鍵をかけたり、認知症対応フロアから外へ出られないように施錠したり、エレベーターに暗証番号を付けたりする物理的幽閉がある。これも広義の身体拘束であろう。

二〇二五年問題、つまり高齢者のボリュームゾーンである団塊の世代がまとめて後期高齢者になる時期を迎えるにあたり、「認知症七〇〇万人時代」を唱えて厚労省が「オレンジプラン」を作成した。「早期診断・早期対応」を謳うこの政策は、別名「早期診断・早期絶望」ともいわれてきた。

増えていく認知症高齢者を手ぐすね引いて待ち受けている業界がある。製薬業界と精神科医療業界である。認知症の診断を受けても治療薬は今のところ、ない。「進行を遅らせる」と言われるアリセプトやメマリーは、いったん服用しはじめたら一生のみつづけなければならず、しだいにその量が増えていく。製薬業界にとっては成長市場であろう。他方、世界でもっとも人口当たりの病床数と入院日数が多いと言われる日本の精神科医療業界にとっても、認知症者の増加は歓迎すべき事態である。長期入院に対する批判を受け、病床削減と入院患者の地域復帰の圧力にさらされている精神科病棟に、精神病者に代わって認知症者を収容すれば経営が維持できる。そうやって精神科病棟を認知症病棟に転換している精神科病院は少なくない。

精神科医の高木俊介医師は以下のように警鐘を鳴らしている。

「私たちの知らぬ間に、じわじわと、ふたたび大収容時代がはじまる。新オレンジプランは巧妙に毒の盛られた果実である。白雪姫の毒リンゴならぬ、毒入りオレンジなのであり、今はまだ国民のほとんどが自分には関係ないことと思い込んでいる、知らぬが仏の毒ミカンなのである。そして、この国で年老いてゆく私たちは、ある晴れた朝、突然に、精神病院の保護室で抑制されて目覚めるのだ。[3]」〔高木 2015〕

四〇九床を持つ大病院、袖ケ浦さつき台病院は精神科病棟と認知症治療病棟で計二一八床を占める。その認知症疾患医療センター長、細井尚人医師のコラムを読んで暗澹とした。

「私が精神科への入院を勧めたことはありません」と書く細井医師は、おそらく良心的な医師なのだろう。「精神科に認知症患者を長期入院させ、看取ることに批判があることも承知しています」とも彼は言う。だが「「暴れて手に負えない、入院させてくれなければ一緒に死にます」という家族、他の入所者に迷惑をかけるばかりの高齢者を抱えておけない介護施設、誤嚥性肺炎を治したので退院させたい病院……。実態は、ほかに引き受け手のない認知症患者の「駆け込み寺」になっています。〔…〕駆け込み寺は現状、どうしても必要なものです」と言う細井医師は、「私はこれからも認知症患者の「居場所」と「死に場所」を提供していきます[4]」と決意を述べる。

背筋が凍ったのは「死に場所」を提供するという表現に接したときである。認知症治療というが、治療法がないことはわかっている。治療という名で何をするのか。拘束と薬漬けで「鎮静」することをもって「治療」と呼ぶのだろうか。病院が治療の場なら、病気を治せば退院させる通過地点でなければならない。それが「死に場所」になるということは、いったん入院したら死体にならなければそこから出られないということを意味する。「駆け込み寺」とは誰にとっての駆け込み寺なのだろう? 家族が認知症者を捨てるための「駆け込み寺」ではないのか? 「治療」が終われば退院させるつもりの家族がいるとはとうてい思えない。

介護保険は病気の治療が終わっても引き取り手のいない高齢者の長期にわたる社会的入院を、よりコストの安い介護施設に転嫁するために作られた。その介護施設ではハードルの高い認知症ケアをめぐって現場の試行錯誤が真摯に行われ、縛らない介護、抑制しない介護が実践されてきた。介護施設には、施設は病院ではない、高齢者の暮らしの場だという矜持があったからである。精神科病棟は暮らしの場ではない。医師や看護師に介護職並みの認知症ケアのスキルがあるとは思えない。またそれだけの人手もない。精神科病棟がこれだけ増えたのは、いわゆる「精神科特例」で、一般病棟と比べて医師と看護師の配置が緩和されているからである。つまり人員配置が手薄でコストが安いからこそ、患者を長期に入院させておくことにメリットがある。そこに認知症高齢者を収容することは隔離と幽閉、すなわち「棄老」以外の何物でもない。

石垣島で出会った介護職は、年寄りの「徘徊」と言わずに「お散歩」と言った。島から外に出る気遣いはない。それに温暖な島では冬期に行方不明になっても、凍死の怖れもない。周囲が見守って、お年寄りの「散歩」が成り立っている。

高齢者介護施設で認知症高齢者を受け入れ、いわば施設に老人を閉じこめる「共犯者」になってきたと述べる介護職の村瀬孝生は、こう言う〔村瀬 2022〕。

「そもそも人は外に出るものである。意味があっても、なくても外出する。外出先で突然に死んでしまうのもまた人の日常なのだ。ぼけや認知症を理由にお年寄りたちをその当たり前から遠ざけてしまってよいものだろうか。」〔村瀬 2022: 159-160〕

拘束についても「個人的な理由で縛るならそれは犯罪になるのに、なぜ公の場では許されているのか。」〔村瀬 2022: 164〕と言う。

「当事者にとっての悲劇は運悪く死んでしまうことよりも、他者から縛られたり、閉じ込められても抵抗できないまま生きていくことではないか。当事者にとってつらいことは、最終的には家族が同意することである。そのことを強いるのはぼくたち専門職なのだ。」〔村瀬 2022: 165〕

認知症当事者からの発言

認知症者は「わけのわからない」ふるまいをする人々ではない。認知症ケアにたずさわる人々は、認知症者の一見理解できないふるまいの背後に、彼らなりの理由があることを解き明かしてきた。そのメッセージを読み取れないのは周囲の責任であって、認知症者の問題ではない。

認知の障害だけであれば、不自由かもしれないが、不幸ではない。ボーヴォワールの時代と違うのは、何を言っても相手にしてもらえなかった認知症者の当事者発言が世に受け入れられるようになったことだ。

わけても若年性認知症者の発信力は大きかった。オーストラリアの認知症当事者、クリスティーン・ボーデンが『私は誰になっていくの?』〔Boden 1998=2003〕を書いたとき、世界は驚いた。認知症当事者がこれほど明晰に、自分がしたいこと、されてイヤなこと、感情や経験などを発言するとは思わなかったからである。その翌年、クリスティーンはブライデンと姓を変え、その名前で『私は私になっていく』〔Bryden 2005=2004〕を書いて、再び世界を驚かせた。そのあいだに、彼女は自分が認知症であることをカムアウトして、ポール・ブライデンと再婚していた。

日本でも認知症当事者の発言が積極的に行われるようになった。佐藤雅彦は『認知症になった私が伝えたいこと』〔佐藤 2014〕で「不便だが不幸ではない。ほんの少し手伝ってもらえばたいがいのことはできる。やっぱりひとり暮らしがいい」と言う。若年性認知症当事者として活発に発言を続けている丹野智文は「認知症になっても人格は損なわれない」と断言する。彼がいちばんイヤなのは、周囲が先回りして「危ない」「あれをするな」と行動を制限すること。スピーチロックである。「ほんの少し手伝って」もらったり、ほんの少し創意工夫をすれば、たいがいのことはできる。やらせてみて、失敗したら笑えばいい。誰もがやっていることだ。長谷川医師の認知症体験を語るご家族は、「父は財布を忘れたり、失敗します。でも記憶がないのか、落ち込まずにすんでいます」と証言する。認知症にもよいところがある。

病気を経験した人の語りをネット上に蓄積しているDIPEx（Database of Individual Patient Experiences）Japanというサイトには、「認知症の語り」というコーナーがある。[5]認知症者の当事者発言にようやく社会が耳を傾けるようになってきたのだ。

丹野が著書『認知症の私から見える社会』［丹野 2021］の中で痛恨の思いを込めて書いているのは、彼と同年代の認知症の仲間たちが、あるとき家族によって精神科病棟へ送られ、あっというまに亡くなっていることだ。タイトルの「認知症から見える社会」は、「社会から見える認知症」を逆転したものである。彼はこの本を書くために全国の三〇〇人の仲間に会いに出かけた。記憶の助けはボイスレコーダーが務めてくれた。

丹野はこの本を出すに当たって、恐怖を感じたと何度もくりかえす。世間の世話になっているおまえが、そのうえ、社会の批判をするのか、と。だが、彼から学んでいるのは社会の方ではないだろうか。たとえ認知症になっても、こんなふうに生きていける、と。

認知症基本法の成立

二〇二三年に認知症基本法が成立。正式名称は「共生社会の実現を推進するための認知症基本法」というもの。法律に「共生社会」が掲げられたのは、これが初めてだった。この法案は、当初超党派の議員立法として推進されたが、その過程で二〇一七年に発足した「日本認知症本人ワーキンググループ」という当事者団体が関与することで、「予防」や「治療」という医療化が抑制され、認知症と共に生きるという「共生社会」の理念が打ち出された。一九八〇年に発足した「認知症の人と家族の会」も「認知症になっても安心できる社会」をめざして活動してきた。法律の策定や行動計画に当事者の声を聞くこと、認知症当事者の「自らの意思」を尊重することを明記したのは画期的だったが、基本法という理念法にそう書かなければならないほど、現状との間に落差があることを示す。

おわりに

老いれば誰もが衰える。

ボーヴォワールは『老い』の中で、「老いたゲーテ」のエピソードを紹介する。

「ある日、講演をしている途中で、彼の記憶力が喪失した。二〇分以上ものあいだ、彼は黙ったまま聴衆を見つめていた。聴衆は尊敬の念から身動きひとつしないでいたが、やがて彼は何ごともなかったようにふたたび話しはじめた。このことから判ることは、ゲーテの外見的な均衡も実は多くのささいな機能減退の克服のうえに成り立っていたということである。最晩年には、彼はかなり疲れやすく

なり、朝のうちしか仕事をせず、旅行もあきらめた。日中、彼はしばしば居眠りをしていたという。」［下367］

『老い』の全巻を通じて、わたしのもっとも好きなエピソードである。

（1）東京都健康長寿医療センター研究所「認知症と共に暮らせる社会をつくる」https://www.tmghig.jp/research/topics/201703-3382/

（2）介護保険が成立するまでは、中流家庭の同居家族のいる高齢者にはいかなる公的福祉も一切届かなかった。高齢者の介護は家族、もっと露骨にいえば嫁の役割だったのである。

（3）http://www.arsvi.com/2010/20151010ts.htm

（4）細井尚人「（それぞれの最終楽章）認知症病棟から」(1)—(6)『朝日新聞 be』二〇一九年三月九日—四月一三日

（5）https://www.dipex-j.org/dementia/

第11章　アンチ・エイジズム

フリーダンの『老いの泉』

ボーヴォワールが「フェミニズムの母」と呼ばれるのと並んで、アメリカで「ウーマン・リブの母」と呼ばれる女性がもうひとりいる。ベティ・フリーダン（1921–2006）である。一九六三年に『新しい女性の創造』〔Friedan 1963=1986〕を出版し、そこで郊外中産階級の主婦の「名前のない問題 unnamed problem」を論じ、多くの女性の共感を得、六〇年代のアメリカ公民権運動のなかに人種差別に加えて女性差別を組みこむ大きな原動力となった。

『新しい女性の創造』の原題は The Feminine Mystique である。直訳すれば「女らしさの謎」となるだろう。わたしは最初、Feminine Mistake かと思った。「女らしい間違い」すなわちうかつに結婚し出産してしまう、女がしばしば冒す間違いのことかと。同じ用語は本書の別の箇所で「女らしさの神話」と訳されており、こちらの方を採用する。最近になって荻野美穂による全訳が出たが、タイトルは

『女らしさの神話』(1)〔Friedan 1963=2024〕と改題されている。

四一歳で『第二の性』〔Beauvoir 1949=1997〕を書いたボーヴォワールが六二歳で『老い』〔Beauvoir 1970=1972〕を書いたように、フリーダンは四二歳で『女らしさの神話』を書き、それから三〇年後に七二歳で『老いの泉』(2)〔Friedan 1993=1995〕を書いた。邦訳は上下二巻、各巻三〇〇頁超に及ぶ、ボーヴォワールの『老い』に匹敵する大著である。

フリーダンは『老いの泉』で『女らしさの神話』の内容を以下のように要約する。

「第二次世界大戦が終わって戻ってきた男たちが、女の仕事を取り上げた時、私の世代の女性は三、四人の赤ん坊を育てるために自分の野心を捨てた。〔…〕そして、その当時、若い女性の最高の幸せとされていた電化製品の完備した郊外の一戸建ての家と子供の両方を若いうちに手に入れた。」〔Ibid.: 上2〕幸せだったはずの生活に幸せを感じられない。出身校である名門女子大スミス・カレッジの同期卒業生を対象にインタビューした結果、フリーダンはそれが自分ひとりの問題ではないことに気づく。「女性の、母親として生きるだけの人生はもうやっていられないという、もやもやとした思いを、私は「名づけようのない問題〔the problem that has no name〕」と名づけた。」〔Ibid.: 上5〕

問題がないはずのところに問題を発見したこの「名前のない問題(3)」は、女性問題についての巨大な図と地の転換、パラダイムシフトだった。こうやって白人中産階級女性の自己解放の波が第二波フェミニズムにつながっていったのである。昨今アメリカの第二波フェミニズムが「白人中産階級フェミニズムでしかなかった」とする批判の声が聞かれるが、女の人生の文化理想に疑問符が付されたこの

「自己解放」の運動は、それ以前のノブレス・オブリージュから来る他者救済の慈善活動とは根本的に異なるものだった。この白人中産階級の女の「自己解放」の運動があったからこそ、さらなるマイノリティの自己解放の波があとに続いたのであり、それは排除の歴史ではなく、誘発の歴史だったと言うべきであろう。

フリーダンは言う。その当時「女性運動では、老いは問題とすべきものとはなっていなかった。私たちは自分を若いと思っていたのである。」［Ibid.: 上5］

それからおよそ二〇年後、六〇歳になったフリーダンは、こんな経験をする。

「私の六十歳の誕生日に、友人が私に内緒で計画してびっくりパーティを開いてくれたが、私は素直に喜べず、みんな死んでしまえばいいと思った。私が六十歳になったことを世間に知らしめ、人生の競争からおりるようにせきたてられているみたいで、彼らの祝辞が意地悪く聞こえた。［…］誕生パーティの後、何週間も憂うつで、友人や子供たちみんなから遠く隔たってしまったように感じていた。自分が六十代に入ったことを直視できなかったのだ。」［Ibid.: 上1］

『老いの泉』の「序論」の冒頭は、この一節から始まる。正直な告白である。

六〇歳を目前にしたフリーダンは高齢者にインタビュー調査を始めたが「自分の中に老いに対する恐怖と老いを認めたくない気持ちがあまりに強く引き起こされたので、質問に集中できなくなった。［…］まだ私には「あの人たち」、たとえば冬のフロリダで私がインタビューした「高齢」の男女と自分を同一視できる心境にはいたっていなかった。当時、私はまだ五十八か五十九歳だった。」［Ibid.: 上9-10］

「あの人たち」……ボーヴォワールが言うように、「老い」とはフリーダンにとっても「他者の経験」だったのだ。

それからさらに一二年後、七二歳になったフリーダンは高齢者の研究を続けるうちに「社会における老人像と、私たちが実際に知り、感じているあるがままの「私たち」との間に決定的な違いがあるのを発見した。」［Ibid.: 上24］

老年学への接近から彼女が自分に課したミッションは、「病理的な側面からしか老いを取り上げず、肯定的なとらえ方には徹底して不快感を抱くといった、老年学の専門家たちの変に偏った嗜好」［Ibid.: 14］を覆すことだった。

彼女はこうも言う。

「私たちが若さの幻想と期待にしがみついているかぎり、若さだけを基準にして、自分が何を望み期待するかを考えるかぎり、敗北するしかない絶望的なゲームの罠にますますはまりこんでいくと、今、私は悟った。」［Ibid.: 上22］

アメリカはフランス以上に若さの価値が高く評価される社会である。若いことはよきこと、新しさは古さより価値のあることであり、移民社会では若ければ若いほど、日に日に「アメリカ人になって becoming American」いくことができる。人口学的にも、アメリカは人口高齢化率がフランスより低かった。高齢者人口が七％を超えて一四％に達すると高齢化社会は高齢社会に転じるが、フランスが高齢社会に突入したのが一九九〇年、アメリカはそれから二〇年以上後の二〇一四年。働きざかりの新移民が次々に移住してくる社会では、人口高齢化は先延ばしされる。

だが、ウーマン・リブを経由した女たちの世代的な経験は、確実に老いに向かっていた。六〇年代に四〇代だったフリーダンは、その三〇年後、九〇年代には七〇代に達していた。彼女はふたたび、自分自身と自分の世代の女たちの経験としての「生きられる老い」に取り組む。

次の一節は、ウーマン・リブ世代のアメリカ人女性が、どんな老後を切り拓いてきたかを彷彿とさせる。

「私は女としての自分に以前より心地よさを感じ、年をとっていくことが以前より気楽に感じられる。現に、新しくできた男友達と一緒にいることに喜びを感じ、ほっとした気持ちになれる。最後にはベッドをともにするような交際、いわんや結婚にゴールインするような交際を望んでもいないし、期待もしていない。一緒にいて安心していられるから、私は彼らに一層親密さを感じるし、これまでになく自由に自分らしくなれるのである。〔…〕私たちは男に頼らずとも一人でやっていけるとわかったが、それだけでなく、真の友情の力をもてることもわかった。それなら、古い幻想とその幻想が生み出した老いの否認を解き放ち、何か新しいものを出現させることができるのではないか。」〔Ibid.: 上22〕

老いのパラダイムシフト

フリーダンの『老いの泉』第一部「老いの神話」第一章は「老いの否認と「問題」としての高齢者」から始まっている。ボーヴォワールと同じく、フリーダンも「老いの否認」に立ち向かっていた。

だがボーヴォワールがそっけなく『老い』と題した書物に対して、フリーダンは「泉」という希望に満ちた用語をつけ加える。

「老いの泉」から湧き出るのは何か？

それは生涯にわたって成長発達し、生産性を保ち、社会的役割を果たし、「自己コントロールを失わず、たえず「限界に挑戦」し、前向きに生きることをあきらめない高齢者像である。フリーダンのねらいはそれによってこれまでの「老いの神話」をくつがえすことであった。したがってボーヴォワールの『老い』の読後感が暗鬱なのに比して、フリーダンの『老いの泉』の読後感は明るく、希望に満ちている。そしてそのように老人イメージを否定的なものから肯定的なものに塗り替えたいと願うフリーダンの気持ちは理解できるし、事実、それには根拠があったことだろう。彼女が書くように、たしかに九〇年代のアメリカ人の高齢者は「お金を持っており」、健康状態も悪くなかった。それが彼女の周辺の白人高学歴中産階級にとどまっており、人種への言及がないことは問うまい。またボーヴォワールの時代のフランス人の七〇代とフリーダンの時代のアメリカ人の七〇代とは、違っていたとも考えられる。長寿化しただけではなく、そのなかでも健康寿命が延伸し、体力年齢も若返った。サクセスフル・エイジングがアメリカ生まれの概念であるように、生涯現役思想が登場していた。そして老いという新しい経験に好奇心を持って貪欲に取り組むフリーダンの姿勢そのものが、「老いてから新しいことに挑戦しようとする意欲、ひるまず未知のものへと突き進む能力」［Ibid.: 上 151］をそのまま示すロールモデルであるかのように受け取られたことだろう。

フリーダン七二歳、のちに前期高齢者とカテゴリー化されるようになったこの年齢はまだ十分に活力がある。日本では定年年齢が六〇歳から六五歳に延長され、年金受給年齢の開始を七〇歳からに推奨する動きもある。「高齢者」のカテゴリーを七五歳以上にすることを、日本老年学会・日本老年医学会は二〇一七年に「ワーキンググループ報告書」で提言している。健康でありさえすれば……老いにはなんの問題もない。

女の老い・男の老い

『女らしさの神話』の著者でもあるフリーダンは、女の老いのメリットについても言及することを忘れない。第二部「名前のない強さ」には第四章「なぜ女性は男性より長生きで、豊かな老いを過ごすのか」という問いが置かれている。「名前のない問題」は、老いては「名前のない強さ」に変わったのだ。

そこで彼女は、閉経したら女は終わり、という更年期神話に挑戦する。女の価値が男に選ばれることにあるとするなら、女性は性的価値と生殖機能だけで評価されることになり、閉経で生殖機能を失うことは「この世の終わり」〔Ibid.: 上 154〕同然だ。また社会的には「もし女性の人生で主婦と母親という役割だけしかないのなら、成長した子供たちが自立して家を出ていった時に、その役割が終わってしまう」〔Ibid.: 上 147〕。そしてこのライフステージ上の「空の巣期 empty nest(4)」は、生理的な更年期とほぼ重なる。すなわち女の老いは早く始まる、のだ。

彼女は日本をフィールドに更年期を研究したカナダの医療人類学者、マーガレット・ロック〔Lock 1986〕を参照する。ロックがインタビューした日本人女性のほぼ四分の一が、「閉経すると「男になる」」、「女性としての神聖な機能を失う」、あるいは「女性としての価値が下がる」といった意見を寄せた。」〔Friedan 1993=1995: 上 154〕一九八〇年代の日本でのことである。(5)

だが実際には「親として生きた後にますます長くなる人生」〔Ibid.: 上 171〕のなかで、「中年の危機」以後の女性の大多数は「今までより心地よいと感じており」、「自分の面倒をみたり」、「自由にできる時間がある」ことを喜んでいたという研究を紹介する。ある女性は「自分は「五十年もたってついに花が咲く」糸蘭のようだと評した」という。〔Ibid.: 上 158〕

夫の喪失も彼女たちの危機にはならない。六〇年代に夫と死別した女性を対象にした調査では、「彼女たちの六三パーセントが「夫が生きていたころより、今の方が自立的で、有能になり」、四七パーセントが「より自由で、より活動的」になり、三一パーセントが「人とのつきあいが増えた」と報告している。」〔Ibid.: 上 161〕

「新しい調査結果では、若い女性よりもそしてどの年齢の男性よりも高齢女性の方が配偶者の死にスムーズに「適応」し、悲しみや苦しみがいかほどであろうと、その後は再出発を果たしていることがわかった」〔Ibid.: 上 162〕

配偶者喪失が女性よりも男性により打撃を与えることは知られているし、女性の方は反対に、それによって「結婚生活によって制限されていた自分の個性を十二分に発達」させることができた、とフリーダンは別の調査を引用している。

代わって男性には「女性たちが二十五年前に通らなければならなかった、男性版「名づけようのない問題」を経験する男性たちもいる」［Ibid.: 上 171］と、フリーダンは皮肉な指摘をする。役割喪失は女性以上に男性にとって、ダメージが大きいようである。

突然死の思想

だが、ついに「自己へのコントロール」を諦めなければならない時が来る。フリーダンもこのような問いを立てる。

「私たちは、人生の変化を自分でコントロールしていくことの限界を認めなければならないのか。六十、七十、八十歳と、更年期を越えても、身体や心を使い、人間として生き生きと暮らしていても、やがて身体がきかなくなり、不治の病になり、最後には死に直面する日がくるのだろうか。」［Ibid.: 下 186-7］

そのとおりである。超長寿社会は、健康寿命を超えてもさらに長く、ひとに生きる可能性を与えてしまった。健康寿命の延伸が言われるが、その後にはかならず他人の助けをえなければならない「フレイル期」が、男性には九年程度、女性には一二年程度のあいだ、つづく。皮肉なことに健康寿命が延伸すれば、それにともなって平均余命も延伸する傾向にある。長寿社会では社会学者の春日キスヨが「ヨタヨタヘロヘロ期」［春日 2018］と名づけ、樋口恵子が「ヨタヘロ期」［樋口 2019］と略して広めたこの時期を避けることはできない。

にもかかわらず、フリーダンの答えはこうだ。

「私は最期まで自分のしたい生活を基準にして考えていくつもりだ。それは、死ぬ前の何カ月間かの「介護」を保証するために、「生活していく危険を冒す」時期を短縮したり、ごまかしたりしないということだ。」そしてこう言う、「幸運であれば、移動中の飛行機の中か路上で死ぬことだろう。」〔Friedan 1993=1995: 下 84〕

この突然死の思想こそ、PPK（ピンピンコロリ）こと、究極のアンチエイジングの思想である。彼女は「老い」に挑むと言いながら、その実、避けられない過程としての「老い（衰えること）」を拒否する。本書が肯定的な老いのイメージの「泉」であるのは、ただそれが見たくない現実に目をつぶっているあいだだけのことなのだ。

「合衆国ではいまだに、命あるかぎり自分らしく生きつづけて死ぬという選択権を行使することは容易ではない」〔Ibid.: 下 268〕

と彼女は書く。そしてヘイズ・ロックウェルの「リビングウィル」を引用する。「私は、死そのものよりも、病状悪化、他者への依存、救いのない痛苦により、人間としての尊厳が失われることを恐れる。」〔Ibid.: 下 254〕

彼女が求めるのは「どうしたら確実に「生ける屍にならないうちに死ねるのだろうか」」という問いに対する答えである。

そんな彼女にとって最悪の選択肢はナーシングホーム（高齢者施設）への入居である。本書には「ナーシングホームの恐怖」(6)と題する章がある［Ibid.: 下 188-233］。

「私自身、ナーシングホームに対して、徹底した恐れと偏見をもっていることは認める」［Ibid.: 下 200］と彼女は言う。それには根拠がある。ナーシングホームに入居した高齢者の半分近くは六ヶ月以内に死亡する。拘束帯が入居者の三分の一以上に使われている。精神安定剤や向精神薬も広く使われている。「汚れたガウンのまま、入浴もさせてもらえず、寝たきりにされている。」［Ibid.: 下 204］床ずれを防ぐ体位交換もなく、車椅子にも一日おきにしか乗せてもらえない。四日間おむつをしたまま放置されている患者もいた。

そしてナーシングホームに入所した高齢者は「これですべてが終わったという気持ち」になり、「家も財産も自立した生活もあきらめて」しまい、自主性やアイデンティティを失って、「たいていの人は死んでホームを出ていくことになる。」［Ibid.: 下 203-4］……総じて「死んだ方がましだと思うほどひどいナーシングホーム」の実情を紹介しながら、友人の女性が息子に告げたことばを引用する。

「今のうちにいっておくけど、ナーシングホームや自立的な生活を送らせるとかいう老人施設に私を入れようなんて絶対思わないでね。死ぬ時は施設ではなくて、一人で好きなように死にたいから。」［Ibid.: 下 192］

と言いながら、本人はその時には自力で排泄も食事もできなくなっていることを想定していないことだろう。

だが、自分自身が入りたがらないナーシングホームに、子どもは自分の親を送り込む。「世間の耳目を集めるほどナーシングホームの状況がひどいにもかかわらず、そこへ年老いて弱った自分の父親や母親をためらいもなく入れてしまうのは、私たちが老いを恐れ否認するからなのだろうか。」〔Ibid.: 下 208〕

そのとおりである。

高齢者のコレクティブリビング

こんな彼女にとっての老後の理想は共同生活である。離婚後のフリーダンは数人の仲間たちと大きな家で共同生活を経験したことがある。彼女はそれをコミューンと呼んでいる。一〇年続いたコミューンが分裂してから、フリーダンは再びなかまを呼び集めた。

「数年前に、全員が私の家に集まり、「本当にコミューンが必要になる」老年期のために、また家を探すべきではないかと真剣に議論したが、今ではそれぞれの生活が違いすぎた。〔…〕たいていの人は近くに住んでいるので、少なくとも、いつ、しばらく家を借りるか、仲間のところに引っ越すか、いつもっと規則的な食事をとろうと計画を立てるか、いつ互いに面倒をみるべきかはわかる。自分たちの子供がみんな去ったあと、自分で選んだコミューンの方が、一人ひとりが家を維持するよりは楽だと思う時が早晩訪れるだろうと確信している。きっと、人間味のない「退職者村(7)」や「ナーシングホーム」よりはましなはずだ。」〔Ibid.: 上 322〕

これを読んでわたしは以前自分で思いついた「ノラの方舟」プロジェクトを思い出して、苦笑した。ノラは野良猫のノラ、そして「人形の家」のノラ。当時、週のうち何回かは食事を共にしていたおひとりさまのあいだで、老後は一緒に暮らそうね、と話していたのだ。だが、ある女性がこんな辛口の発言をした。

「女はね、男とだから暮らせるのよ。男は女の暮らしの流儀に合わせるから。でも、女同士はね、漬物の切り方でいさかうものよ」

一緒に暮らそうと考えていた友人たちが、いずれ劣らぬ強烈な個性の持ち主だったので、わたしはこのプロジェクトを早々に断念した。ここまでは笑い話である。

実際に元看護師同士が退職後、隣接した住まいを求めて助け合いの生活を実現したという話も聞いたし、伊豆に「友だち村」を建設した駒尺喜美や、「ｃｏｃｏ湘南台」を設立した西條節子のように、働き続けてきたシングル女性の高齢期のためのグループリビングを実現したひとたちもいる。同じマンションに親しい七人の女性が適度な距離を置きながら助け合って暮らす「ｃｏｃｏセブン」の試みもある。だがスタート時には元気だった人たちも、必ず老いる。グループリビングは創設者の世代がいなくなって入居者が入れ替わると人間関係も変化するし、「ｃｏｃｏセブン」は退去者が出て「ｃｏｃｏファイブ」になった。親しい者たちでつくりあげたコミューンのなかから一人去り、二人去りした後、最後に残された者はどうするのだろう、と気にかかる。

「ノラの方舟」は、もちろん「ノアの方舟」のパロディ、人数限定で自分たちだけを救済するためのもの。船端に手をかけてきたあなたには悪いけど、振り落とすわね、全員は救えないから……という意味もあった。だが日本に介護保険法ができたおかげで、民間の共助を考えなくてもすむようになった。ほんとうはフリーダンだって、それができれば住みなれた家でのひとり暮らしを選びたいと思っていたにちがいない。彼女は米国退職者協会会長のホレイス・ディーツの発言、「身体障害のある高齢者でも彼らに適した住宅を提供すれば、施設に入らずに住み慣れた自宅で暮らし続けることができる」［Ibid.: 下 347］に言及する。ただしこの住宅に、訪問介護・訪問看護・訪問医療というサービスが伴えば。それを可能にしたのが日本の介護保険であることは誇ってよい。

フェミニズムの中のエイジズム批判

フリーダンの『老いの泉』が高齢者の否定的なイメージを肯定的なイメージに塗り替えようという意図のもとに書かれているのに対し、同じ時期にフリーダンより八歳年長のアメリカのレズビアン・フェミニスト、バーバラ・マクドナルド（1913–2000）はそれとは対照的なエイジズムへの告発をした。両者ともエイジズムに反発するが、そのしかたは一八〇度異なっている。フリーダンは「私たちはじゅうぶんに若い、年寄り扱いしないで」と抗議するのに対し、反対にマクドナルドは「私たちは老いて弱い、だからといって差別されるいわれはない」と主張する。

マクドナルドが七〇歳のときに盟友シンシア・リッチと共著で書いた『私の目を見て』［MacDonald & Rich 1983=1994］のなかの以下のスピーチを第1章で紹介したが、再び引用しよう。

「高齢女性に「あなたはほかの高齢女性とは違って、楽しいし、根性があって、生き生きしていますね」などと言うことが、その女性をほめていると思ってはいけません。もしその女性がそれをほめ言葉として受けとめるとしたら、あなた方は高齢女性を拒否することに手を貸したことになります。」

このロジックは性差別と共通している。「キミは知的で冷静で、他の感情的な女たちとは違うね」という男の言葉をほめ言葉として受け取ったら、あなたは「女は非合理で感情的な生きものである」というミソジニーに加担していることになるのだ［上野 2010/2018］。フリーダンのアンチ・エイジズムはその実、若さの価値を至上のものとするエイジズムそのものであるのに対し、マクドナルドのアンチ・エイジズムは、老い衰える加齢 ageing の現実をあるがままに受け容れよというものだ。

六五歳のマクドナルドは、ある日性暴力に反対する「夜を取り戻そう Take back the night」という女たちのデモ行進に参加することを決めた。身長一五〇センチ、アメリカ人にしては小柄で白髪の彼女は、誘導係の若い女性から「もしあなたがついていけないようなら、デモ隊の先頭にきたほうがよいと思います」と告げられ、「まるで何発ものボディブローをくらったみたいな」衝撃を受ける。「背が低く、白髪で、顔はしわだらけ」の自分は、他の女たちから見れば「やっかい者で、この場にふさわしくない」と思われているのだと。

「男の世界では私が女だからやっかい者だった。だが今、女の世界では六十五歳だからやっかい者になっている。ここにいるのはふさわしくないと言われているのだ」［MacDonald & Rich 1983=1994: 58-60］

と。そしてマクドナルドは女性運動のただなかにあるエイジズムを告発する。それは「女性組織全体への批判［…］長年にわたり高齢女性を無視してきたこと、そして、セクシズム（性差別）やレイシズム（人種差別）を根絶させるために活動してきたその熱意で私たちのエイジズムを認識し、その問題に取り組もうとしないことへの批判」［Ibid.: 118］だった。

DVでは女は男の腕力に立ち向かえない。レイプでも女は男の暴力に抵抗できない。女は弱い。だが、だからといって差別される謂《いわ》れはない。女が夜道を恐れる理由はない。女は夜道を歩く権利がある。男の暴力こそ問われなければならない。

弱者だからこそ参加しようとしたデモ行進から、さらなる弱者としてマクドナルドは排除されそうになる。六五歳になった今、わたしはかつてよりさらに弱者になった。だが、それのどこが悪いのか？　そして「第二波女性運動の女性たちの心に根ざしているこうしたエイジズム」は、「強くあるべし」という「男の価値観にどれくらい深く影響されているかを示す」と指摘するのを忘れない［Ibid.: 70］。

一九八二年にマクドナルドは、「女性運動への公開状」を書いて、女性運動にレズビアンと高齢女性を「目に見える存在」にするよう要求する。とりわけ高齢のレズビアン女性たちを。第二波フェミニズムの早い時期から、エイジズムとヘテロセクシズムとは、告発の対象となってきた。

だがフリーダンとマクドナルドとを単純に比較対照するのはフェアではない。マクドナルドは、高齢者は「七〇歳、八〇歳、九〇歳がどんなものか発見する過程」にあり、それを「挑戦」であり、「革命」であると言う。同じようにフリーダンも『老いの泉』のなかで第一八章を「老いは新たな冒険の季節」と題して、「老年期自体が未知の領域、冒険なのではないだろうか」〔Friedan 1993=1995：下 271〕と書く。

超高齢社会においては私たちの親や祖父母たちが経験したことのない未踏の領域に踏みこみつつある。「前例のない老年期という未知の領域に直面している男女」〔Ibid.：下 332〕には、先立つ役割モデルが存在しない。ひとりやふたりではなく、大量の人口現象として多くのひとびとが確実にそして着実に老化を経験する。それを避ける手段は早逝しかない。しかし、かんたんに死なない、死ねない社会では、どうやって生き切るかを考えるほかないのだ。

世代をつなぐ

フリーダンは最終章に「ジェネラティヴィティ generativity」という用語を置いている。訳者を悩ませたにちがいないこの用語を、邦訳者たちは「生殖性」と訳している。generativity は genesis（生成）とつながり、generation（世代）を生む。「生成すること（生まれいづること）」、意訳して「世代をつなぐ」と訳したらよいだろうか。

フリーダンは初期のフェミニズムが自立や自己実現ばかりを目標としていたことをふりかえって、「他人への思いやり」や「新たな親密さやかかわり」「配偶者や家族、そして家族以外の友人との絆」などにもっと価値を見出すべきではなかっただろうかと自問する。

『プレイボーイ』誌の創設者であるヒュー・ヘフナーが六〇歳直前に脳卒中に襲われた時のエピソー

ドを、フリーダンは紹介する。ヘフナーはそれを「幸運の脳卒中」と呼んだ。

「病に倒れたのは、人生の重荷をおろしてもよいという合図だと思うことにした。〔…〕他人の期待に応じ続けようとするのは、〔…〕自分の生き方が限定されてしまう。大切なことは生きることであり、自分の本当の人生を支えてくれる人との結びつきなのだ。」〔Ibid.: 下 337〕

彼自身が「そこにいたるまでには長い時間がかかった」と言うように、それに気がつくのがヘフナーのように脳卒中の後であるというのは、遅すぎるというべきだろうか。それともまだ間に合う、と思うべきだろうか？

アンチ・アンチエイジングの思想

アンチ・エイジズムとアンチ・アンチエイジングの思想とはどう違うか？

セクシズム（性差別）に加えてエイジズム（年齢差別）という概念が登場したが、セクシズムと同じくエイジズムは差別の一種であり、人権侵害として許されない。だがアンチ・セクシズムと同様、アンチ・エイジズムもふたつの方向をとる。アンチ・セクシズムは「女も男と変わらない、男にできることはすべてできる」（その上、男にできない出産までできる）という方向と、「女は男と違う、同じようにはできない、だからといって差別される理由はない」というふたつの方向に引き裂かれた。Women can do it all. という「男並みの平等」と、「違っていても平等」の両極、「男と同じである権利」と「男と違っている権利」の両極と言い換えてもよい。最近の用語でいえば、平等 equality と衡平

equity の違い、と言ってもよいだろうか。

念のため付け加えておくと、「違っていても差別されない権利」は「差異あり平等 different but equal」とは違う。「差異あり平等」は、男と女は本質的に違う、したがって男には男らしい社会参加、女には女らしい社会参加があって、いずれにも同等の価値があるとするものだ。この「差異あり平等」は男女平等を保守派が受け容れるための条件であり、彼らは家庭科の男女共修に反対してきた。日本政府の行政用語である「男女共同参画」にも、保守派の「差異あり平等」説におもねるニュアンスがある。保守派は「男らしさ」「女らしさ」に固執する。「女の領域」を価値あるものと評価しながら、女の領域には決して入ってこようとしないのだから、彼らが女性領域を低く見ているのは明らかだろう。

アンチ・エイジズムもふたつの方向をとる。ひとつは「まだまだ若い」「年寄り扱いするな」という高齢者のイメージをポジティブに更新するアンチ・エイジズムであり、後者は「老い衰えて弱くなった」「それの何が悪い」という弱さを受容するアンチ・エイジズムである。前者は若さと生産性の価値を疑わないことによって高齢者に自己否定感をもたらす。高齢者が「年寄り」扱いされることに拒否感や抵抗感を持つのはそのためである。

エイジズムとそれに対抗するアンチ・エイジズムとは、ようやく人口に膾炙してきた。最近ではアシュトン・アップルホワイトの翻訳書『エイジズムを乗り越える――自分と人を年齢で差別しないために』〔Applewhite 2016=2023〕が話題を呼んだ。著者の来日に当たって対談を要請されたが断った。アップルホワイトの立場は、先述のふたつの極を揺れ動いていた。

彼女はエイジズムを年齢による「差別とステレオタイプ化」と定義する。それは文化による「他者化」にほかならないが、人種差別や性差別との決定的な違いは、この「他者」に自分自身がなる、ということだ。だからこそ、変えなければならないのは、自分ではなく文化と社会だ、ということになる。そこまではよい。

彼女がＴＥＤに登場したスピーチを聴いた。(8) 潑剌とした足取りで登場したアップルホワイトは、高齢者へのステレオタイプにつきまとう「ネガティブ・イメージ」を払拭せよと呼びかけて満場の聴衆の拍手を浴びた。高齢者が好奇心を失わず、前向きに生き、死ぬまで成長を続ける（ことに価値がある）というこの高齢者観こそ、エイジズムと呼ぶべきではないのか。

高齢者がフレイル期間を他者の助けを得ながらも生きながらえることができるようになったのは、くりかえすが、栄養水準、衛生水準、医療水準、介護水準の高まり、すなわち文明社会のたまものである。過去の人々が希求してやまなかったものを手に入れたことを、なぜ、わたしたちは寿ぐことができないのだろう。わたしたちに必要なのは、生かしてもらえる命を最後まで生き切る思想ではないのか。

ひとは依存的な存在として生まれ、依存的な存在として死んでいく。それなら「老い」に抗うアンチエイジングの自己否定的な試みよりは、老いを受容するアンチ・アンチエイジングの思想が、今ほど必要とされている時代はないのではないだろうか。

（1）三浦訳は抄訳であり、これまでフリーダンの本書には全訳がなかった。底本は一九六三年の初版から五〇周年を記念して出版されたものであり、訳書には初版本文の全文に加えて、一九七四年版に付された「序論　一〇周年記念版によせて」と「エピローグ」、一九九七年版に付された「メタモルフォーゼ　二世代の後に」が含まれている。荻野による訳者解説も周到で役に立つ。

（2）本書は刊行前から確実に売れることを予期して日本語版版権取得に出版社が意欲的であり、刊行後期間をおかずに翻訳が出版された。フリーダンの世界的名声がこの時までに確立していたことを思わせる。

（3）The problem that has no name は、短縮して unnamed problem とも呼ばれる。

（4）ライフステージ論では子どもが成人して他出した後の夫婦ふたりの世帯を「空の巣」と名づけている。

（5）円地文子は『朱をうばうもの』［円地 1966］で子宮筋腫の手術で子宮摘出を受けた妻を、「もう女でなくなった」と忌避する夫の姿を描いた。

（6）特別養護老人施設のような集団処遇の高齢者施設を指すものと思われる。

（7）Sun City のような高齢者コミュニティを指すものと思われる。

（8）Applewhite, Ashton, Let's End Ageism, TED Talk 2017, Vncouver, April 2017. https://www.ted.com/talks/ashton_applewhite_let_s_end_ageism?subtitle=en

第12章　三つの死

三つの死

ボーヴォワールは感情をかきたてられる身近な人の死を、生涯で三回経験した。一度目は『離れがたき二人』[1]〔Beauvoir 2020=2021〕で少女時代を共に過ごした親友、ザザの死。だが二一歳の若さで迎えたザザの死は、老いとは無縁である。二度目の死は七八歳で逝った母の死。必ずしもよかったとはいえない母娘関係のもとで、長女としての責任を果たすボーヴォワールの姿が浮かぶ。三度目の決定的な死は、生涯の伴侶、七四歳で死んだサルトルの死である。

一九六三年にボーヴォワール五五歳のときに経験した母の死は、彼女にとって初めての老いの果ての死だったことだろう。その後、サルトルの老いと死に、彼女は長期にわたって同伴した。本章では、このふたつの死からボーヴォワールが何を経験したかを見ていこう。

母と娘の確執

『おだやかな死』〔Beauvoir 1964=1995〕は母を見送ったボーヴォワールの経験を書いた書物である。母に「シモーヌは、こわいよ」と言わせた長女は、虚栄心が強く「ひとにちやほやされるのが嬉しく、それに対して、媚態をもって答え」〔Ibid.: 51〕、娘二人を「完全に掌中に握っていたい」と願った「所有慾が強く、支配慾の強い」〔Ibid.: 52〕母を、辛辣な目で見ていた。地方出身でパリの洗練された女たちのあいだでひけめを感じながら、ブルジョワ的な嗜好をふりまくこの母を、シモーヌことボーヴォワールは明らかに好きではなかった。彼女を美貌で妻に選んだ夫は女好きで、パリの社交界の女たちのなかには夫の愛人もいた。ふたりの娘のうち、母の美貌は姉ではなく妹のプーペットことエレーヌの方に受け継がれ、姉のシモーヌはつねに「おまえは美しくないから勉強しなさい」と母から言われて育った。美しい娘には男に選ばれて生きる道があるが、美しくない娘にはその選択肢がないからである。

彼女は「私の青春時代を抑圧した」この女性に敵意を持っていた。母はこの聡明な娘をついに理解しなかったが、なぜなら「母はかつて何ごともわかったことがないから」と説明するほどに辛辣な娘は、こう言いさえする。「どうして〔母に：引用者注〕私を理解しようと企てることができたろうか？自分自身の心の中を読むことさえ避けていた母に？」〔Ibid.: 98〕

その母が、がんになった。当時のがんは怖ろしい死病でそれを患者本人に告げるのはためらわれた。患者は「死にたくない」と叫び、家族は共犯的な沈黙で、真実に直面することを避ける。母は「肉体の真実」が自分を圧倒しているときにさえ、現実に直面することを避け、家族は神父の訪れを不吉な徴候であるかのように押し戻す。「信仰厚い」はずの母は、神父に来てほしいとは最期まで言わなかった。

母は入院中に他人の手で介護されることに慣れ、羞恥心を失っていた。たとえばこうである。

「マッサージ師は寝台に近づき、毛布をはねのけ、母の左脚をつかんだ。寝巻の前がひらけ、母は平気で、小さな皺が一面にきざまれたしなびた下腹を人目にさらした。毛の抜けてしまった恥部。「ちっとも恥ずかしいという気持ちがないよ、私は」と、母は驚いたような様子で言った。「それでいいのよ、お母さん」と、私も言った。しかし、私は目をそらし、庭を眺めることに専心した。母のセックスを見る。そのことは私に衝撃を与えた。〔…〕それでも、自分の不快感の激しさに私は驚いた。母が平気でひとに見せることに同意したという事実が一層それを激化させた。母は生涯彼女を抑圧した各種の禁止事項や守則を断念していた。」〔Ibid.: 23-4〕

それどころか、「母はひとから身の廻りの世話をして貰う楽しさを、手厚く扱われ、着飾らせて貰う楽しさを、発見」〔Ibid.: 29〕しさえしていた。

「肉体の快楽をとりあげられ、虚栄心の満足を妨げられ、いやな屈辱的な仕事を背負わされたこの強情で誇り高い女性は、あきらめの才をめぐまれてはいなかった」〔Ibid.: 51〕と容赦のない観察を寄せるこの娘は、だが、母の老いと死に、自分の予想を超える衝撃を味わう。なぜなら娘にとって「母はいつまでも存在するひとであり、いつの日にか、いや近いうちに、母親が姿を消すのを見ることになるなどとは一度も真剣に考えたことがな」い存在だったからである。「母の終焉は、母の誕生同様、神話的な時の中に位置していた。私が、年に不足はない、と自分に言いきかせた時、それは、内容のない言葉だった。」〔Ibid.: 24〕

この娘は母に対してと同様、自分自身に対しても辛辣だった。

病床の母はいったん危篤になり、蘇生した。それをボーヴォワールは正直にこう書く。「私の望んでいたことが実現した。母の息が絶えたのである。私は周章狼狽した。頓服が母を蘇生させた。」〔Ibid.: 110〕

その後四週間の「執行猶予の期間」は娘たちを救った。

「私たちはこの執行猶予の期間から確かな利益をひき出した。それは私たちを救ってくれた――もしくは殆ど救ってくれた――悔恨に悩まされることから。〔…〕私たちが母のためにさいたこの四週間の生活によってそれをつぐなったような気がした。」〔Ibid.: 119-20〕

言っておくが、だから親は突然死しない方がよい。子どもたちに悔恨を残さないために。だが、この「四週間」が「四ヶ月」「四年間」に引き延ばされたら、子どもたちはどう思うだろうか……。

母の最期の四週間に、この娘はあの「〔危篤の：引用者注〕水曜朝に母が亡くなっていたら私が永久に経験することのなかったであろう数々の悲しみ、悪夢、映像」〔Ibid.: 139〕を経験する。その過程で彼女は「十七歳の時の「大好きな母さん」と私の青春時代を抑圧した敵意を持つ女性との区別がなくなる。老母の死を悲しみながら私はこのふたりのために涙を流したのである。」〔Ibid.: 152〕

母に敵意を感じこそすれ、愛情を感じることのできなかった娘は、「母の手を握っている時でも、私は母とともにいなかった」と告白する。にもかかわらず、母の死によって、予想を超える衝撃を受ける。

「母の死がなぜこれほど強く私をゆさぶったのか?」〔Ibid.: 151〕

彼女は書く。

「私の絶望は私の制御を逸脱した。私の中で私とちがう誰かが泣いている。〔…〕母の死の孤独、母の生の孤独——口に出して言おうとしない孤独感。」〔Ibid.: 148〕

母は「ひとりにしないでおくれ」と訴え、娘たちは「母のそばにつきっきりだった。そして、私たちは根元的に母からへだてられていたのである。」〔Ibid.: 148〕その理由は死という誰もが避けられない「万人に共通のこの冒険を、各人が単独で生き」なければならないからである。

死にゆく者の絶対的な孤独。わたしは父の死の床に侍った時間を思い出す。彼は絶望した末期がんの患者だった。わたしは彼のすぐ傍にいながら、お父さん、死んでいくのはあなたであって、わたしではない。わたしはあなたではない……と、そのあいだに深い断絶があることを感じたのだ。たとえ手を握っていても、からだをなでさすっていても、決して近づけない深淵がそこにはあった。

「おだやかな死」?

臨終にシモーヌは立ち会わず、妹のプーペットが立ち会った。最期に母は「息がつまる」と叫び、口も目も大きくみひらいて絶命した。それを看取った妹はこう言った。

「先生たちは、病人がろうそくのように燃えつきて消えるといったけど、そんなことない。全然そうじゃないわ」［Ibid.: 130-1］とむせび泣いた。

そこに附添婦がおおいかぶせるように告げる。

「いいえ、奥様、そうですよ。確かに大変おだやかな御最後でしたよ。」［Ibid.: 131］

本書のタイトル「おだやかな死」はここから来ている。原題の une mort très douce は、「あまやかな死」とすら訳せる。だが、それを著者が少しも信じていないことは明白である。病人は「死にたくない」と叫び、死に抗い続けた。

「事実、比較的に言って、母の死はおだやかだった」［Ibid.: 140］とボーヴォワールは書く。それにかぶせるように「母はいともおだやかな死を通過した。めぐまれたものの死を。」［Ibid.: 141］と言う。この皮肉に満ちた言い方を、彼女自身が信じていないことはあきらかである。死に「相対」はない。どんな死も「絶対」である。彼女は臨終に立ち会っていない。妹の証言を聞いたのに、彼女は附添婦の一言を受け容れて、附添婦が見てきたであろう多くの死のひとつに、母の死を還元する。そして病院のベッドで手厚い看病を受け、娘ふたりにかしずかれ、附添婦のついた母の「相対的にめぐまれた」死を、客観的に認知する。だが、死の体験は、死にゆく母にとっても死なれる娘にとっても、「相対的」でも「客観的」でもない。

死は究極の不条理である。ボーヴォワールは本書の最後のパラグラフにこう書く。

「ひとはすべて死すべきもの。しかし、ひとりひとりの人間にとって、その死は事故である。たとえ、彼がそれを知り、それに同意を与えていても、それは不当な暴力である。」〔Ibid.: 157〕

母は自分の死に同意していなかった。ボーヴォワールもまた、母の死に同意していないことは、この最後の数行から明らかだろう。

死は近代人にとってつねに予期せぬ中断として訪れる……『死にがいの喪失』〔井上 1973〕を先駆的に論じた犀利な社会学者、井上俊は、近代人の死は「事故死」でしかないと言う。生のみを肯定し、死を拒否する社会では、そうであろう。ましてやがん死は、呪いのようにある日ふりかかる不条理の極みだろう。

だが、がんもまた加齢に伴う慢性疾患の一種であり、完全な予防も治癒もない「症候」の一種だとわかった今日、もしボーヴォワール自身ががんを告知されたとしたら、彼女はどうふるまっただろうか。

サルトルとの別れ

『別れの儀式』(2)〔Beauvoir 1981=1983〕は一九七〇年から一九八〇年までの一〇年間にわたるサルトルの最晩年に伴走したボーヴォワールの記録である。失明し、滑舌もはっきりしなくなり、聴き取りもむずかしくなり、見当違いのことを口走るようになった晩年のサルトルの老残の姿を、あまりに赤裸々に描いたので、彼女はサルトル・ファンから抗議を受けたほどだ。それまでの人生においてもふつごうな真実に直面してきたこの女性は、サルトルの老いの現実から目をそむけることはなかった。

サルトルは舌が痛んで話しにくくなり、尿失禁をし、歩行困難になり、よろめき、たびたび転倒した。糖尿病があり、脳の循環障害と血管狭窄を伴い、血圧も高く、しばしば発作を起こして麻痺が残った。記憶力がおとろえ、時々錯乱状態になり、辻褄の合わないことを言った。入れ歯を入れなければならなくなり、視力を半ば失った。アルコールを禁止されていたにもかかわらず、親しい女友だちにこっそりアルコールを持ちこませて、飲み続けた。喫煙もやめなかった。そのあいだにもたくさんの旅行をし、政治活動に加わり、発言を続けた。最後の著作『家の馬鹿息子』〔Sartre 1971-72=1982-2021〕を書きついだ。晩年にピエール・ヴィクトール(3)という若者に取り入られ、意に沿わない発言をして、『レ・タン・モデルヌ』誌に拠る古くからの友人たちの信用を失った。

四方田犬彦がサルトルの晩年について辛辣な発言をしている。

「自分は死後に忘れ去られるであろうという強迫観念から、彼は自由になることができなかった。一九八〇年、ほとんど無名のイデオローグの青年に押しまくられた形で、みずからの思想を過度に単純化した談話を雑誌に連載。焦燥感に駆られた感のあるその内容には、盟友ボーヴォアールをはじめ、生涯の論敵であったレイモン・アロンまでが心配になって疑義を発した。知力も気力もひどく衰退したところを「弟子」を自称する青年に付け込まれ、いいなりに操作されている老哲学者の言辞に、耐えがたいものを見てとったためである。サルトルは談話を発表してひと月後、肺水腫のために七十四歳で死を迎えた。彼は最後まで、自分の死後の名声を気にしてばかりいた。」〔四方田 2023: 136〕

『文學界』誌上の、四方田の連載のタイトルは「零落の賦」という皮肉なものである。

だが、他方で彼はつねに好奇心を失わず、若い女性たちと「生きる喜び」を味わったとも、ボーヴォワールは証言する。晩年のサルトルを囲んだ女性たちの中には、ボーヴォワールだけでなく、ボーヴォワールの養女シルヴィー、サルトルの養女アルレット[4]、古い女友だちヴァンダやレーナ、ヨガの先生のリリアーヌがおり、それに「最近彼が知りあった、ローマ在住の若いアメリカ女性」などがいた。

サルトルと最晩年の時間を過ごした女性のひとりに、フランソワーズ・サガンがいる。サガンの回想録には「サルトルへの愛の手紙」という章がある〔Sagan 1984=1995〕。そこに登場する晩年のサルトルは、いくたの名声に囲まれながら、孤独な老人だ。その孤独をわかり合えるのは自分だけだという、ひそかな自負がサガンの文章からは洩れる。名声の絶頂にあって交通事故で大けがをし、その回復の過程で麻薬中毒になったサガンの孤独と、サルトルの孤独には、響き合うものがあったのかもしれない。

一九七一年の十二月一日、六六歳のサルトルは、ボーヴォワールに突然こう言う。「ぼくは健康の元手を使い果たしてしまった。七十歳は越せないだろう。」〔Beauvoir 1981=1983〕だが年が明けてから「多分ぼくらはまだまだ長生きするよ」と前言を翻し、さらに「ああ！　ぼくは十年先にもちゃんとこの世にいるつもりだ」〔Ibid.: 33〕と、明るい声で言う。

七四年には六八歳のサルトルは自分を「生ける屍」と形容した。なぜなら彼にとっては仕事がすべてだったからだ。失明への恐怖と不安が彼を支配していた。その不安は察するに余りある。わたしたちのように読むと書くのがしごとの、いや、生きることの基本である者たちにとって、視力を失う以上の恐怖はない。最近では音声出入力の情報処理ソフトが登場したが、そしてボーヴォワールはサルトルにテキストの朗読をしたが、彼女自身は「私は自分の眼で読み取らないテキストを判断することはできない」［Ibid.: 149］と言う。

七三年のある日、彼は彼女に「胸のはり裂ける思い」をさせる。彼は自分の書斎を眺めて、「ぼくはもう好きではなくなった」と言う。なぜなら「ここはぼくがもう仕事をしなくなった場所」になったから、と。［Ibid.: 82］

「彼は生きることを愛し、熱愛していたとさえ言えるのだが、ただし、仕事ができる限りにおいて、なのだ。」［Ibid.: 129］その彼が、「ぼくの文筆活動は終った」［Ibid.: 124］と言わなければならなくなった。

知識人の失明でわたしがいつも思い出すのは梅棹忠夫である。人類学者の梅棹は、訪問先の中国で感染したと思われるウイルス性の視神経疾患で一夜にして視力を失う。六五歳、彼が精魂を傾けて設立した国立民族学博物館の館長現職の時である。失明後に彼が書いた『夜はまだあけぬか』［梅棹 1989］はその率直なタイトルも含めて、わたしたち読む者の胸を打つ。彼はその後、伴侶である妻に手を引かれてあらゆるところへ出かけ、慰みのためにピアノを弾くようになった。それだけでなく、驚くべき精力で口述の著作を次々とものし、『梅棹忠夫著作集』全二三巻を出した。失明前・失明後をくらべると、後の方の著作の数が多いとすら思える。失明がもたらした彼の焦迫が、並外れたしごとへのエネルギーを彼にもたらしたとすれば、それもひとつの奇貨かもしれない。だが、彼の心中にある失意や絶望を、誰が知るだろうか？

サルトルは忍耐強い病人だった。ボーヴォワールは書く。

「彼の機嫌のよさ、辛抱強さ、重荷になるまいとする心づかいに、舌を巻いていた。一度として彼は目がよく見えないことをこぼさなかった。」〔Beauvoir 1981=1983: 72〕

ボーヴォワールの観察はこうである。

「誇り、叡智、周囲への配慮が、サルトルに、自分の心の底でさえも、弱音を吐くことを禁じていたのである。」〔Ibid.: 95〕

生きる喜び

サルトルは生きることを愛した。

七五年に「ニューズウィーク」でのインタビューに答えて、こう言った。

「現在あなたの生活でもっとも大切なことは何ですか?」〔…〕

「すべてだな。生きること。」〔Ibid.: 115〕

そして「いろんな人の世話になること」をどう思うかとリリアーヌに訊かれて、「ちょっと楽しい面さえあるよ」と言い、「みんながぼくを愛してくれる、と感じるから?」〔Ibid.: 115〕という彼女の誘導に同意を与えている。そしてボーヴォワールに「いまだかつて、これほど大勢の女性に取巻かれたことはないなあ!」〔Ibid.: 133〕と、「嬉しそうな声」で言った。さらに「無邪気な得意顔」で、「ぼくは未だかつてこれほど女にもてたことはない」とも言った。〔Ibid.: 136〕

一九七五年の初めには、ボーヴォワールに「願いごとは何か」と訊かれて、「長生きすること」と答えた。

「サルトルはちっとも死にたがってなどいなかった。」〔Ibid.: 125〕

もし安楽死法がフランスにあったとしたら……サルトルは選ばなかっただろうし、支持もしなかっただろう。がんで苦しんだ母に対して、ボーヴォワールは一時は「私が殺してあげる」とさえ思った。だが病人は死にたがっていなかったし、母の死が引き延ばされたことで、娘たちは救われた。ボーヴォワールもまた安楽死に賛成しなかった、とわたしは信じる。どんな状態であれ、彼らは生きることを愛していたからだ。そして「生きる喜び」を創り出すのは、周囲の他者との関係だった。

「さよなら」を告げる

一九八〇年四月一五日、サルトルは病院のベッドの上で永眠した。その前からすでに昏睡状態に陥っていた。ベッドの上で、ひどい床ずれから壊疽《えそ》を起こしていた[5]。

死の二日前、彼が彼女の「手首を握って言った」ことばを、ボーヴォワールは書き留めている。

「大好きだ、ぼくのカストール mon petit Castor」

「カストール」とはフランス語でビーバーの意味、出会った頃のボーヴォワールにサルトルがつけたあだ名である。それが彼女へ向けた彼の最後のことばだった。

その後の悲嘆を、彼女は書かない。だがボーヴォワールの悲しみに寄り添ったランズマンによれば、彼女の悲しみは尋常のものでなく、モンパルナスの墓地にサルトルを埋葬するときに、同じ穴のなかに倒れこまんばかりだったと証言する〔Lanzmann 2009=2016: 下 297〕。

おそろしく抑制された筆致で、ボーヴォワールはこう書く。

「サルトルは、すべての死者がそうであるように静かで、大部分の死者がそうであるように無表情だった。」〔Beauvoir 1981=1983: 156〕

そしてこの無神論者は、あの世での再会に希望を託さない。

「彼の死は私たちを引離す。私の死は私たちを再び結びつけはしないだろう。そういうものだ。私たち二人の生が、こんなにも長い間共鳴し合えたこと、それだけですでにすばらしいことなのだ。」〔Ibid.: 157〕

『別れの儀式』の原題は La cérémonie des adieux である。一〇年にわたるサルトルの老いと死への伴走は、ゆっくりと別れを告げるための「儀式」であっただろう。フランス語には、もうひとつ、別れを告げる au revoir ということばがある。ボーヴォワールは「再会」を意味するこのことばを使わず、きっぱり adieu と言う。いつか死がわたしたちを隔てる時、わたしたちは二度と相まみえることのない「さよなら」を言うのだ。

そう言って、彼女は「これは私の本のなかで、印刷される前にあなたが読まなかった最初の――おそらく唯一の――本」〔Ibid.: 9〕である本書を閉じる。

そしてそのとおりになった。(6)

一人称の死

人はいつも二人称の死を死ぬほかない。死者は自分の死の経験を語ることができない。ボーヴォワールは自分自身の死を語らなかった。代わってボーヴォワールの死の床に寄り添ったランズマンが彼女の死を記録した。

サルトルが没した「一九八〇年から〔ボーヴォワールが没する前年の〕一九八五年までの五年間は、サルトルの死がもたらした深い悲しみに覆われた年月でもあった。カストール〔ボーヴォワールのニックネーム〕の嘆きは激しく、人目もはばからぬほどだった。」［Lanzmann 2009=2016: 下 297］

ランズマンは書く。

「私は彼女の生涯の最後の数年間をできるかぎりその近くにいて過ごした。［…］一九八六年の彼女の死に先立つこの何年かを、私はほとんど幸福な時期の記憶として思い起こしている。」［Ibid.: 下 298］

一九八六年、ボーヴォワールは「コシャン病院に緊急搬送させられ、集中蘇生治療室に入り、そこで死を迎えた。」七八歳だった。「彼女の肉体はすでに衰弱し、その生命は辛うじて人工的に維持されているだけだった。チューブにつながれた彼女は話すことも、頭を動かすことすらもできず、ただ傍らに腰掛けてその手を握ってやることが私にできる精一杯のことだった。太いパイプが口から挿入され、彼女の眼だけが生きていたが、視線は固定したままだった。」［Ibid.: 下 299］

ランズマンの映画『ショアー』が公開されたのは八五年。八〇年から八五年の間、彼は『ショアー』完成のために尽力し、その話をボーヴォワールに語って聞かせた。公開後『ショアー』は、とくにユダヤ人の勢力の強いアメリカで「一大現象」になっており、ランズマンには招請が殺到した。彼は「パリを離れることができない理由を知らせ、すべて断る」ことにしていた。そのうちの一つ、反ユダヤ主義に対抗する組織であるブナイ・ブリスからの「リバティー賞」授与だけは断れなかった。「カストールを長時間放っておくわけにはいかないので、私はパリ－ロサンゼルスの直行便をとり、到着後すぐに式典に出席し、機中で書き上げたスピーチを読み、翌朝には出発するというスケジュールを立てた。」〔Ibid.: 下 299〕

医者は「あなたがもどるまでは大丈夫です」と言ったのに、ロサンゼルス空港で彼を迎えたのはボーヴォワールの訃報だった。

「私は悲嘆に暮れた。後悔の念を押し隠し、彼女の死を胸に秘めて盛大な宴席に出席した。」〔Ibid.: 下 299〕と彼は書く。パリにとんぼ返りした彼は霊安室で彼女に再会し、ただちに葬儀の準備にかからなければならなかった。

記述を読めば、ボーヴォワールが集中治療室で延命治療を受けたことが想像できる。ランズマンはチューブだらけの彼女を見て、「彼女が死ぬためにはチューブを外すだけでよかった」〔Ibid.: 下 299〕と書くが、そうしなかった。彼女自身の意思はどうだっただろうか。本人に聞かない限りわからない。だが、サルトルの老残の姿をあそこまで冷徹に見据えたボーヴォワールなら、命の限りを生きる自分の最期も誰かに見届けてほしいと思ったことだろう。ランズマンはその役割を果たした。

（1）　少女時代の友情を描いたこの作品は、執筆後六六年経って、ボーヴォワールの死後三四年目に、ボーヴォワールの養女のあとがきを加えて刊行された。ザザのモデルとなったエリザベット・ラコワンとボーヴォワールは女学校時代に出会い、共に家父長的なブルジョワ家族に反抗したが、ザザは二一歳の若さで病没した。表紙にはふたりの写真が使われている。
（2）『別れの儀式』の日本語版には、一九七四年に記録されたサルトルとボーヴォワールとのあいだの長い対話が収録されている。
（3）　本名はベニ・レヴィ、ユダヤ系のエジプト人で帰化フランス人。
（4）　ボーヴォワールにもサルトルにもそれぞれ養女がいる。サルトルは「息子を持ちたい」とはまったく思ったことがないと答えている。
（5）　今日の介護水準からは考えられないことだ。大田仁史医師は、「遺体は介護の通信簿」という。床ずれは頻回の体位交換などの手厚い介護を受けていないことの証拠である。
（6）　八六年にボーヴォワール自身が七八歳で死去した後には、サルトルへの手紙、戦中日記、ジャック＝ローラン・ボストとの往復書簡、ネルソン・オルグレンへの書簡などが刊行されているが、いずれも過去に書かれたものである。

第13章 「死の自己決定」はあるか

死の自己決定

自己決定の権利を言うとかならず言われるのが「死の自己決定」である。『当事者主権』〔中西・上野 2003/ 増補新板 2024〕の共著者でもあるわたしは、読者から当事者の自己決定権を唱えるあなたが、死の自己決定権を言わないのは、それどころか死の自己決定権に反対するのは、矛盾ではないか、としばしば迫られた。ボーヴォワールは安楽死について論じていない。共同体が遺棄、殺害に至る高齢者についてては言及がある。なぜならば死とは家族のもの、共同体のものだったからだ。

三六歳で夭折した文化人類学者の服部洋一〔服部洋一遺稿刊行委員会編 2018〕はアメリカのホスピス研究を通じて、「自分らしい死」とはつまるところ死の個人化、ミもフタもなく言い換えれば死の脱家族化、脱共同体化だと断言する。死を受け止める家族も共同体もなくなったからこそ、「自分らしい死」が登場する。それまでは死は死者のものではなかった。

前近代社会では、死にゆく人は自分の死に方を問われることなどなかった。死にゆく人は習俗のままに取り扱われ、習俗にしたがって葬送された。「ばあちゃん、どうしたいんか？」「そんなこと、おまえらが考えろ」ですんだ。だが「自分らしい死」が言われるようになってから「死の自己決定」が登場した。「自分らしい」という日本語は辞書にはない。「自分らしい」とは死の個人化、裏返せば死の脱家族化、脱共同体化にほかならない。「終活」と称して、自分の死に方、死後の後始末まで他人任せにできない時代が到来したのである。

「死の自己決定」などと流行りのことばを使わなくとも、キリスト教徒やイスラム教徒でなければ、自殺の権利は誰にでもある。断食して死ぬこともできる。昔の上人は「穀断ち」して生きながらミイラになった。自己殺人罪というものはないから、自殺未遂をしても、犯罪者として逮捕されたりはしない。だが第三者による自殺幇助と嘱託殺人は犯罪である。

このところ安楽死（積極的自殺幇助と消極的自殺幇助）を法制化する動きが各国で進行している。死の自己決定を保証するものにＡＤ（Advance Decision 事前指示書）がある。日本尊厳死協会が、会員の事前指示書を預かっている。日本尊厳死協会の前身が、医師太田典礼を創設者とする日本安楽死協会であることは周知の事実である。安楽死はナチス・ドイツが障害者や精神病者に対して実施した。だがそれは国家による殺人であって、自己決定ではなかった。その後、積極的安楽死（医師の介入による嘱託殺人）と消極的安楽死（医師の介入による自殺幇助）とがオランダ、スイス、ニュージーランドなどで法制化されたが、日本の尊厳死協会は安楽死と尊厳死とを区別して、尊厳死とは延命治療行為を控えることを指すという。だが諸外国の安楽死法は、「尊厳ある死 death with dignity」という用語を使っており、安楽死と尊厳死との区別はない。事実外国人の依頼を受け容れるスイスの機関は、「ディグニタス（尊厳）」という名を持っている。

日本人の死因の上位三位ががん、心疾患、脳血管疾患と加齢に伴う完治しない病気になってから、「延命治療」とは何を指すことになっただろうか。放っておけば進行するがんの治療も、極言すれば延命治療である。

それを痛感させられたのが、二〇一八年公立福生病院での透析治療患者の延命拒否事件だった。長年にわたって透析をつづけてきたためにシャント（血管の入り口）がつぶれて使えなくなった患者を新たに受け容れた公立福生病院では、治療開始にあたって患者に治療継続の意思の自己決定を求めた。患者は治療再開を選ばず、予想通り一週間後に死の予兆が訪れた。苦しみのなかから患者は自己決定を翻そうとしたが、意思を伝える夫と連絡がつかず、患者はそのまま死亡した。四四歳だった。担当医師は、透析治療を広義の延命治療と解釈していた。つまり治療法のない病気に対するムダな延命措置であると。

週に三日、一日四―五時間にわたる人工透析の負担は大きい。だがそれを継続して何十年も重要な社会的活動をしている人物もいる。また呼吸機能を失ったALS患者でも、人工呼吸器をつけて二〇年以上生きた者もいる。数十年にわたって生命活動の延長が可能な医療行為を、「延命治療」とは呼ばない。

ADの大衆版がACPであろう。事前ケア計画（Advance Care Planning）の略称であるACPはそのままでは日本に普及しないだろうと、厚労省がニックネームを募集して「人生会議」というますますよくわからないものになった。ひとの生き死ににについて、本人、家族、医療・介護の関係者を交えてじゅうぶんなコミュニケーションをもとに意思決定することを言うのだとか。そのなかには臨終時の心肺蘇生措置の拒否のみならず、気管切開の是非や胃瘻《いろう》造設の可否の選択なども含まれる。それを文書化して合意しておくと聞いたとたんに、いや〜な感じがした。

ADとACPのちがいは自己決定か、共同意思決定 shared decision making かの違いである。「ばあちゃん、どうしたいんか？」と聞かれても「わからん」と答える年寄りに、共同決定の理念そのものはよい。ACPはいわば死のインフォームド・コンセントである。だが多くのインフォームド・コンセントがそうであるように、提示された情報のほとんどは当事者に届いておらず、そこには陰に陽に専門職の誘導がある。ACPは誰のためにあるか？　医療の専門職を免責するためにある点では、インフォームド・コンセントと同じである。

人生会議に当事者以外の家族・親族等のステークホルダーが関与すればどうなるか？　大きな声の主に意思決定はひきずられるだろう。家族に対する配慮や忖度もあるだろう。そこで自己主張するほど、日本の高齢者は、とりわけ女性の高齢者は権利意識が強くない。

名郷直樹医師はACPを「人生絶望会議」と呼ぶ。彼は「「人生会議」は容易に自己決定を装った強制の場に変貌する」［名郷 2023: 58］「非常に危険なものである」［Ibid.: 57］という認識が必要だと言う。

「人生会議」における同意は「非自発的同意」と呼ぶべきだとする。

もちろんACPは、何度でもくりかえしていいし、いつでもひるがえしてよい、と強調されている。だが文書にして署名を求めること自体が、そのハードルを高くする。そして、公立福生病院の例に見るように治療開始にあたってや施設入居に際して、書面で同意書を求めるケースもある。名郷医師の挙げる例では「訪問診療を提供する医療機関の中には、最期まで救急車を呼ばないという契約書にサインをもらったうえでないと訪問診療を開始しないところがある」[Ibid.: 59]という。

ACPは誰を救うか？　名郷医師によるACPの効果を検討したシステマティックレビューによれば、ACPは入院を抑制する効果はあるが、患者本人のケアの満足度を改善するというデータは少なくとも示されていない。ADについてのクラスターランダム化比較試験の結果は、「ADの作成は患者アウトカムに影響しない」というものだった。つまりADを書いても書かなくても結果に影響はないのだ。複数の調査のレビューから、名郷医師は「「人生会議」がよい結果をもたらすとはいい難い」、患者や家族、とりわけ患者本人に「いい影響を及ぼすというはっきりしたエビデンスはない」と結論する。ACPをめぐるいくつかの証言から推測するかぎり、ACPは本人より、家族と医療職の免責のために効果があると言ったほうがよい。

だが名郷医師はACPの背後にあるもっと重大な問題に注目する。ACPで提示される選択肢はなぜ「医療を受けない権利」ばかりで「医療を受ける権利」ではないのか、と[Ibid.: 55]。

与えられるのは「死の権利」ばかり

高齢者の自己決定はなぜだか「死ぬ権利」の方へとばかり誘導される。

二〇二二年早川千絵監督の『PLAN75』という問題作が話題となった。この映画は、二〇二五年のある日、TVのニュース番組からこんなアナウンスが流れるという設定で始まる。「七五歳以上の高齢者に「死を選ぶ権利」を認め、支援する制度、通称〈PLAN75〉が国会で可決されました」と。監督と『AERA』誌上で対談した際に、[1]編集者からゲラが戻ってきた。そこには「生死の権利が与えられる」とあった。わたしはたしかに「死の権利」と聞いた。「生死の権利」は記事を作成した編集者の無意識のバイアスであろう。実のところ、与えられるのは「死の権利」だけであって、「生の権利」ではない。

ドラマの最後、安楽死の施設から逃げだしてきた主人公、角谷ミチを演じる倍賞千恵子は、沈んでゆく夕陽に向かう。昇っていく朝日ではない。七八歳のミチは夫と死別したおひとりさま、子どもはいない設定になっている。ホテルの清掃員をやっていたが、それも高齢を理由に解雇される。生活保護を勧められるが「もう少しがんばってみる」と、申し出を拒む。住まいからも立ち退きを要求され、身希望を失ったミチは、〈PLAN75〉に申し込み、その担当者とつかのまの生の喜びを味わうが、身の廻りを整理して、施設へ向かう。そこから脱けだしたミチに、戻る場所はもはやどこにもない。彼女にとって「生きる権利」は少しも保証されていないのだ。映画は観客に「出口なし」の閉塞感を残して終わる。

実存主義がもっとも大切にした「自由」とは何か？　自由とは他に完全に代替可能な選択肢があるときにだけ、行使される。「生の権利」が選択可能でないのに「死の権利」だけが与えられるのは、「死の強制」と言い変えるべきだろう。事実、映画では「死の権利」からかろうじて逃れた女主人公は、高齢者に「生の権利」など何も保証されない索漠とした現実に取り残されたままだ。

若手のメディア文化人が、「高齢者は集団自決すべし」という発言をして炎上したが、[2]ネオリベラリズムと親和的なこの経済学者が、「自己決定」を促す表現をしたことは象徴的である。「集団自決」という言葉はただちに沖縄の人々に過去の悲劇を思い起こさせるセンシティブな言葉だから、それを知らずに使ったとしたら歴史に対する無知と想像力のなさを示したというほかないが、沖縄の「集団自決」にも、「強制された自発性」が含意されている。語義矛盾には違いないが、他の選択肢が示されなければ、自発性は事実、強制される。「自決」は「自決」であって、決して共同体による「処分」や「殺害」ではないが、強制されたものにはちがいない。

先述の名郷医師は、医師の積極的・消極的自殺幇助にあたる安楽死を「社会的に強制された死」と呼ぶ。そこでは「生きる価値のない生」を本人が自己決定していることになっているが、その自己決定ははたしてほんとうに自由な自己決定と言えるだろうか？

安楽死を求める人々は、「下の世話を他人に依存しなければならなくなったら」「認知症になってわけがわからなくなったら」生きる価値がない、と言う。だが、排泄介助を受けながら暮らしている重度の身体障害者はたくさんいるし、認知症になっても「わけがわからなくなる」わけではない。認知症になっても人格は損なわれないことを、多くの認知症当事者が証言している。日本尊厳死協会が推進する事前指示書や、ACPが奨励する「共同決定」は、事前に、すなわち「本人に自己決定能力があるうちに」書いたほうがよいと唱える。それなら「過去の自分」が「将来の自分」に対する意思決定権を行使することになるが、その「過去の自分」と「将来の自分」とのあいだに、同一性は保たれているのだろうか？

「過去の自分」とは何より健常者としての自分である。老い衰えることを忌避し、高齢者を「厄介者」「よけい者」と差別するエイジズムを内面化した自己である。現在の自己のエイジズムが将来の老いた自己を裁く。それは「自己決定」のように見えても、「社会的強制」ではないのか。

エイジズムの背後にあるのは、「生涯現役思想」こと効率と生産性優位の価値観である。男の老いと女の老いとを比べると、男性の方が老後に適応しにくいことは各種のデータが示している。とりわけ功成り名遂げた人々ほど、加齢を受け容れにくい。自分の人生のピークと老いの現実との落差が大きすぎるからだ。それに比べればもともと価値を低く見積もられてきた女性の方が、老いることに抵抗が少ないだろう。

だが女性の価値が男にとっての「性的魅力」の度合いで測られる社会では、女性のエイジング恐怖は大きいし、ためにアンチエイジング市場は大きな規模を持っている。今でも女性のタレントや俳優は自分の生年を書かないし、「ご婦人にお歳を訊くのは失礼だが……」という前振りを、礼儀正しいふるまいと思いこんでいる「紳士」もいる。老いても若々しいこと、年齢不詳であることを、女性の価値のように見なす考えはなくなっていない。ちなみに『ＰＬＡＮ75』における老女俳優としての倍賞千恵子の存在感は、圧倒的であった。解像度の高い大画面にちりめんジワが一面に拡がった容貌が映し出される。この先、高齢者のリアルを作品化する映像がたくさん登場すれば、老女俳優にも出番が増えることだろう。

ＡＬＳ嘱託殺人事件

女も男並みに生産性で測られる社会への参入をするようになれば、女の価値観もまたそれに同一化する。『安楽死で死なせて下さい』［橋田 2017］で物議をかもした脚本家の橋田壽賀子は、なぜそう思ったかという問いに答えて、「注文が来なくなったから」と簡明に答えた。「わたおに」こと「渡る世間は鬼ばかり」で人気作家になり、朝の連続ドラマ「おしん」で世界中に大ブレイクしたこのシナリオ作家は、もう昭和な人情話を視聴者が求める時代は終わった、自分の出番はなくなった、と感じたという。市場に必要とされなくなった自分に生きる価値はない……それが生涯書き続けることを天職としてきたこの女性の判断だった。だがその時、彼女の「価値」を判定するのは、彼女自身ではなく、メディア市場のほうではないか。視聴率で生きてきた人には、視聴率が自己の価値を決定するほどに、その価値観が内面化されるのだろうか。

橋田の本を新書で出した文藝春秋社は、本体の雑誌『文藝春秋』二〇一七年三月号で「大特集　理想の逝き方を探る　安楽死は是か非か」という「著名人60名」に対するアンケートを実施し、公開した。その六〇名にわたしもはいっていた。その結果はわたしに大きなショックを与えるものだった。

「安楽死」を積極的および消極的自殺幇助、「尊厳死」を延命治療の拒否と定義した上で、回答は三択、「安楽死に賛成」が三三人、「尊厳死に限り賛成」が二〇人、「安楽死にも尊厳死にも反対」が四人、無回答が三人のうち、わたしは超少数派の「安楽死にも尊厳死にも反対」の四人のうちの一人だった。「安楽死に賛成」の三三人のうちには、倉本聰、澤地久枝、無着成恭、山田太一など、わたしの尊敬する人々が含まれていた。少数派の「安楽死にも尊厳死にも反対」の四人には、わたしのほかに篠沢秀夫、外山滋比古、横尾忠則がいた。このうち篠沢秀夫は重度のＡＬＳ患者として闘病中であることが知られていた。その彼が「安楽死にも尊厳死にも反対」の立場を採ったことは、わたしにはうれしかった。その後亡くなられた氏のご遺族によれば、彼は最後まで生きる希望を捨てなかった、という。

その後二〇一九年には京都ＡＬＳ嘱託殺人事件が起きた。当時五一歳のＡＬＳ患者の女性を、ふたりの医師がＳＮＳでのやりとりだけで金銭授受の上、殺害した事件である。この女性は、難病の困難に加えて、ヘルパー派遣の複数の事業所とのあいだにもトラブルを抱えていた。この二人の医師は、殺人罪に問われて有罪判決を受けた。

関係者の証言によれば、彼女は「生きたいと死にたいとのあいだを揺れていた」という。あるひとが「死にたい」と訴えるとき。それは「死にたいほど苦しい」「この苦しみをわかってほしい」という訴えにほかならない。その際に「死ぬことへの権利」に誘導するか、「生きることへの権利」へ誘導するかは、周囲の条件による。生きる選択肢が奪われれば、死ぬことは選択ではなく、強制になる。

ALS患者の膨大な聴き取り記録にもとづいた立岩真也の労作、『ALS　不動の身体と息する機械』〔立岩 2004〕は今でも古びていない。ALSは進行すると呼吸を司る筋肉が動かなくなって呼吸筋麻痺を起こす。その際に人工呼吸器をつけるかつけないか、「究極の選択」を患者は迫られる。呼吸器をつけるためには気管切開が必要となり、それによって声を失うばかりか、ボンベに一生つながれ、身体の自由を失う。呼吸器の管がはずれたらそれで終わりになる。そのためALS患者は原則として二四時間介護が必要となり、それ以前に比べて格段に負担が重くなる。多くは家族と同居しているALS患者は家族の負担が重くなることを避けたいと、呼吸器の装着を選ばない傾向がある。立岩はこの呼吸器装着の意思決定に、ジェンダーが関与していることを見抜く。女性ALS患者は男性ALS患者にくらべて呼吸器装着を選ばない傾向が強いのだ。

「ケアする性」である女性が、「ケアされる側」になることにはハードルが高い。それに比べて男性の方が「ケアされる」ことに慣れているといえるかもしれない。

女が「ケアする性」と見なされている社会では、ケアする能力を失った女に、居場所はない。介護保険以前に社会的入院をしていた老女のエピソードが忘れられない。大部屋でカーテンで仕切られた狭いベッドスペースだけが生活空間であるような長期入院の高齢女性に、主治医が「おばあちゃん、ここではもう何も治療することがありませんから、退院してはどうですか?」と水を向けたところ、彼女はベッドの上に正座して両手を合わせ、こう言ったのだ。「先生さま、どうぞここに置いてください、家に帰ってもわたしには身の置き処《ど》がありません」と。「ケアする性」が「ケアされる側」に廻ることなど考えられない時代だった。

こんなふうになっても生きていける

立岩は言う。目が悪くなればメガネが、耳が遠くなれば補聴器が、歩けなくなれば車椅子が、補助具として用意されており、それを選ぶことをためらう人は少ない。なら、呼吸困難になったときに人工呼吸器が選択可能であるなら、なぜためらう理由があるのか?と。

呼吸困難が予測される患者に医療者や関係者は、「いよいよのとき、どうしますか?」と意思決定を迫る。それはほんとうに自由な「自己決定」だろうか? その際、呼吸器装着後の生活の保証についてじゅうぶんな情報が提供されており、それを実現しているロールモデルが提示され、周囲がエンカレッジするかしないかで患者の選択は変わる。もしACPを「共同意思決定」と呼ぶなら、このような選択肢の提示こそ、専門職の関与する「共同決定」のポジティブな意義であろう。だが、問題は呼吸器を装着した後のケアの体制が不備なために、その選択肢の提示が専門職にさえ難しいことにある。

立岩のもとで学んだ社会人大学院生、葛城貞三は、妻が重症の筋無力症、実姉がALSを患ったことで、難病連に加えてさらに日本ALS協会滋賀県支部を設立し、在宅のALS患者へのヘルパー派遣事業を始めた。姉は呼吸器装着を選ばずに亡くなった。そのことから、呼吸器装着をためらう患者に、大丈夫と背中を押してあげるために事業を始めたという［葛城 2019］。

わたしはデンマークで呼吸器を付けた在宅のＡＬＳ患者で、地域のＡＬＳ患者会の会長を務めている女性に会ったことがある。車椅子に呼吸ボンベを搭載して彼女は自由に室内を移動し、外出もした。呼吸器をつけたあとリハビリで音声を取り戻し、コミュニケーションも問題なく、わたしたちの目の前で電話のやりとりをした。彼女の在宅生活を支えるために、本人が指名した四人の自治体雇用のヘルパーが交代で二四時間介助に当たっていた。その地域に複数人いるＡＬＳ患者の在宅生活を維持するコストは自治体にとっては決して小さくないだろうが、そのコストがもたらす安心感、自分がもしそうなってもこんなふうに生きていけるという保障は、何ものにも替えがたい、と彼女は言った。

ＡＬＳ患者は最末期にはＴＬＳ（Totally Locked-in State）という全身の筋肉が動かない「閉じこめ症候群」に陥る。その状態になった母親を家族が最期までケアした記録を、川口有美子が『逝かない身体』［川口 2009］で描いている。川口はロックトインで植物状態になった母親を「蘭の花を育てるように」介護したという。

ＡＬＳ患者は呼吸器をつけたあとも何年も生き延びる。数日間、数週間の延命ではないものを「延命治療」と呼ぶことはできない。全身の動作が奪われ、わずかに動く指先でＰＣの入力をして意思疎通をする患者もいる。最後に残ったまぶたの筋肉を使って、まぶたの開閉や目の動きで文字盤を読み取るコミュニケーション方法を採用する者もいる。視線の動きに感応してＰＣ入力ができるようになったソフトもある。テクノロジーの発達は、人間の機能の代替を果たすさまざまな「補助具」を可能にしてきた。障害者支援の制度もまた、ＡＬＳ患者を含む重度の障害者の在宅生活を可能にしてきた。日本ＡＬＳ協会の元会長でＡＬＳ当事者の橋本操は、在宅で独居生活をしながら、ヘルパー派遣の事業主も兼ねていた。川口によれば、北欧と並んで日本は、ＡＬＳ患者の独居の在宅生活が可能になった、世界に冠たる高福祉社会なのだ〔川口 2014〕。

役に立たなきゃ生きてちゃいかんか

男の老いへの拒否感を、わたしは半ば揶揄的に「自業自得」と思ってきた。だがそれは自己責任だろうか？　男にも、そして女にも、深く内面化されたエイジズムは、個人ではなく社会が生んだものだ。ボーヴォワールの『老い』は、高齢者観というものが、どれほど文化と社会と歴史に影響されるかを克明に暴き立てたのではなかったか？

「高齢社会」を研究するわたしに、さまざまな講演の依頼が来る。「老いても前向きに明るく」とか「幸福な老後のために」「生きいき老後を楽しむ」といったテーマはすべてお断りしている。老後は明るくも楽しくもない。昨日までできたことが今日できなくなり、今日できたことが明日できなくなる……それが成長とは逆の過程である加齢だ。それをいかに受け容れるかが、死ぬに死ねなくなった、わたしたち高齢社会に生きる者たちの課題なのだ。

講演のあとの質疑応答で決まって出てくる発言がある。「私は老人会の会長をしておりまして、町内のお世話やボランティアなど日々前向きに過ごしております。いくつになっても社会に貢献して生きるのが私のモットーです」といった趣旨の発言の主は、これまでのところ、一〇〇%男性である。こういう発言に出会うたびに、わたしはゆっくりはっきりした声で、こう返すことにしている。

「人間、役に立たなきゃ、生きてちゃ、いかんか」

（1）早川千絵・上野千鶴子対談「「生とは死とは」心かき乱される」『AERA』一九二二号、二〇二二年七月一一日。
（2）イェール大学助教授という経済学者、成田悠輔の発言。https://bunshun.jp/articles/-/60078 二〇二五年三月の対談の席上、成田は「発言は自分の本意ではないし、安楽死にも反対だ」と述べた。対談の内容は『文藝春秋』二〇二五年五月号に掲載される。

第14章　ボーヴォワールの「宿題」

老い衰える

人は老いる。老いれば衰える。加齢は成長と衰退の過程、「生涯発達」とか「生涯現役」といったかけ声をわたしは信じない。超高齢社会の現場をフィールドワークしてみれば、人間が老い衰えるさまを、これでもか、と目の当たりにする。そしていずれは自分もそうなっていくことを、予期せざるをえない。

ボーヴォワールは老いの暗黒面を、容赦なく描いた。そして長年のパートナーであるサルトルの老いの過程に長期にわたって伴走した。その彼女の曇りのない目は、老いのリアルを粉飾も美化もせずに暴く。そしてその苛烈なまなざしにわたしたちはふるえあがる。

サルトルは七四歳まで生き、ボーヴォワールはサルトルの死後、六年生きて七八歳で死んだ。当時の社会的条件のもとでは、生命体として生き切る限度まで生きて、彼らは死んだ。

超高齢社会では、わたしたちは生命体として与えられた寿命を生き切る「幸運」を与えられている。くりかえすが、長寿は栄養水準、衛生水準、医療水準、介護水準の高さがもたらした賜である。それが文明社会の、中産階級の、都市生活者の、特権であることは論を俟たない。この四つの条件がそろっていない地域では、ひとはもっとあっけなく死んでいく。長寿を呪うひとびとは、そんな苛酷な生活環境に行ってみるとよい。

だが文明が努力して得た「幸運」を、なぜ「長生き地獄(1)」［松原 2017］とわたしたちは呪わなければならないのか？

ボーヴォワールがわたしたちにつきつけた「宿題」はそれだ。彼女は問いを立てた。それは個人がひとりで解ける問いではないことを、彼女は知悉していた。そしてそれを「文明のスキャンダル」と呼んだ。だがその解答を、ボーヴォワールは示さなかった。それが人類への「宿題」でなくて何だろう？

健康寿命を延伸する

このところ、健康寿命延伸のかけ声がかまびすしい。健康寿命とは「医療や介護に依存しないで日常生活の自立ができる期間」を言い、健康寿命から平均寿命までのあいだにある中間期間を「フレイル期」すなわち「心身の衰えによって健康上の制約のある期間」と呼ぶ。二〇一九年の健康寿命は男性七二・六八歳、女性七五・三八歳、他方平均寿命は男性八一・四一歳、女性八七・四五歳だから、フレイル期はそれぞれ男性八・七三年、女性一二・〇六年と女性の方が長い。二〇一〇年から二〇一九年までの約一〇年間に、平均寿命は男性一・八六年、女性一・一五年延長したのに対し、健康寿命はそれぞれ男性二・二六年、女性一・七六年と平均寿命の伸びを上回っているので、フレイル期も男性は九・一八年から八・七三年へ、女性は一二・六八年から一二・〇七年へといくらか短縮した。

フレイル期とは何か？　人が健康を失っても生きていける期間の長さだと考えてもよい。フレイル期にある男女差は、男性より女性のほうが生命体として持続する能力を持っている証拠かもしれない。喫煙や飲酒、食生活の偏り、運動不足などによる生活習慣病の予防に加えて、適度な社会活動やウォーキングなどによって心身の健康を維持し、健康寿命を延ばすという国民運動は、一定の効果を上げたと見られている。だが、いくら健康寿命を延ばすことに成功したとしても、フレイル期間をゼロにすることはできない。ＰＰＫことピンピンコロリとは、このフレイル期をゼロにしたいという思想にほかならない。

健康寿命という概念が登場してからまだ日が浅い。もっと長期のデータが利用可能だとしたら、フレイル期は近年になって確実に長期化しているはずなのだ。それというのも過去にはフレイルになれば高齢者は比較的短期間に亡くなったと考えられるからだ。高齢社会の研究者たちは、介護が社会問題になったのは、フレイル期の延長によって要介護期間が長期化したからだと説明している。だが、近年になって生まれた「健康寿命」という概念は、健康であれば長寿をことほぐことができるが、そうでなければ長寿は忌まわしいものとなるという価値観を背後に孕んでいる。「死に至るまで壮年期を引き延ばす思想」と定義される「サクセスフル・エイジング」と同じ価値観である。

介護保険の要介護認定率は六五歳以上で平均一八・三%、七五歳以上で三一・五%、八五歳以上で五七・八%と順調に上昇し、九〇－九五歳では七二・七%、九五歳以上では九二・八%に達する（二〇二〇年）。長命になればほとんどの高齢者が、「自立」を失う。それは自己責任なのだろうか？

健康寿命延伸運動に感じる不快さは、フレイル期をあたかも自己責任のように見る価値観を反映していることだ。フレイルになったのはあなたが努力しなかったせい。その価値観の背後にあるのも、カッコつきの「自立」を優先する思想である。この「自立」とは誰の世話にもならない、誰にも依存しない状態を指す。日本の介護保険法は高齢者の「自立支援」を謳っているが、この「自立」とは介護保険を使わないこと、介護保険から「卒業」することをいう。(2) 適切なケアによって要介護度を一時的に軽減することができたとしても、その後にいずれはかならず重度化が待ち受けている現実を、避けることはできない。

医療経済学者の権丈善一は、二〇二四年九月一三日に閣議決定された「第五次高齢社会対策大綱」に触れて、「六五歳以上を一律に捉えることは現実的でない」としながら、その検討会の過程で「健康寿命」という言葉はもう使わない」という合意がなされ、第四次大綱にはあった「健康寿命」という概念が第五次大綱からはなくなっていることを評価する。(3) というのも権丈によれば、「高齢社会の問題は慎重に進めなければ排除や分断を加速する。そして一歩間違えると病気は自己責任という考えが広がり、のみならず優生思想にこの国では簡単につながることにもなる。［…］健康寿命、健康長寿という言葉の魅力を活かして、フレイル予防・対策をまちづくり・地域づくりの一環としてボトムアップで地域活動が行われている話なのであればむしろ大いに推奨されるべきことである。しかしながら、健康寿命の延伸が財政難や労働力不足と結びつけられて国の政策に掲げられると質が変わって危なさが出てくることになるのである」と指摘する。

本書の立場からすれば、「健康寿命の延伸」というかけ声こそ、アンチエイジングにほかならない。

「上り坂のケア」と「下り坂のケア」

先述した名郷医師は「上り坂のケア」と「下り坂のケア」を比較する。

「乳児に意識があるとして、おむつ替えに罪悪感を抱くことがあるだろうか。あるいは、おむつを交換してもらっている乳児を見て、乳児が罪悪感を持つべきだと考える大人がいるだろうか。」〔名郷 2013: 89〕

この想像力にまず驚く。そして乳児のケアを「上り坂のケア」、高齢者のケアを「下り坂のケア」と区別して、「「上り坂のケア」に罪悪感がなく、「下り坂のケア」に罪悪感があるとしたら、それはケアに対する罪悪感ではなく、下ることに対する罪悪感だと考えるのが妥当だろう」〔Ibid.: 89〕と指摘する。

「しかし、この下りは万人にとって共通のものである。老いることは下ることである。〔…〕すべての人に共通する下りに、罪悪感を抱く必要はない。みんな無用の罪悪感を抱かされているのだ。」〔Ibid.: 89〕

「なぜこのような無用の罪悪感を抱くことになる」かの理由は、「年老いても健康でなくてはならない、自立していなければならないという社会の圧力がある」からだと名郷医師はいう。「自己決定できない者は生存する価値がないという優生思想」もこれを後押しする。したがって「自立」へと成長しない、できない、障がいを持った子どもたちへのケアも、社会から迷惑がられる。そして「自己決定」とは、「本人の意思を尊重といいつつ、社会の圧力を隠蔽する手段として機能する。」[Ibid.: 89]

名郷医師の結論はこうである。

「下り坂に厳しい世の中が、介護・ケアを受ける人に罪悪感をもたらし、介護・ケアの威力の認識を阻害し、その提供を困難にしている。」[Ibid.: 89]

その「見えないケア」を一貫して提供しつづけてきたのは、「ケアする性」である女たちだった。

赤ん坊は泣き叫んでケアを要求する。赤ん坊に遠慮はない。あれほど自己中心的に生きることを主張した子どもたちが、一〇年もしないうちに「死にたくなる」ほどの思いを味わうようになる社会とはいったい何なのか?

わたしは末期がんの友人が、半年先の講演依頼を引きうけるかどうかで迷っていたときに、「引きうけなさいよ」と肩を押した後に自分が口走ったことばを思い出す。周囲に迷惑をかけたくない、というのが、彼女のためらいの理由だった。それに対して間髪を入れず自分の発したことばを聞いて、わたし自身が驚いたのだ。

「生きるのに、遠慮はいらないわよ!」

認知症は病気か？

「自立」を失うことのなかに、自己決定能力を失うことが含まれる。フレイル期にいう「心身の衰え」には、心の衰えこと認知機能の低下が含まれる。「ボケ」や「もうろく」という民俗語彙で呼ばれていた加齢現象は、二〇〇四年に認知症と病理化されて診断名がついた。それ以前には老年性痴呆症と呼ばれていたのだから、この名称変更は配慮のあるものだったが、だからといって認知症はほんとうに病気だろうかということに疑念を示す専門家は多い。病理化されたということは、治療の対象となったということでもある。

『呆けたカントに「理性」はあるか』［大井 2015］の著者、大井玄医師は、年齢別の認知症発症率を挙げて「高齢者の認知能力低下は、疫学的に「正常」な加齢現象として解釈できる」と指摘する。(4) 認知症の発症率は年齢に相関しており、六五―六九歳で男二・八％、女三・八％であるものが、八五―八九歳でそれぞれ三五・〇％、四三・九％、さらに九五歳以上になると五〇・六％、八三・七％となる。

認知症の中核症状は短期記憶の保持が困難になることで、「周辺症状」と呼ばれるものは、その実「症状」ですらない、と、薬を使わない精神科医として有名な高橋幸男医師［高橋編著 2014］は言う。暴言暴行、徘徊などの「周辺症状」は別名「問題行動」とも呼ばれるが、「問題」とは誰にとっての「問題」なのだろうか。高橋医師は暴言暴行や妄想には、背後にそれをひきおこす「からくり」があって、その引き金を引くのは周辺にいる第三者だという。引き金になるのは、叱る、責める、急かすなど。「徘徊」も、本人に理由があってしている「外出」や「散歩」を、周囲が「徘徊」と呼び替えているにすぎない。

認知症者は過去を失い、現在に生きている。未来への予期もなくなる。死はつねに将来に来るものだから、未来への予期がなくなれば、死への恐怖もなくなるだろう。名郷医師は「認知症は一種のギフトのように感じられる」と言う。「死の不安や恐怖が少なく、痛みや苦しさのような症状も明らかに軽いからだ。」［名郷 2021: 252］

京都の西陣でわらじ医者と異名をとった在宅医療のパイオニア、早川一光医師も、「認知症は恵み」と言った。喪失の悲しみも軽くなるかもしれない。夫を喪った施設入居の老女は、「最近、あのひとの顔を見ないけど、どうしたのかね」と何度もくりかえす。夫は亡くなったと周囲が伝えても、「そうかね」と言ったあと、同じ問いをくりかえした。彼女の中では夫は亡くなっていなかったのだろう。

大井医師は認知症高齢者を「精神疾患を持つ患者」とか「理解不可能な訳の分からない精神状態にある病者」と見なすのではなく、「老化に伴う認知と生活障害」を持つ「普通の人」と解釈することを提唱する。したがって認知症高齢者に必要なのは、治療ではなく「その人の認知能力と身体能力に応じた適切なケア、すなわち生活支援」であるとする。それによって、このひとびとも最期までひとりの「生活者」として過ごすことが可能になる。わたしたちに必要なのは、「認知症を治療する社会」ではなく、「認知症と共に暮らせる社会(5)」なのである。認知症専門医の木之下徹医師も、「認知症を防ぐ社会」ではなく「認知症にそなえる社会」であるべきだと主張する［木之下 2020］。

大井医師のみならず認知症専門医のなかには、認知症は病気ではなくたんなる加齢現象であるとするひとは多い。それなら「認知症」という病名をつける代わりに、「ばあちゃん、最近もうろくしたね」ですまないだろうか。

わたしが目下もっとも嫌いな言葉は「認知症予防」という言葉である。予防のためと称して認知症予防ドリルや子どもだましのようなゲームを施設やデイサービスでやっているのを見ると、やってもムダと感じる。認知症は今のところ、原因もわからず、予防法も治療法もわからない病気だ。いや、前述したように、病気でさえないかもしれない。肥満や難聴が認知症を招くと言われるが、それだって疫学的蓋然性を示すだけで、なぜ特定の誰かが認知症になるかの説明にはならない。長谷川式スケールを発明した認知症専門医、長谷川和夫医師が認知症であることを公表したときに、世間は驚いた［長谷川・猪熊 2019］。専門医でも認知症は防げないのだ。

だが世の中には「認知症、こうやって防げる」というたぐいのメッセージが溢れている。もし認知症が予防できたとしたら？　あなたは認知症者に向かって「自己責任」だというのだろうか？「認知症予防」とは、検証にもとづく掛け声ではなく、たんに認知症に対する恐怖の表現にすぎない。その恐怖は認知症を「見たくない現実」に押し込め、視界から排除し、なかったことにする。そして「自分が自分でなくなったら」いないことにしてくれ、と自分をこの世から抹殺することに同意するのだ。

認知症ケアは、看取りケア以上にハードルが高い。介護事業者のケアの質は、認知症ケアでわかると言ってもよい。第10章で述べたように、慢性的に人手不足の介護施設では、認知症者に「問題行動」を起こさないように三つの抑制――フィジカル・ロック（拘束したり部屋に閉じ込めて物理的に行動抑制する）、ドラッグ・ロック（薬漬けにして興奮や行動を抑制する）、スピーチ・ロック（「危ない」「ダメ」をくりかえして先回りしてやりたいことをやらせない）――を行う。入口のドアが開いていて、認知症高齢者が自由に出入りでき、「散歩」に出かける高齢者を本人の気が済むまで職員が同行する……などという施設は、例外的に良心的な施設だと言ってよい。

今日、施設入居の理由の七割以上が認知症である。そして施設入居者の八割以上が認知症高齢者だと思ってよい。長年にわたって認知症ケアに携わってきた九州にある施設、「よりあい」の村瀬孝生は認知症高齢者に行われる抑制や隔離の理由をこう説明する。

「厄介で、面倒で、手間のかかる存在を放っておくこともできず、持て余しているのだ。［…］縛ったり閉じ込めたりしても許される理由を「ぼけ」や「認知症」に求めようとしている。」［村瀬 2022: 165］

村瀬は書く。

「だからぼくたちの社会は介護現場にある暗い影を必死で隠す。手をつなぎ合い笑顔に包まれたパンフレットをつくる。街を幸せそうな名前の施設であふれさせる。介護をハートフルに彩ることで、うしろめたい加害性を社会全体でひた隠す。」［Ibid.: 165］

「ぼけや認知症があっても、人が生きるうえで避けられないリスクを当事者がちゃんと引きうけられるような支援を模索し続けていた」［Ibid.: 160］村瀬の勤務する「よりあい」は、「こんな老人ホームなら入りたい」と評判を呼んだモデル施設だった。にもかかわらず、家族に懇願されて施設入居を目前にしたおじいさんは、「プルプルと体を震わせて」家族の前でこう呟く。

「俺は、あそこ（よりあい）で暮らすことになったら、自分じゃなくなるごとある。」[Ibid.: 180]

この一言で家族と施設関係者のあいだに、施設入居についての「諦めの合意」ができた。「この先、何が起きても、それはお父さんが望んだこと。お父さんを尊重した末に生じたことなんだから」という「言い訳」が家族には必要だ、と村瀬は言う。「その言い訳をぼくたちのような他者と共有することで、腹をくくって父の在宅生活を見守ることができる」と言う。人生会議がこんな合意形成の場であれば、意味があるかもしれない。

だが、それは父の人生をただ父自身に返すだけのことではないのか？

これが「おじいさん」だからこそ、こんな自己主張ができたのかもしれない。家族のために生き、家族に配慮しつづけてきた「おばあさん」なら？「おまえたちのために」彼女は施設入居に同意したかもしれない。それを「自己決定」と呼べるだろうか？現にわたしは、「家族のために」施設入居を決定した老女に会ったことがある。長男に手をつかれて、「ばあちゃん、しんぼうしてくれ」と頼まれて、「わたしさえガマンすれば、家族がみんな丸く収まる」と諦めの心境で入居してきたその老女は、「この施設はとても評判のよい施設で、待機高齢者が何十人もいて、そこに入れたあなたは幸運ですね」とくりかえしたわたしに、最後まで決して同意しなかった。

「近所のデイサービスを避けて、あえて隣町のデイサービスに行く。ひと昔まえは、そんな利用のしかたが多かった」と村瀬は書く。介護保険施行当初には、ヘルパーステーションの車を家から数ブロック離れたところに停めてそこから歩いてこいという利用者もいた。家に介護を要する高齢者がいることは恥、ましてやそのために他人を家に入れるのはもっと恥、と。それを配慮して、村瀬たちは「送迎車が福祉車両であることがわからないように施設名をプリントしないことにしていた」〔Ibid.: 250〕という。そんな「配慮」すら必要だった時代があったのだ。

わたしもフィールドで経験したことがある。家の隣にあるデイサービスに、自分の家の年寄りを送らずに、わざわざ送迎サービスのある遠くのデイに送る家族がいた。評判のよい隣のデイの悪口を、家族は近隣に言いふらしていた。自分たちの選択を正当化するためだっただろう。年寄りを預ければ家族のプライバシーは筒抜けになる。隣の台所からみそ汁の匂いが漂ってきて、今日の具が何かわかる……そんな近距離にいれば、年寄りを預けることにためらいがあるのももっともだろう。近ければ近いだけ、それを避けたいという気持ちは理解に難くない。

ケアされる哀しみ

それだけではない。当事者にも理由がある。「老いや病気によって生じた機能障害を人に見られたくない。不自由のなかった、かつての「わたし」をよく知っている人には特に」〔Ibid.: 250〕と村瀬は書く。

「ここ（デイサービス）に通うことは「わたし」もあの人たちのひとりになるのだと実感する。それを恥と感じたとき、悲しみがわいてくる。」その「悲しみ」とは「失うこと自体に生じる喪失の悲しみと、「できる人」から「できない人」に変容することで自己を肯定することができない悲しみ」［Ibid.: 251］のふたつである。

「あの人たち」のひとりになることの悲哀と憤怒を書いたのが、脳梗塞で麻痺の後遺障害が残った辺見庸［辺見 2021］だ。「西瓜のビーチボール」と題するエッセイで、彼は要介護認定を受けて、介護老人保健施設のデイサービスに通ったある日のエピソードを描いた。女性指導員が西瓜の模様のビーチボールを使って、ゲームを始めた。ビーチボールを参加者に廻しながら「冷たいの反対はなーに?」と「脳トレ質問」がくり出される。「あったかい!」と答えると「あたりい!」と応答して、ビーチボールが廻っていく。

辺見はそのビーチボールが自分に廻ってくるのではないか、とドキドキする。果たしてビーチボールは彼の膝に乗せられ、「明るいの反対はなーに?」と指導員の「脳トレ質問」が投げられた。その瞬間の彼の反応。

「胸のなかに鉄の玉ができて、焼けるほど熱くなる。まっ赤になって胸のなかでゴロゴロ転がる。［……］激怒しているのだ、わたしは。［……］わたしはじぶんの怒りのはげしさにたじろぐ。」

そして自問自答する。

「にしても、なぜこんなにも憤るのか?［……］ここにかれらなんかといっしょにいること、そうせざるをえない心身の老い。それに焦っているじぶん。そして、どうしようもなく末《す》枯《が》れてゆくなりゆきをまだ諦観できないじぶんにいらだって、かれらなんかとじぶんを懸命に区別しようとし、同時に、他人にも区別してもらいたがったのである。目がうるんでくる。風景が掠れる。」

ほとんど全文引用したくなるこの文章のあまりの正直さと切実さに打たれて、わたしはたちすくむ。そして、要介護認定を受けてもデイサービスなんて絶対に行きたくない、と思っているわたしの心の底に、もしかしたら辺見と同じ思いがあるかもしれない、とドキリとする。

老いること、介護されることの中には、これほどの憤怒と悲哀があるということを、わたしたちは忘れがちだ。

要介護になれば、わたしたちは無力化される。無力な、というのは、赤ん坊なみの子ども扱いされる、ということだ。だが年寄りは子どもではない。子どものように無垢でも純真でもない。子どものようにうつくしくもない。長い年月を生きてきて苦労も経験もからだに染み込んでいるだけでなく、何より生き抜いてきた矜持がある。だがその誇りは、わずかな不如意でもろくも崩れるほど、不安定なものだ。認知症の年寄りはよく怒る。それは怒るだけの理由があるからだ。そのつど彼らのプライドが傷付けられるからだ。

隣の老女が彼に声をかける。「ねえ、ねえ、〔…〕「お父さん、もう帰ろ……」」と。辺見はしわがれ声で応じる。「うん、うん、もう帰ろ……」

老いの先に、帰る場所は、どこにもない。不如意な身体という他者を抱えたまま、わたしたちは階段を一段ずつ降りなければならない。

高齢者向けの講演の最後を、わたしは「安心して要介護になれる社会を！」というスピーチで締める。それを可能にしたのが介護保険という制度だとわかっていても、制度はわたしの心までを救ってはくれない。ままならぬ身体、不如意な動作、ひとに頼らなければならない不甲斐ない暮らしへの歯がみしたいような無念さ、哀しさまでには、制度は届かない。

「もう逝っていいよ」

ケアされることには哀しさがある。ケアすることにはつらさがある。年寄りは赤ん坊と違って、自意識がある。

その両方をよく知っている村瀬は認知症高齢者とつきあう日常を描いた著書のあとがきにこう書く。

「長生きしたいと思うようになりました。老いて衰えることを実感したいのです。そこにある悲しみや喜びを深く味わいたいのです。」〔村瀬 2022: 283〕

さんざん年寄りの生と死につきあった挙げ句のせりふがこれである。

「「食べて排泄する」だけで存在していいのだと思いました。介護はその営みを最期まで手伝っています。」〔Ibid.: 284〕

施設ケアのカリスマと呼ばれる髙口光子も同じことを言う。ケアとは「ばあちゃんのうんこが出た、おしっこが出た」と喜びあえる関係だという。

最末期、高齢者は食べることも呑み込むこともできなくなる。それまでのあいだ、今日は一口アイスクリームを食べた、とろみスープが口から呑み込めたことに、そして昨日はうさぎのうんちのようなころころが三個出たとか、今日は軟便だったとかに、ケアする者たちは一喜一憂する。思えば赤ん坊のときも、親たちは今日はミルクを何cc飲んだ、今日のうんこは緑色だった、と一喜一憂したのではなかったか？

人は食べて排泄して生きて行く。食べなくなり、飲めなくなれば、日を置かずしてやがて人は死ぬ。それでよいではないか、と介護のプロは言う。

自力で食べることも排泄することもできなくなったらどうするか？　脳梗塞で全身麻痺になり、寝たきりの経鼻経管栄養で三年二ヶ月間生きた老女がいる。母ひとり子ひとりの家庭で育った娘で高校教師の関丕《せきひろ》は、その経験を『ヤスエおばあちゃんと30人の仲間たち——ある寝たきり看護日記から』［北島 1980］という本に書いた。働く娘をサポートした三〇人を超える仲間たちを取材した朝日新聞記者、向平羙《すすむ》の書いたルポルタージュ、『パッチンして！おばあちゃん——ある看護ファミリーの記録』［朝日新聞金沢支局編 1986］は医学関係の報道に与えられるアップジョン医学記事賞を受賞した。アニメや絵本にもなった。(6)「パッチン」はほぼ植物状態になった寝たきりのおばあちゃんが、まぶたをまばたきすることでできる唯一のコミュニケーション手段だった。この手段を通じておばあちゃんは入院中に回診に来る医者をからかい、ベッドサイドにつきそう仲間たちと「ぶぉっほほ」と笑いさえした。わたしの父はこのおばあちゃんこと、関ヤスエが在宅療養中の主治医だった。

彼女たちは申し送りのためのノートを共有し、それが三年間のあいだに何冊にものぼっていた。

「看護ファミリー」の仲間たちには、主婦、学生、アルバイト、家事手伝い、引きこもりの少女など多様な人たちがいて、そのノートには、知らずしらずのうちに、おばあちゃんの症状を伝える申し送り事項だけでなく、彼女たちの内面が吐露されていた。

それを知ってわたしが書いた、「生きるのが仕事」というタイトルの短いエッセイを、ほぼ全文引用したい。

「しっ、静かに。起こさないようにしてください。

さっきから、たんが喉にひっかかってひとしきり発作に苦しんだせいで、いまは疲れてぐっすりおやすみです。介護の人が慣れていないせいで、流動食をのどに流し込むのがうまくいかなかったのです。そりゃ、苦しそうにせきこんでいらっしゃいました。さっきまで呼吸もあらく、息をするのさえ大儀そうにみえたのですが、ほら、いまはかすかないびきをたてて、寝入っていらっしゃいます。たとえ意志表示はできなくても、意識はおありになるのですからね。さぞ、はがゆく、お苦しいことでしょう。

そう、こんなふうに寝たきりの不随状態になってから、もう三年経つでしょうか。最初は何を言っても反応なさらないので、お医者さまは見放すところでした。[…]でも、あなたがあきらめずに話しかけつづけたおかげで、ほら、ほんの少しだけど、表情がもどってきたでしょう?[…]うれしい、とか、かなしい、とかいう人間の感情を、こんなにも無垢にあらわす方を、わたしはほかに知りません。

こんなふうになっても、まだ、生きるねうちがあるものでしょうか、とおたずねになるのですね？

ええ。ありますとも。

この方のそばにいると、生きるのが一仕事、と思えるのですよ。呼吸をしたり、食べたり、排泄したり、心臓を動かしたり。そのひとつひとつが、この方にとっては一仕事なのです。そして、そのひとつひとつを、いっしょうけんめい、やっていらっしゃるのがわかります。ああ、こんなにいっしょうけんめい生きている方がいる。そう、思えるだけで、この方が生きてるねうちはあります。この方のそばにいると、わたしがいっしょうけんめい生きていないのが、恥ずかしくなります。そして、わたしのような者でも、生きていていいんだと、励まされる気分になるのです。

だから。この方にはできるだけ生きていてもらいたい。わたしはそう、思っています。」〔上野・高畑 1995: 22-3〕

三年以上にわたる寝たきり生活の後、ヤスエは亡くなった。その後、娘の丕《ひろ》を慕って集まる人々の集会にわたしが呼ばれたとき、その場には交替でヤスエおばあちゃんの傍についた老若の女性たちが集っていた。その彼女たちにわたしは、その場で踏みこんだ問いを投げた。経管栄養や胃瘻を造設して寝たきりのまま高齢者を何年も生かすことに、批判が集中していた時期だった。

「もし今だったとしても、あなたがたはヤスエおばあちゃんに経管栄養をつけることに賛成ですか？」

驚くべきことに、その場にいた関係者の全員が賛成した。

「おばあちゃんには生きていてほしかった」「おばあちゃんが頑張って生きている姿を見て、わたしもがんばろうと思えた」「生きることがこんなにたいへんなことだとおばあちゃんが教えてくれたので、自分も投げやりに生きてはならないとつよく感じた」……と彼女たちは次々に口にした。ただ生きているだけで、おばあちゃんの教えは周囲の者たちに伝わった。これが「教育」でなくて何だろうか?

スイスで介護職として終末期の高齢者をなんども見送った日本人女性、リッチャー美津子が口にしたことばが忘れがたい。彼女は、彼の地で合法化されている安楽死を求めてやってくる日本人クライアントに寄り添った経験もある。死の自己決定は、彼女につねに釈然としない思いを残した。

終末期、食べられなくなり、飲めなくなり、下顎呼吸が始まり、命が尽きるまでの過程を患者は全身全霊で辿る。終末にたどりついた時、傍らにいる彼女はふとこんなふうに思うのだと言った。

「もう、逝っていいよ」

なんという同意だろうか。それは生き抜いたひとに対する最大の敬意と言うべきだろう。

人は一〇〇%死ぬ。終わりがあるということは、何という恵みだろう。

死ぬことに自己決定はない。ちょうど生まれることに自己決定がないように。

ボーヴォワールがわたしに同意してくれることを、わたしは確信している。

（1）松原惇子に同名の著書がある。

（2）一時期、介護保険からの「卒業」が和光市方式と呼ばれて全国のモデルとなったが、その後、和光市では要介護認定率を引き下げる水際作戦や、担当者の不祥事などが問題になった［上野・小島 2023］。

（3）権丈善一「「若返った日本人」雇用の質という経済界の課題　高齢社会対策大綱が示した新高齢期像と論点」東洋経済オンライン 2024.12.9　https://toyokeizai.net/articles/-/844664

（4）大井玄 2023「「認知症高齢者」、それは私だ——私は精神科的治療（収容・拘束・薬漬け）は受けたくない」、医療ジャーナリスト、大熊由紀子が運営する「えにし」のＨＰに建て増しされた部屋「精神医療・障害福祉の「闇」」への投稿から。http://www.yuki-enishi.com/yami/yami-09.pdf

（5）「認知症と共に暮らせる社会をつくる」東京都健康長寿医療センター研究所、https://www.tmghig.jp/research/topics/201703-3382

（6）同名のアニメは辻伸一監督、朝日新聞社制作、一九九二年、絵本は、むかひらすすむ文・グループ・タック絵、十月社、一九九二年。

第15章　「自立神話」を超えて

「自立」とは何か？

近代社会がわたしたちに強いる「自立」とは何か？

他人に依存しないで生きている者が、この社会にどれだけいるというのか？

そもそも生まれたときには人は完全に依存的だった。死にゆくときにも完全に依存的な状態になる。要介護最重度5の判定条件、「寝たきり・垂れ流し・自力寝返り不能」を聞く度に思うことがある。「寝たきり・垂れ流し・自力寝返り不能」とは、新生児そのものではないか。[1] その状態でわたしたちは生まれ、成長し、ピークを越した後、やがて下り坂を降りていく。生涯発達、生涯現役は、成長神話に汚染された世迷い言にすぎない。ボーヴォワールがわたしたちにこれでもかと示したのは、人の最後にはかならず「老い」が待っていることから眼をそむけるなということではなかったか。そしてこの「老い」に、あわてて「衰えること」とつけ加えなければならないほど、人は、社会は、「老い」

に直面することを怖れている。

だが近代リベラリズムが想定する、完全情報下における合理的意思決定能力を持った主権主体など、虚構にすぎない。リベラリズム法学は、この虚構の上に成り立っている。リベラリズムが想定する「自立」した個人の集合である市民社会を統治するのが近代法である。近代法のもとの市場では、対等なプレイヤーが、自己利益を最大化するための合理的な意思決定にもとづいて「契約」を結ぶことになっている。この契約は対等なプレイヤー間で結ばれた見かけを持つが、その実、対等ではない。結婚契約も、雇用契約も対等なプレイヤーのあいだで結ばれたものではなく、契約の両当事者間に権力や資源の分配格差がある。使用者は雇用者を解雇して取り替えることができるが、雇用者が雇用を失えば生活していけない。夫と妻のあいだには結婚前から資源格差がある。あるいは学歴や収入において資源格差のある関係を男女ともに選好するから、と言うべきか、「三高」狙いはその一つであろう。結婚に際して民法は「夫婦同氏」を求められていても、夫婦どちらの姓にするかは自由なのに、夫の姓を選択する妻が九六%もいるのは妻の交渉力の弱さを示している。それはただ「自由な意思決定」の見かけを持っているにすぎない。フェミニズムの政治思想研究者、岡野八代はそれをシャンバース［Chambers 2013］に倣って「選択のフェティシズム」［上野・江原 2024: 136］と呼ぶ。

しかもこの市場からは、これまでは女性が、現在でも子どもや老人が排除されている。つまり依存的な存在と見なされたひとびとは、市民社会の構成員ではないのだ。彼らはどこにいるのか？ 市場の外部にある「家族」というブラックボックスに、女という「ケアする性」と共に封じ込められ、見えない存在とされてきた。

「自立」した個人のうち、他者に依存していないものはいるだろうか？　夫は妻に依存している。使用者は雇用者に依存している。消費者は生産者に依存している。社会は依存のネットワークである。それを忘れていられる者だけが、自分を「自立」した個人と勘違いすることができる。それを岡野は「依存の忘却」と呼び、その忘却によって成り立った近代政治学を「忘却の政治」〔岡野 2012〕と呼んだ。この論理からすれば、支配者とは、自分が被支配者に依存しているにもかかわらず、その依存を忘れていられる特権を持った人々のことだと言い換えてもよい。

近代リベラリズムの公私の分離則を根底的に批判したのはフェミニズムである。市民社会の法は公領域にしか適用されない。裏返せば、公領域に所有や契約の主体として登場する個人だけを「市民」と呼んできたのだ。私領域に封じられた女性は、公的には無能力者となる。二〇二四年度前期のＮＨＫ連続朝ドラの「虎に翼」で戦前の既婚女性は法的に無能力者であったと知って、主人公ならずとも驚愕した視聴者は多いだろう。契約を伴う意思決定の際に、「主人に相談してからお返事します」と妻が言うのは、断りのための単なる婉曲語法ではなかった。明治期の旧民法が当初モデルとしたフランスのボアソナード民法では、結婚は夫と妻の対等合併ではなく、夫による妻の吸収合併であり、妻は財産権も契約権も失い、法的無能力者になった。前近代までは女性の一部には財産権も相続権も認められていたのだから、近代化によって女性の地位は低下したと言える。

近代法の公私の分離則のもとでは「法は家庭に入らず」とある。タテマエ上、家庭は愛と分かち合いの共同体ということになっているが、実態は法の介入しない「無法地帯」であることは、DVや虐待のさまざまな事例であきらかになった。公道で誰かを殴れば傷害罪になるのに、家庭の中では夫が妻を殴っても、これまでは犯罪にならなかった。二〇〇一年に日本にDV防止法が成立したことは、近代法学の原則を覆す画期的な事件だった。だからこそ、多くの保守派はDV防止法を「家族解体法」と呼んで、はげしく抵抗したのだ。とはいえ、DV防止法はDV禁止法ではない。DV防止法のもとでも、DV罪という犯罪は成立しない。法が指示するのはDV夫に対する「退去命令」や「接近禁止命令」だけである。妻が夫を傷害罪で訴えない限り、彼らは逮捕もされないし、起訴もされない。ちなみに傷害罪は親告罪ではないから、妻が骨折するような大けがをすれば、夫は犯罪者になるはずだが、起訴に踏み切るケースは少ない。

ジェンダー史学者のジョーン・スコットは「私領域とは公的につくられたものである」［Scott 1996］と指摘する。私領域とは公権力からの避難所でも、抵抗の拠点でもない。私領域とはむしろ、公的に家父長の専横が許された「治外法権」の場所なのだ。私領域と公領域とは、その実、「分離」しているのではなく、互いに依存している。そしてこの依存関係は非対称である。

それを指して、フェミニスト法学者のフランセス・オルセンは「不介入は介入の一種である」［Olsen 1983/1985］と喝破する。近代国民国家は「不介入」という原則を通じて、私領域における暴力を非犯罪化した。その暴力の非犯罪化特権を持つ者を「家父長」と呼ぶ。国家は公領域では軍隊に暴力を独占し、私領域では暴力を家父長に黙認することで、家父長制と「共謀」したのだ(2)［上野 2006/

2012; 信田 2021〕。

その私領域に、子ども、老人、病人、障害者など、誰かに依存しなければ生きていけない存在が、封じ込められてきた。そして女は「ケアする性」としてそこに配当された。近代の性別役割分担——男の公領域への配当と女の私領域への配当——とはそのようなものである。イヴァン・イリイチはそれを歴史上かつてない近代の「性的アパルトヘイト」〔Illich 1981=1983〕と呼んだ。

その私領域におけるケアを「ないもの」、あっても「見ないふり」をしてきたのが、近代リベラリズムなのである。

労働力の再生産？

個人が依存しているだけではない。市場もまた市場の外部に依存している。自然と家族である。自然はマジックタームだが、家族もまた「自然化」されている。そして自然のキャパシティに限界があることを気候変動や環境危機がわたしたちに教えたように、自然化された家族の「生産性」やケア能力にも限界があることが、非婚化や少子化で赤裸々に示された。

出生率の低下は、労働力の供給が無尽蔵ではないことを労働市場に教えた。労働力とは人の別名であり、使い捨てされてよい資源ではない。国際競争のもとで賃金をコストとしかみないグローバル企業は、より安い賃金を求めて生産拠点を次々に移動してゆくが、それにもいずれ限界が来るだろう。経済学者は人を人的資本と呼ぶが、人は貨幣や原材料、土地とならんで資本を構成する一要素ではない。資本のために人がいるのではない、人のために資本があるのだ。そこではおそるべき倒錯が起きている。

だが、資本は労働力の再生産コストを支払わないか、しぶしぶにしか支払わない。資本はその成立の始めから労働力の再生産に責任を持ったことがない、と言うべきだろうか［上野・江原 2024］。わたしたちは経済学の用語に汚染されすぎている。「労働力の再生産」とは、人が生き延びる、ということにほかならない。

人は、何があろうとも動物のように、そして動物として、孕み産み、育てるものだという一九世紀的な信憑が、もはや通用しないことは、あきらかになった。人は動物ではない。いや、動物でさえ、環境条件の影響を受けて、生殖力を失い、絶滅することもある。回顧的に見れば、資本主義が成立した一八—一九世紀は、人口爆発が起きた人口急増期だった。労働者はうさぎ小屋のなかでファックしまくり、労働力の供給は無尽蔵だと思われた時代は、過去のものになった。

製造業中心だった当時の市場では産業革命のもとで、非熟練労働力を調達すればすんだ。だが今日、製造業中心の産業資本主義から情報技術の革新に伴う知識資本主義への移行にともない、人的資本に要求される条件はかつてなく高くなり、そのための教育投資も長期化している。子どもを産むだけではじゅうぶんではない、その後、長期にわたる養育と教育のコストが伴う。七歳で子どもが労働力になった時代とは違うのだ。

育児コストの負担が言われるたびに、「子ども牧場」や「子ども工場」のアイディアが登場する。

ナチスは「子ども牧場」を実践したし、生殖テクノロジーは「子ども工場」を（理論上は）可能にする。集団育児の実験ではイスラエルのキブツが有名だが、キブツで育った子どもたちは自分の両親を決して他の親ととり違えなかったし、自分自身が親になると子どもたちをキブツで育てようとは思わなかった。人が人として育つためには、長期にわたる個別的な愛着や配慮、人間的なコミュニケーションが必要なことは、じゅうぶんに知られている。したがってロボット化がどんなに進んでも、ロボットに子育てをさせよとか、ＡＩに子育てをさせよという声は聞かれない。ＡＩは過去の情報の蓄積である。ＡＩに育てられた子どもはＡＩがすでに学習した差別や偏見のすべてを学ぶであろう。生物学的なクローンのみならず、知的なクローンが再生産されるだけだとしたら、そこには創造も想像も生まれない。

コミュニケーションはマニュアルどおりには生起しない。つねに一回性のものだ。そしてケアとはこの人と人とのあいだのコミュニケーションそのものなのだ。子育てについては決して聞かれないロボットによるケアが、高齢者については唱えられるのは、高齢者がその程度のものとして、社会から遺棄されていることの証拠にすぎない。

人間的なコミュニケーションには、つねに予期を裏切るズレや創発がある。当事者研究のリーダー、熊谷晋一郎はこれを「予測誤差」［熊谷 2013］と呼んだ。自分で自分をくすぐってもくすぐったくならないのに、なぜ他人がくすぐるとくすぐったく感じるのか？　そこには予測の範囲内であることの安全性と共に、予測誤差があるからだ、という。

セックスの快感も同じであろう。完全に自己コントロール可能な快楽がけっして「エクスタシー」には至らないように、他者はつねに謎であり、予測を超える神秘である。性的絶頂を「脱自 ecstacy」と名づけた古代ギリシャ人の知恵に震撼する。

そして身体もまた、ひとつの他者である。身体が自分の意思のままに動くと思ってはならない。わたしたちは不如意な身体をかかえたまま、一歩一歩階段を降りていく。障害を持った者たちは、そのままならない身体とのつきあい方を覚える。身体の自由を少しずつ失う高齢者も同じである。コミュニケーションはいつも言語でなされるとは限らない、身体と身体のあいだでも、コミュニケーションは起きる。村瀬がその著書『シンクロと自由』〔村瀬 2022〕で書くように、ケアというコミュニケーションの現場では、自己身体と他者身体とのあいだで奇跡のようなシンクロが起きることがある。同じように自己と自己身体とのあいだにも、奇跡のようなシンクロが起きていることを、健康な者たちはそれを失って初めて、気がつくのだ。

非対称なケア関係

ケアを相互的な「愛の行為」と見なす人々が忘れていることがある。ケアというコミュニケーションにはもうひとつ重大な特徴がある。それは非対称な権力関係のもとで実践されるコミュニケーションだという事実である。

ケアする者とケアされる者とが入れ替わることは、めったにない。育児と介護を時差のある世代間の交換と見なす考え方があるが、長期にわたる互酬関係には、リターンが返ってくる保証がないばかりか、その交換関係はしばしば以上に不均衡なものとなる場合がある。育てた子どもがリターンを返してくれない場合もあるし、親の介護が予想を超えて長期化することもある。与えたものと同じものが返ってくるとは限らない。にもかかわらず人は依存せずには生きていけない者に対して、無償のケアをする。ケアは交換ではなく、贈与である。そして人が人になるに当たっては、膨大な贈与を受けている。さらに人が人でなくなる過程においても、人は贈与を与えつづける。それが人と動物の大きな違いである。

その権力の非対称関係のもとでの贈与は、贈与する側の一方的な裁量で与えられたり、与えられなかったりする。赤ん坊はあんなに激しくケアを要求するが、その要求は無視されることもあれば、不適切なケアが与えられることもある。ケアを必要とする者の要求（ニーズ）は、聞き入れられることもあれば、聞き入れられないこともある。ケアされる側はケアなしでは生きていけないが、ケアする側はその場を立ち去ることもできる。ケアされる側はケアする側に対して、圧倒的に無力な存在である。

高齢者ケアの現場に第三者が入るようになって、はじめて高齢者虐待が「見える化」した。このことを「高齢社会をよくする女性の会」の前代表、樋口恵子は「（家族という）闇にサーチライトが入った」と表現した。「愛の共同体」だったはずの家族のなかで、高齢者の虐待やネグレクトが日常的に行われていた。子どもの虐待も同じである。本人に訴える力のない子どもの虐待は、保育所や学校での第三者の目によって初めて「発見」される。子どもの異変を「虐待」と定義した者だけが、虐待の通報者になる。親は自分の行為を虐待と思っていないか、それを否認する。かつては「しつけ」「体罰」と呼ばれていた行為が、今日では「虐待」と再定義されるようになったからだ。子どもの虐待は第三者によって発見され、通報されるが、高齢者の虐待はもっと発見されにくい。なぜなら高齢者自身がその事実を隠そうとしたり、子どもによる虐待に親としての責任を感じたりすることで、「被害者」としての当事者性を持ちにくいからだ。

権力の濫用

ところで「虐待 abuse」を意味する英語は「濫用」とも訳する。ハラスメントとは「権力の濫用」と定義される。どんな組織にもその組織の目標を遂行するための指揮命令系統があり、一定のポストには一定の権力が伴う。権力はポストに伴うものであって、個人に属するわけではないから、どんな権力者もそのポストを離れれば「元権力者」という名のタダの人になる。その与えられた権力を正当な職務遂行以外の目的に「濫用」することを、ハラスメントと呼ぶ。性的な方面に濫用すれば「セクシュアル・ハラスメント」となり、職務を逸脱した強制や暴言・暴力などに濫用すれば「パワー・ハラスメント」となり、人格を貶めたり、侮辱を加えれば「モラル・ハラスメント」になる。教育や指導の域を超えて過度の叱責や強制を伴えば「教育虐待」とも呼ばれる。

権力の濫用は、それを実践する者にとってきっと快感に違いない。相手が自分の顔色を窺い、機嫌をとり、ふるまいのいちいちに敏感に反応し、こうしろああしろといえば手足のように走り廻る……

自分の権力を実感する思いだろう。児童虐待の父親の多くが、妻にはＤＶをふるう夫だが、彼らは家にあっては家族に自分を最優先するよう強要する。それが聞き入れられないと、殴る、蹴る、の暴力が罰として与えられる。自分の意に添わなかった妻を正座させて、朝方まで叱責した精神的ＤＶの夫もいた。彼らが家庭外で暴力的な男であることはめったにない。おそらく家庭外では不如意な立場に甘んじる小心な男が、家庭内の小権力者となったら、その権力の濫用の誘惑に抗しきれないのであろう。そして妻や子どもに致命的なダメージが及ばない限り、家庭という密室の暴君として何をしても許されるのだ。

「法は家庭に入らず」という公私の分離則は、このように家父長の専制支配を許してきた。ＤＶ防止法によって公権力が私領域に立ち入ることができるようになったのは、リベラリズム法学のもとでは公私の分離則を覆す出来事だった。ＤＶ防止法は、公領域で犯罪と見なされることは私領域でも犯罪であるとあたりまえのことを宣告したのだ。だがその領域侵犯に、どれほどの抵抗があったかは、先述したとおりである。

ハラスメントの加害者は男ばかりではない。女も権力者になれば同じようにふるまうだろう。女が一生のうちで最大の権力者になる時がある。子どもの親になったときである。自分に依存しなければ一日たりとも生きていけない生命に対して、生殺与奪の権力を握ったことを実感して、そのことに責任や畏れを感じたことのない親はいるだろうか。子どもが泣きやまない時、「いっそひと思いに……」と思った親も多いはずだ。事実、そのとおり、子どもを床に投げ落として殺した母親がいる。一九六〇年代に日本初の託児付き講座を開設したことで知られる元国立市公民館の職員、伊藤雅子が『女のせりふ』［伊藤 2014］のなかで、女性がふともらす本音を収集している。そのなかに、親の背丈を超えた息子を目の前にした、母親の述懐があった。

「わたしが殺せないところまで成長した子供よありがとう」

殺そうと思えば殺す権力を持っていた。殺す機会はなんどもあった。殺すまでもなく、猫がねずみを追いつめるように、いたぶり、虐め、組み敷くこともできた。だがその権力の濫用への誘惑を長期にわたって抑制してきたからこそ、いま、見あげるような子どもが育ったのだ。

子どもだけではない。高齢者についても同じことが言える。長期化し、重度化する介護の過程で、どれだけの家族介護者が「早く死んでくれたら……」と願わずにいられれたことだろう。

事実、二〇二一年の高齢者虐待死数は三九人とこれまでで最高になった。うち、介護家族によるものが三七件、施設職員によるものが二件。二〇一六年、神奈川県の知的障害者施設、津久井やまゆり園で起きた障害者大量殺人事件は、一時に一九人という死者が出たことで注目を集めたが、高齢者も、ひとり、またひとりと各地で殺され、その年間合計人数は津久井やまゆり園の死者数をしのぐ。高齢者虐待の加害者の圧倒的多数は夫や息子などの男性であり、被害者は女性である。樋口恵子が「女が要介護になれば、夫や息子に殺される」と言ったことには理由がある。

権力の濫用は、相手を思うように従えたいという動機にもとづく。上司は部下を思うようにしたい。教師は生徒を思うようにしたい。親は子どもを思うようにしたい。

こんな話をしていた時のことだ。ある介護職の友人がこう漏らした。

「介護職も年寄りを思うようにしたいものよ!」

そして思うようにならないと逆ギレする。それが介護職による高齢者虐待である。暴力をふるうだけではない。高齢者も子どもも放置しておくだけで死ぬ。ネグレクトもまた虐待の一種と定義されるようになった。寝たきりで褥瘡だらけの年寄りを放置し、訪問医療や訪問介護の介入を拒み、いたずらに死期を早め、死亡届を出さずに子どもが親の年金に寄生する「消えた高齢者」が話題になったのも最近のことである。

それでも人はケアをする。加齢が進み、感謝のことばや笑顔が消え、表情がなくなり、反応が消えても、人はケアをつづける。なぜなら人はそのように生まれ、そして死んでいくことを学んだからだ。感染症や災厄による突然死や急死が少なくなった今日、生命体として衰弱し、生き切る最期までを、多くのひとびとが経験するようになった。日本人の死因の一位と二位はそれぞれがんと心疾患、いずれも加齢に伴う慢性病だ。近年、八〇代以上の死因の三位に「老衰」があがってきた。「老衰」とは死因を特定できないが、ここまで生きたらじゅうぶんだろうと周囲が納得する、理由にならない理由の別名である。

非暴力を学ぶ実践

暴力とはむきだしの権力である。ケアの現場の研究を通じて、わたしはケアとは非暴力を学ぶ実践であると思うようになった。圧倒的に非対称な権力関係のもとで、ケアする者は、いかようにも可能な権力の濫用の誘惑に抗しつづけることによってケアを実践する。それは長期にわたる自己抑制の学習過程である。そして女性がたまたまその立場に置かれているとすれば、女性が非暴力的なのは、女性の「性格」でも「本質」でもなく、学習の効果である、と思うようになった。

ひるがえって、男たちはいかにして暴力を学ぶのかと問いを立てることができる。ホモソーシャルなパワーゲームのなかで相手を威圧しながら自分のポジションを獲得していくプロセスを、早い時期から男児が集団のなかで学ぶことを、教育学者の片田孫朝日［片田孫 2014］や社会学者の大滝世津子［大滝 2016］は指摘する。生まれてから一〇年ばかりのあいだに、少年たちはすっかり暴力を学習する。壮絶な暴力を伴う一〇代のリンチやいじめは、ほとんど男子のあいだで起きる。生まれながらに暴力的な赤ん坊などいない。一〇代の少年たちの暴力事件の報道に接するたびに、生まれて一〇余年のうちに、どこでどうやって彼らは暴力を学ぶのだろう、とふしぎでならない。DNAやアンドロゲンのような男性ホルモンのせいにしてほしくない。人間はホルモンの奴隷ではない。すべての男性が暴力的でないように、そしてすべての女性が非暴力的でないように、暴力も非暴力も、社会と文化と環境によって、生育歴のなかで学ばれるものである。

そして。もし暴力が学べるものであるならば、非暴力もまた学べるものであるはずだ。そう思わない限り、家庭内のDVの根絶など、望むべくもない。そしてもし私的な領域における暴力を根絶できるならば、わたしたちは公的な領域における暴力もまた、廃絶できると期待することができる。

男たちが非暴力を学ぶためには、ケアという実践に男性を招き入れたらよい。わたしはそう思うようになった。とりわけ同性の親の老い衰えるさまに、まざまざと立ち合うがよい。そしてかつて自分の前に強者として立ちはだかったあの父親が老耄のすがたをさらすのを見て、そこから目をそむけずに、おのれもまた同じ道を辿ることを学ぶがよい。そう思った。

残念ながら日本では、夫婦世帯のあいだは老々介護が続き、妻が夫を看取るケースが多い。しかも妻は「子どもに迷惑をかけたくない」と、子や孫の援助を求めない傾向がある。したがって男親の老いと死は、しばしば子どもたちの目からは隠される。残された母親をどう介護するかをめぐって子どもたちのあいだで交渉が行われるが、それもしばしば娘たちに託され、息子たちは介護責任から免除される。クレア・アンガーソン〔Ungerson 1987=1999〕の研究にあるように、ケア役割は、家族のなかでもっとも資源の少ない者に割り当てられるのだ。

こうして男たちは、父として子どものケアを妻に押しつけることを当然視し、夫としてもケアされつづけ、息子としてはケア役割を免除される。子育てについても、介護についても、彼らはケアの現場に立ち合うことが少なく、そこから学ぶこともない。

すでに暴力を学んでしまった男たちをケアの現場に招き入れると、逆効果も起きるだろう。子どもの虐待や高齢者の虐待の加害者の多くが男性である。自分が支配し、コントロールする側にいると感じている限り、子どもも年寄りも手に負えない異物にちがいない。子どもほどコンロトール不可能な生きものはないし、認知症の高齢者ほど理解しがたい存在もない。逃れられない現場で子どもや年寄りと向きあって、弱者の声に耳をすます……その訓練が男にはないからだろう。それだけでなく、強者と弱者の立場の逆転からくる困惑、介護能力を欠いた不如意、「男らしく」ない立場への孤立感や苛立ちから、追いつめられて彼らは暴力に走る。

奇怪なのは、多くの親、とくに老いた母親たちが、「子どもに迷惑をかけたくない」と子からの援助を求めないことだ。彼女たちに「あなたの人生でもっとも時間とエネルギーをかけたことは何ですか?」と訊ねると、決まって「子育て」と答えが返ってくる。それならそれだけ手をかけた子どもに、「子どもの生活を破壊しない」程度の負担を背負ってもらってもいいではないか。介護保険が施行される前の世代の介護は、「背負いきれない程度」の負担だったかもしれない。だが介護保険が施行されてからの介護は、「背負える程度」の負担を家族にかけたらよい。

ピンピンコロリと突然死する親を「子孝行」と呼ぶ人がいる。ほんとうにそうだろうか?突然死は、子どもの側に親の死を受け容れる準備期間を与えない。ボーヴォワールが母の死で経験したように、危機を脱してからの数週間の母の延命は、シモーヌとプーペットこと妹エレーヌに、母の死を受け容れ、自分たちの献身に納得するだけの時間を与えた。超高齢社会の死は、予期できる死、ゆっくり死だ。その過程に子が立ち合うことで、「背負える程度」の負担を背負い、親を見送ったときに、親の死に対する喪失感と、ケアの負担がなくなったことに対する安堵感の、両方を同時に味わえばよい。

男たち(の多く)が、その経験を免除されているとしたら、不幸というほかない。

若者たち――実のところそれほど若くない三〇、四〇代――のあいだから、「高齢者は集団自決せよ」という声が上がる。もっと若い二〇代の者たちからは、老いることが怖い、その前に死にたい、という不安が寄せられる。そのことによって彼らは自分自身の内面化されたエイジズムを実践していることになる。

「安楽死」を支持するある団塊ジュニアのひとりと話した。彼の親はわたしと同じ団塊世代だ。「もし親が安楽死したいと言ったらどう思う？」と聞いたときのことだ。「それが親の自己決定なら、ボクは受け容れる」と彼は答えた。

「自己決定」とは何だろうか？　親の自己決定に子は影響を与えることも受けることもないのだろうか？　人は単独者としてひとりで「自己決定」しているわけではない。生や死の選択には複数のアクターが関与して「共同意思決定 shared decision making」を実質的にしているし、そうすべきだという考えが「事前ケア計画 Advanced Care Planning」を生んだ。「共同意思決定」などと言う前に、人はすでに関係のなかで配慮を伴う意思決定を行っている。親の安楽死の「自己決定」とは、子に対しておまえはあてにしない、期待しないという意思の表明である。たとえそれが「子に迷惑をかけたくない」という親からの「愛情」の名で行われたとしても、自分の死に子の関与を求めないという親からの「拒絶」の意思ではないのか。

詩人の伊藤比呂美は六三歳のとき、二八歳年長の夫を九一歳で看送った。強烈な個人主義者であるイギリス人の夫が、安楽死を望んだとき、なんともいえない「イヤな感じ」がした、と言う。なぜなら「安楽死」を選ぶということは、自分の老いと死を「おまえに委ねない」という拒絶を意味するからか、とわたしが問い返したら、「そのとおり」と答えが返ってきた。息子にとっても親の「安楽死」は、同じことではないのか？

人は無力の極みで死んで行く。同じように人は無力の極みで生まれ出でる。そのふたしかな生命を委ねられたときに、親になった者たちは畏怖と責任を感じる。ジャーナリストの小島慶子は子どもが生まれたときに、子どもから全幅の信頼を寄せられているのはわたしだ、という事実に粛然とした、という。親が子どもを選んでいるのではない、子どもが親を選んでいるのだ。

誕生のときに、そのように全幅の信頼を寄せた相手から、今度は看取りにあたって自分が全幅の信頼を寄せられる。生命がそうやって循環し、継承される。その信頼を拒まれることは、子にとってトラウマではないのか。お父さん、お母さん、ボクに委ねてよいよ、と言えることは、幸運ではないのか。看取りが、親が子に残す最後で最大の教育だとは、この謂いではないのだろうか。「安楽死」や「突然死」はその貴重な機会を子から奪う。

自覚するにせよしないにせよ、人は依存の網の目のなかで生きている。自分が依存される立場にも依存する立場にもあることを、認めたらよい。依存が悪なのではない。依存を可能にしない／できない社会が悪なのだ。若者たちの老後不安は、この社会が依存的な弱者にとって信頼の持てない社会であることを反映している。

今から三〇年以上前、一九九〇年にわたしが書いた『家父長制と資本制』〔上野 1990/2009〕の中で、わたしは市場が外部に依存していること、市場がそれを忘れているだけだということを暴いた。「成長の限界」はその依存を赤裸々に示す。個人も老いるし、社会も老いる。文明も老いる。わたしたちはそろそろ一九世紀的な「成長の神話」から脱するべきなのだ。

『家父長制と資本制』という著書の最後のパラグラフを、わたしはアメリカのフェミニスト、ハイディ・ハートマンの次のような引用で締めくくった。

「資本制下における性分業のおかげで、女性は、人間の相互依存と欲求とがどのようなものであるかを学ぶ経験を持ってきた。〔…〕一般的な法則として、家父長制と資本制のもとにおける男性の位置は、配慮、分かち合い、成長などに対する人間的な欲求を認知することを阻み、こうした欲求を格差のない関係の中で、家父長制的でない社会で実現するという能力をも奪っている。……私たちが作り上げなければならない社会とは、相互依存を認めることが恥ではなく解放であるような社会である。」〔Hartmann 1981:33/ 上野 2009: 371〕

この言葉が少しも古びていないことに、道遠しの感を覚える。

当事者主権

ところで非対称な権力関係のもとにあってそのケアに依存する弱者は、強者に従わなければならないか？

障害者運動は「自立」の定義を一八〇度変えた。介護保険法は「高齢者の自立支援」、障害者総合支援法も「障害者の自立支援」を目的とするが、介護保険法にいう「自立」とは「依存のない状態」

手っ取り早くいえば介護保険を使わないか、そこから「卒業」することを言う。他方、障害者総合支援法にいう「自立」とは、支援を受けながら何をしたいかを自己決定することを言う。英語で言えばindependenceとautonomy、自立と自律の違いと言ってもよい。障害者運動は、食事介助も排泄介助も含めた二四時間要介助の重度の障害者が地域で独居で生活することを、「自立生活」と呼んだ。

自分がしたいことをできない時。人に頼って何が悪いか。人に助けてもらったからといって、その人の言いなりになる必要は少しも無い。この「自立」観の違いは、ケアを呼び習わす用語の違いにもあらわれている。高齢者のケアは「介護」と訳されるが、障害者のケアは「介助」、正確にはassistanceの訳語に当たる。介護には無力な者への「保護」の意味があるが、障害者はそれを嫌って「介助」と呼んだ。助けはほしいが、保護はいらない、あくまで自分の人生は自分で決めるという立場からである。

わたしは障害者自立生活運動のカリスマ的リーダー、中西正司と共著で、『当事者主権』〔中西・上野 2003/増補新版 2024〕という本を書いた。「当事者主権」とは、強いことばである。リベラリズムのもとの主権主体にあらがってきたわたしたちが、なぜこんな強いことばを使わなければならなかったかといえば、障害者、子ども、高齢者などの依存的な存在はつねに自己決定権を奪われてきたからだ。(3)「当事者主権」とは何か？　幼いときにポリオにかかり車椅子生活を余儀なくされた札幌の障害者、小山内美智子は、どんな介護のプロよりも「介護される歴」が長い、「介護されるプロ」を任じる。彼女は「何をしてほしいかは、わたしに聞いてください」と言う〔小山内 1997〕。

「当事者主権」をこんな簡明なことばで表現した者は他にいない。何をしてほしいか、何がのぞましい介護か……の最終判定者は、当事者である。支援がほしい。だがどんな支援かはわたしが決める。ニーズに合わない支援ほどムダで有害なものはない。そして支援を得たからと言って、支援を与える者たちに服従する必要は何もない。なぜか。わたしが生きていることは、わたしの権利だからだ。

「自立」と「自律」、「介護」と「介助」のこの違いは、障害者の権利が障害者による当事者運動の成果だったのに対し、高齢当事者による権利運動が存在しなかったことによる。一九九七年に成立した介護保険法は要介護当事者の要求によってではなく、介護世代の要求、すなわち家族介護の負担軽減の意図で作られたものである。「利用者中心」とは言いながら、その「利用者」とは第一義的に介護家族であったことは、想像にかたくない。事実、介護保険の初期には、事業者は「利用者」を「本人・家族」と併記してきた。本人の利害と家族の利害とがかならずしも一致せず、その両者を切り分ける必要があるために生まれた言葉が「当事者主権」である。

人は老いる。老いて衰える。やがて依存的な存在になる。人は人の手を借りて生まれ、人の手を借りて死んでゆく。そういうものだ。そのどこが悪いのか。

生きている限り、「尊厳死」ではなく、「尊厳生」を。介護のプロ、高口光子のことばだ。「尊厳生」が達成できないところに「尊厳死」などない。高齢者に「生きる権利」を与える前に、「死ぬ権利」ばかりが与えられる。「生きる権利」のないところに、「死ぬ権利」を選ぶ「選択の自由」など、ない。

ボーヴォワールの「自由」

再び「自由」について語りたい。

サルトルは「人間は自由という名の刑に処せられている」と述べた。だがほんとうに人間は実存主義者のいうほど自由だろうか？

そもそも生まれる場所や生まれる時代を選ぶことはできない。二〇世紀のあの時代にフランスに生きたことはサルトルにとってもボーヴォワールにとっても、自由な選択ではなかった。どんな階級の、どんな両親のもとに生まれるかも選べない。死ぬこともまた、自由ではない。だが、生きることが「刑」だとしても、人間には永遠に生きるという拷問は、与えられていない。

「自由」とは完全に代替可能な選択肢があるときに初めて成立する概念だと先述したが、そのような自由主義的な概念を意味する「自由」はこの世にはめったにない。それに代わってわたしたちに与えられるのは、きわめて限られた選択肢だ。そのなかでも「自由」を行使したと言えるひとびとに、わたしたちは敬意を払う。なぜなら彼らは偶然を必然に、必然を選択に変えた人々だからだ。

時代と社会、性別と年齢、国籍や民族、障害や性的指向などなどからくるありとあらゆる制約のなかで、ボーヴォワールは彼女の「自由」を行使した。彼女は自分の運命を受け容れたうえで、「女であること」そして「老いること」という必然を、選択に変えた。そして『第二の性』と『老い』という不朽の書物を、わたしたちに遺した。

ボーヴォワールの『老い』のなかで、この子どもを生まなかった女性は「私は若い人びとが好きだ」と書く。

「世のすべての人びとと同じように私は無限を想定することができないが、しかし有限性を受諾しない。私は、そのなかに私の人生が刻みこまれているこの人類の冒険が無限につづくことを必要とする。私は若い人びとが好きだ。私は彼らのなかにわれわれの種〔人類〕が継続すること、そして人類がよりよい時代をもつことを望む。この希望がなければ、私がそれに向かって進んでいる老いは、私にはまったく耐えがたいものと思われるだろう。」〔下 487〕

ボーヴォワールはまた「そのなかに私の人生が刻みこまれているこの人類の冒険」と表現する。そしてその「冒険」には、つながり、支え合い、絆、思いやりなど……総じて今日ケアと呼ばれている働きが不可欠なのだ。

一九八六年、ボーヴォワールの死に際し、フランスの哲学者エリザベート・バダンテールは追悼文でこう述べる。

「子どもをもちたいとけっして願わなかったこの女性が世界じゅうの何百万の娘たちの精神的な母であることはなんという矛盾であり、なんという勝利であることか！」〔Francis & Gontier 1985=1989: 606〕

ボーヴォワールは女の老いを、生き抜いて死んだ。そして老いを「文明のスキャンダル」と呼んで、わたしたちに「宿題」を遺した。

その「宿題」に、わたしの試みはいくらかでも答えることができただろうか？

（1）赤ん坊は自力寝返りができないために、うつぶせ寝で窒息事故やＳＩＤＳ（乳幼児突然死症候群）が起こることもある。

（2）上野はかつて『生き延びるための思想』［上野 2006/2012］で「プライバシー原則とは家長という私的権力の支配圏に対して公的権力が介入しないという密約の産物ではないのか」［上野 2012: 28］と論じた。それをさらに敷衍して、ＤＶを扱う心理カウンセラー、信田さよ子は、『家族と国家は共謀する』［信田 2021］と論じた。

（3）当事者主権を翻訳するのは難しい。後に障害者自立生活運動（DPI International）の国際標語が“Nothing About Us, Without Us”であることを知って、その符合に驚いた。self-determinism と訳すひともいるが、それでは「自己決定・自己責任」原理のネオリベラリズムとまちがえられやすい。「依存のない状態」を指す independence（自立）より autonomy（自律）の方が近いだろう。自己統治（self-governance）と言うべきかもしれない。中西とわたしは、当事者主権は Tojisha-shuken として、「スキヤキ」や「カロウシ」のように世界に流通してほしい、と思うようになった。

引用・参照文献

Applewhite, Ashton, 2019, *This Chair Rocks: A Manifesto against Ageism*. Celadon Books＝2023『エイジズムを乗り越える――自分と人を年齢で差別しないために』城川桂子訳、ころから

Ariès, Philippe, 1960, *L'Enfant et la vie familiale sous l'Ancien Régime*, 1960, Plon, 1973, Éditions du Seuil.＝1980 杉山光信・杉山恵美子訳『〈子供〉の誕生――アンシァン・レジーム期の子供と家族生活』みすず書房

Beauvoir, Simone de, 1943, *L'invitée*, Éditions Gallimard.＝1956『招かれた女』川口篤・笹森猛正訳、新潮社

Beauvoir, Simone de, 1949, *Le deuxième Sexe I,II*, Éditions Gallimard.＝1997『第二の性』を原文で読み直す会訳『決定版　第二の性』Ⅰ・Ⅱ、新潮社/2001 新潮文庫、2023 河出文庫

Beauvoir, Simone de, 1954, *Les Mandarins*, Éditions Gallimard.＝1967　朝吹三吉訳『ボーヴォワール著作集８　レ・マンダラン１』『ボーヴォワール著作集９　レ・マンダラン２』人文書院

Beauvoir, Simone de, 1964, *Une mort Très douce*, Éditions Gallimard.＝1995　杉捷夫訳『おだやかな死』紀伊國屋書店

Beauvoir, Simone de, 1968, *La femme rompue / L'âge de discrétion / Monologue*, Éditions Gallimard.＝1969　朝吹登水子訳『危機の女』人文書院

Beauvoir, Simone de, 1970, *La Vieillesse*, Éditions Gallimard.＝1972　朝吹三吉訳『老い』上下、人文書院/2013 新装版

Beauvoir, Simone de, 1981, *La Cérémonie des adieux / Entretiens avec Jean-Paul Sartre*, Éditions Gallimard.＝1983 朝吹三吉・二宮フサ・海老坂武訳『別れの儀式』人文書院

Beauvoir, Simone de, 2013, *Malentendu à Moscou*, Éditions de L'Herne.＝2018　井上たか子訳『モスクワの誤解』人文書院

Beauvoir, Simone de, 2020, *Les Inséparables*, Éditions de L'Herne. = 2021 関口涼子訳『離れがたき二人』早川書房

Benedict, Ruth, 1946, *The Chrysanthemum and the Sword: Patterns of Japanese Culture*, Houghton Mifflin. = 2005 長谷川松治訳『菊と刀——日本文化の型』講談社学術文庫

Boden, Christine, 1998, *Who Will I Be When I Die?* Sydney, Australia: Harper Collins. = 2003 桧垣陽子訳『私は誰になっていくの?——アルツハイマー病者からみた世界』クリエイツかもがわ

Bryden, Christine, 2005, *Dancing with Dementia: My Story of Living Positively with Dementia*, Jessica Kingsley Publishers. = 2004 馬籠久美子・桧垣陽子訳『私は私になっていく——痴呆とダンスを』クリエイツかもがわ / 2012 改訂新版『私は私になっていく——認知症とダンスを』

Butler, Judith, 1990, *Gender Trouble: Feminism and the Subversion of Identity*. Routledge. = 1999 竹村和子訳『ジェンダー・トラブル——フェミニズムとアイデンティティの攪乱』青土社

Chambers, Clare, 2013, "Feminism," Michael Freeden, Lyman Tower Sargent and Marc Stears eds., *The Oxford Handbook of Political Ideologies*, Oxford University Press.

Cowgill, Donald O., 1972, A Theory of Aging in Cross-Cultural Perspective, in Donald O. Cowgill&Lowell D. Holmes eds., *Aging and Modernization*, Appleton-Century-Crofts.

Eagleton, Terry, 1982, *The Rape of Clarissa: Writing, sexuality and class struggle in Samuel Richardson*, Basil Blackwell. = 1987 大橋洋一訳『クラリッサの凌辱——エクリチュール、セクシュアリティー、階級闘争』岩波書店

Erikson, Erik H., 1968, *Identity: Youth and Crisis*, New York: W. W. Norton & Co. = 1973 岩瀬庸理訳『アイデンティティ——青年と危機』金沢文庫

Fineman, Martha A., 1995, *The Neutered Mother, the Sexual Family and other Twentieth Century Tragedies*, New York: Taylor and Francis Books Inc. = 2003 上野千鶴子監訳/速水葉子・穐田信子訳『家族、積みすぎた方舟——ポスト平等主義のフェミニズム法理論』学陽書房

Foucault, Michel, 1976, *Histoire de la Sexualité 1, La Volonté de savoir* , Éditions Gallimard. = 1986 渡辺守章訳『性の歴史Ⅰ　知への意志』新潮社

Francis, Claude & Gontier, Fernande, 1985, *Simone de Beauvoir*, Librairie Académique Perrin. = 1989 福井美津子訳『ボーヴォワール――ある恋の物語』平凡社
Friedan, Betty, 1963, *The Feminine Mystique*, Dell. = 1986 三浦冨美子訳『新しい女性の創造』大和書房 / 2024 荻野美穂訳『女らしさの神話』上下、岩波文庫
Friedan, Betty, 1993, *The Fountain of Age*, Simon & Sohuster = 1995 山本博子・寺澤恵美子訳『老いの泉』上下、西村書店
Hartmann, Heidi I., 1981, The Unhappy Marriage of Marxism and Feminism: towards a More Progress Union, in L. Sargent ed., *Women and Revolution*, Pluto Press. = 1991 田中かず子訳『マルクス主義とフェミニズムの不幸な結婚』勁草書房
Hite, Shere, 1976, *The Hite Report: A Nationwide Study of Female Sexuality*, Seven Stories Press. = 1977 石川弘義訳『ハイト・リポート――新しい女性の愛と性の証言』Part1, Part2、パシフィカ
Hite, Shere, 1981, *The Hite Report on Male Sexuality*, Knopf.
Illich, Ivan, 1981, Vernacular Gender, *Tecno-Politica*. = 1983 丸山勝訳「バナキュラー・ジェンダー」山本哲士編『経済セックスとジェンダー』新評論
Kelly, Joan, 1984, Did Women Have a Renaissance? in *Women, History and Theory*, University of Chicago Press.
Lamblin, Bianca, 1993, *Mémoires d'une Jeune Fille Dérangée*, Éditions Balland. = 1995 阪田由美子訳『ボーヴォワールとサルトルに狂わされた娘時代』草思社
Lanzmann, Claude, 2009, *Le Lièvre de Patagonie*, Éditions Gallimard. = 2016 中原毅志訳『パタゴニアの野兎　ランズマン回想録』上下、人文書院
Lock, Margaret, 1986, Ambiguities of Aging: Japanese Menopause in Culture, *Medicine and Psychiatry*, vol.10.
Lock, Margaret, 1993, *Encounters with Aging: mythologies of menopause in Japan and North America*, University of California Press. = 2005 江口重幸・山村宜子・北中淳子訳『更年期――日本女性が語るローカル・バイオロジー』みすず書房
MacDonald, Barbara & Rich Cynthia, 1983, *Look me in the Eye: Old Women, Aging and Ageism*, Spinsters Ink Books. = 1994 寺澤恵美子他訳『私の目を見て――レズビアンが語るエイジズム』原柳舎
Minois, Georges, 1987, *Histoire de la vieillesse en Occident: De l'Antiquité à la Renaissance*, Éditions Fayard. = 1996 大野朗子・菅原恵美子

訳『老いの歴史——古代からルネサンスまで』筑摩書房
Morland, Paul, 2019, *The Human Tide: How Population Shaped the Modern World*, Hodder & Stoughton Ltd. = 2019 渡会圭子訳『人口で語る世界史』文藝春秋
Olsen, Frances E., 1983, The Family and the Market: A Study of Ideology and Legal Reform, 96 *Harvard Law Review*.
Olsen, Frances E., 1985, The Myth of State Intervention in the Family, *Journal of Law Reform*, 18(4).
Sagan, Françoise, 1984, *Avec mon meilleur souvenir*, Éditions Gallimard. = 1986 朝吹三吉訳『私自身のための優しい回想』新潮社
Sartre, Jean-Paul, 1971-72, *L'Idiot de la famille, Gustave Flaubert de 1821 à 1857*, I-III, Éditions Gallimard. = 1982-2021 平井啓之・鈴木道彦・海老坂武・蓮實重彦他訳『家の馬鹿息子——ギュスターヴ・フローベール論（1821年より1857年まで）』全五巻、人文書院
Scott, Joan W., 1996, *Only Paradoxes to Offer: French Feminists and the Right of Man*, Harvard University Press.
Strathern, Marily, 1972, *Women in Between: Female Roles in a Male World*: Mount Hagen, New Guinea, New York: Seminar Press.
Todd, Emmanuel, 1990, *L'Invention de l'Europe*, Éditions du Seuil. = 1992-93 石崎晴己・東松秀雄訳『新ヨーロッパ大全』I・II、藤原書店
Ungerson, Clare, 1987, *Policy Is Personal: Sex, Gender and Informal Care*, Routledge & Kegan Paul. = 1999 平岡公一・平岡佐智子訳『ジェンダーと家族介護——政府の政策と個人の生活』光生館

赤松啓介 1994『夜這いの民俗学』、明石書店 / 2004『夜這いの民俗学・夜這いの性愛論』ちくま学芸文庫
朝日新聞金沢支局編著 1986『パッチンして！ おばあちゃん——ある看護ファミリーの記録』朝日ブックレット
安部公房 1948『終りし道の標べに』真善美社
雨宮まみ 2015『東京を生きる』大和書房
荒井保男 1978「老人の心理」『ジュリスト増刊』12、有斐閣
有吉佐和子 1972『恍惚の人』新潮社 / 1982 新潮文庫
伊藤雅子 2014『女のせりふ』山田賢一画、福音館書店

井上俊 1973『死にがいの喪失』筑摩書房
上野千鶴子 1986「老人問題と老後問題の落差」伊東光晴、河合隼雄、副田義也、鶴見俊輔、日野原重明編『老いの発見』第二冊『老いのパラダイム』、岩波書店
上野千鶴子 1990『40才からの老いの探検学』三省堂
上野千鶴子 1990『家父長制と資本制』岩波書店／2009 岩波現代文庫
上野千鶴子 1994『近代家族の成立と終焉』岩波書店／2020 新版 岩波現代文庫
上野千鶴子 1997『発情装置――エロスのシナリオ』筑摩書房／2015 新版 岩波現代文庫
上野千鶴子 2000『上野千鶴子が文学を社会学する』朝日新聞社／2003 朝日文庫
上野千鶴子 2005『老いる準備――介護すること されること』学陽書房
上野千鶴子 2006『生き延びるための思想』岩波書店／2012 新版 岩波現代文庫
上野千鶴子 2010『女ぎらい――ニッポンのミソジニー』紀伊國屋書店／2018 朝日文庫
上野千鶴子 2021『ボーヴォワール 老い』NHKテキスト「100分de名著」、NHK出版
上野千鶴子・高畑早苗 1995『あ・な・た・た・ち――自我からの癒やし』日本放送出版協会
上野千鶴子・鈴木涼美 2021『往復書簡 限界から始まる』幻冬舎／2004 幻冬舎文庫
上野千鶴子・小島美里 2023『おひとりさまの逆襲――「物わかりのよい老人」になんかならない』ビジネス社
上野千鶴子・江原由美子編 2024『挑戦するフェミニズム――ネオリベラリズムとグローバリゼーションを超えて』有斐閣
梅棹忠夫 1989『夜はまだあけぬか』講談社
NHK「日本人の性」プロジェクト編 2002『データブックNHK日本人の性行動・性意識』NHK出版
円地文子 1956『朱を奪うもの』河出書房／1969 文藝春秋
大井玄 2015『呆けたカントに「理性」はあるか』新潮社新書
大岡頼光 2004『なぜ老人を介護するのか――スウェーデンと日本の家と死生観』勁草書房
大熊一夫 1973『ルポ・精神病棟』朝日新聞社／1981 朝日文庫
大熊由紀子編著 2024『精神病院・認知症の闇に九人のジャーナリストが迫る』ぶどう社

大滝世津子 2016『幼児の性自認――幼稚園児はどうやって性別に出会うのか』みらい
大塚英志 1989『少女民俗学――世紀末の神話をつむぐ「巫女の末裔」』光文社
大塚ひかり 2002『いつから私は「対象外の女」』講談社
大庭みな子 1976『山姥の微笑』今井泰子他編『短編女性文学　現代』おうふう
小山内美智子 1997『あなたは私の手になれますか――心地よいケアを受けるために』中央法規出版
小形桜子 2001『モア・リポートの20年――女たちの性をみつめて』集英社新書
岡野八代 2012『フェミニズムの政治学――ケアの倫理をグローバル社会へ』みすず書房
春日キスヨ 2018『百まで生きる覚悟――超長寿時代の「身じまい」の作法』光文社新書
片田孫朝日 2014『男子の権力』京都大学学術出版会
葛城貞三 2019『難病患者運動――「ひとりぼっちの難病者をつくらない」滋賀難病連の歴史』生活書院
鎌田東二 1988『翁童論――子どもと老人の精神誌』新曜社
川口有美子 2009『逝かない身体――ＡＬＳ的日常を生きる』医学書院
川口有美子 2014『末期を超えて――ＡＬＳとすべての難病にかかわる人たちへ』青土社
川端康成 1961『眠れる美女』新潮社
河村都 2017『子や孫にしばられない生き方』産業編集センター
北島丕編著 1985『ヤスエおばあちゃんと30人の仲間たち――ある寝たきり看護日記から』星雲社
木之下徹 2020『認知症の人が「さっきも言ったでしょ」と言われて怒る理由――５０００人を診てわかったほんとうの話』講談社＋α新書
熊谷晋一郎 2013『ひとりで苦しまないための「痛みの哲学」』青土社
佐藤雅彦 2014『認知症になった私が伝えたいこと』大月書店
集英社モア・リポート班編 1983『モア・リポート』集英社
瀬川清子 1972『若者と娘をめぐる民俗』未來社
瀬戸内晴美 1963『夏の終り』新潮社

副田義也 1978「主体的な老年像を求めて」『現代のエスプリ』126、至文堂（［副田 2022］に収録）
副田義也 2022『副田義也社会学作品集』第Ⅷ巻「福祉社会学革命」、東信堂
大工原秀子 1979『老年期の性』ミネルヴァ書房
大工原秀子 1991『性ぬきに老後は語れない――続・老年期の性』ミネルヴァ書房
高木俊介 2015「白雪姫の毒リンゴ、知らぬが仏の毒みかん――新オレンジプランと認知症大収容時代の到来」『精神医療』4-80（155）、批評社
高橋ますみ 1986『女40歳の出発――経済力をつける主婦たちの輪』学陽書房
高橋ますみ 2003『老いを楽しむ向老学』学陽書房
高橋幸男編著 2014『認知症はこわくない――正しい知識と理解から生まれるケア』ＮＨＫ出版
立岩真也 2004『ＡＬＳ不動の身体と息する機械』医学書院
谷崎潤一郎 1962『瘋癲老人日記』中央公論社
丹野智文 2021『認知症の私から見える社会』講談社＋α新書
辻川覚志 2014『ふたり老後もこれで幸せ』水曜社
津島佑子 1980『山を走る女』講談社
谷崎潤一郎 1956『鍵』中央公論社
中西正司・上野千鶴子 2003『当事者主権』岩波新書 / 2024 増補新版
長沼行太郎 2006『嫌老社会――老いを拒絶する時代』ソフトバンク新書
中村和恵 2019「ジーン・リースを読み歩く8　女友達」、『みすず』685、みすず書房
名郷直樹 2021『いずれくる死にそなえない』生活の医療社
名郷直樹 2023『これからの「お看取り」を考える本』丸善出版
信田さよ子 2021『家族と国家は共謀する――サバイバルからレジスタンスへ』角川新書
長谷川和夫・猪熊律子 2019『ボクはやっと認知症のことがわかった――自らも認知症になった専門医が、日本人に伝えたい遺言』KADOKAWA

服部洋一遺稿刊行委員会編 2018『生きられる死──米国ホスピスの実践とそこに埋め込まれた死生観の民族誌』三元社
花村太郎 1980「「老熟」文化へ向けて」『別冊宝島』18、JICC出版局
林雅彦 2003「フランスの社会保障制度の概要I──年金制度および年金改革の動向を中心に」『海外労働時報』No.334
樋口恵子 2019『老~い、どん!──あなたにも「ヨタヘロ期」がやってくる』婦人之友社
平岩千代子 2021『〝認知症と拘束〟尊厳回復に挑むナースたち──Restraints in Nursing』日本看護協会出版会
平山周吉 2019『江藤淳は甦える』新潮社
ひろたまさき 2005『女の老いと男の老い──近代女性のライフサイクル』吉川弘文館
深沢七郎 1957「楢山節考」『楢山節考』中央公論社
深沢七郎 1957 東北の神武たち」『楢山節考』中央公論社
藤原新也 1983『メメント・モリ』情報センター出版局/1980 新版、ゆびさし
辺見庸 2021『コロナ時代のパンセ──戦争法からパンデミックまで7年間の思考』毎日新聞出版
松原惇子 2017『長生き地獄』SB新書
村上泰亮・公文俊平・佐藤誠三郎 1979『文明としてのイエ社会』中央公論社
村瀬孝生 2022『シンクロと自由』医学書院
モア編集部編 1990『モア・リポートNOW──女の性とからだの本』集英社
藻谷浩介 2010『デフレの正体──経済は「人口の波」で動く』角川新書
森瑤子 1978『情事』集英社
柳田國男 1931『明治大正史 世相篇』朝日新聞社/1976 講談社学術文庫
山田昌弘 1999『パラサイト・シングルの時代』ちくま新書
山本真鳥 2018『グローバル化する互酬性──拡大するサモア世界と首長制』弘文堂
四方田犬彦 2023「零落の賦」第一回「文學界」二〇二三年一〇月号
若竹千佐子 2017『おらおらでひとりいぐも』河出書房新社/河出文庫
脇田晴子 1992『日本中世女性史の研究──性別役割分担と母性・家政・性愛』東京大学出版会

ボーヴォワール略年譜

1908	弁護士の父、銀行家の娘である母のもとにパリに生まれる
1914	第一次世界大戦（～ 18）
1926	ソルボンヌ大学に入学、哲学を学ぶ
1929	哲学のアグレガシオン（教授資格試験）に合格、ともに合格したサルトルと契約結婚を結ぶ
1931	高校の哲学教師となる
1939	第二次世界大戦（～ 45）
1943	初の小説『招かれた女』刊行
1945	思想誌『レ・タン・モデルヌ』をサルトルらとともに創刊。実存主義が世界を席巻し、二人は時の人となる。小説『他人の血』刊行
1947	作家ネルソン・オルグレンと出会う
1949	女性論『第二の性』刊行。世界的反響を呼ぶ
1952	映画監督クロード・ランズマンと出会う
1954	小説『レ・マンダラン』刊行 アルジェリア戦争（～ 62）
1958	回想録『娘時代』刊行
1960	回想録『女ざかり』刊行
1965	ベトナム戦争（～ 75）
1966	サルトルとともに来日
1968	五月革命
1970	女性解放運動に参加。『老い』刊行
1971	妊娠中絶合法化を求め「343人のマニフェスト」を起草し署名
1980	サルトル死去
1981	サルトへの追悼エッセイ『別れの儀式』刊行。オルグレン死去
1986	ボーヴォワール死去。サルトルとともにモンパルナス墓地に埋葬される

出典：NHKテキスト100分de名著2021年7月『ボーヴォワール　老い』掲載図版／クローディーヌ・セール『晩年のボーヴォワール』（門田眞知子訳、藤原書店）村上益子『ボーヴォワール』（清水書院）を参考資料として作成

あとがき

二〇二〇年にNHKの番組『100分de名著』への出演のオファーがあったとき、わたしはためらわずボーヴォワールの『老い』を挙げた。担当者は驚いたようだった。わたしなら、ボーヴォワールでも『第二の性』をとりあげると思ったからだ。だが人口に膾炙した『第二の性』にくらべて、『老い』の方は、同じくらい大部で浩瀚な知識にもとづく重要な著作であるにもかかわらず、あまり多くのひとに読まれていない。わたしもそのひとりだった。気にかかりながらいつか、と思って積ん読にしておく本のひとつだった。

コロナ禍は「不要不急」の読書にかつてない機会を与えてくれた。上下二巻七〇四頁に及ぶこの著作を読んで、わたしは読むべき季節《とき》が巡ってきたと感じた。ボーヴォワール六二歳のときに彼女自身が「老い」を自覚して書いたこの本は、わたしが読むべき年齢を待っていてくれた。わたしは七〇代になっていた。

一年間の準備期間を経て、二〇二一年七月、一ヶ月四回にわたって放映された『100分de名著』のわたしの回は、幸いに好評を博した。ブックレット［上野 2021］の出版にあたってはNHK出版の編集者粕谷昭大さん、ライターの山下聡子さんの的確な仕事ぶりに助けられた。フランス語の読めないわたしは、内容のチェックを専門家の西川祐子さんと井上たか子さんにお願いした。記して感謝したい。その西川さんも今はこの世にいない。コンパクトにまとめられたブックレットを前に、わたしのなかではボーヴォワールの『老い』について論じたい、という気持ちが強烈に募っていった。いや、『老い』の読書体験を好機にして、後期高齢者になったわたし自身の「老い」論を展開してみたいという知的な関心が育っていった。各地の講演会で話してきた老いについての断片的な発言が、ようやくひとつのまとまりを見せるようになってきた実感もあった。

そこに連載の機会を提供してくださったのがみすず書房の編集者、鈴木英果さんである。みすず書房からは毎年一月に出る恒例の「読書アンケート」の常連であるが、刊行書籍の目録に見る著者のラインアップはわたしが敬愛する人々で占められており、このなかに自分が並ぶことは光栄な申し出であった。みすず書房には月刊のPR誌『みすず』があるが、そこに回数の制限なく書いてもよい、という寛大なオファーだった。二〇二二年四月号から二〇二三年六月号まで、一三回にわたった連載は、奇しくも『みすず』の終刊を告げる掉尾に間に合った。人文書を刊行する出版社が出版不況で苦戦している現在、雑誌『みすず』という媒体を得て、それを書籍化する機会に恵まれたことは得がたい幸運と言ってよい。

ボーヴォワールは『第二の性』においてはジェンダーに、『老い』についてはエイジングに、果敢に挑戦した。その姿勢は一貫している。だが一九七〇年に『老い』を刊行したときにはボーヴォワールが知らなかったこと、彼女の想像が及ばなかったことを二一世紀に生きるわたしたちは知っている。それはボーヴォワールに限らずすべての個人が背負う歴史的限界であり、後から来た者の特権である。ボーヴォワールがこの本でわたしたちにつきつけた挑戦、「老いは文明のスキャンダルである」という問いを受け継ぐことで、わたしたちレイトカマーはもっと先まで行くことができる。ボーヴォワールの立てた問いは老いを受け容れようとしないわたしたちの「文明」総体への挑戦だった。それはひとの死生観に根源的な転換を要求する挑戦なのだ。対抗するものがあまりに大きいために、ひとりやふたりの力でなしとげられるとは思わない。だが「死ぬに死ねない」超高齢社会を生きるわたしたちにとって、「死ぬための思想」よりは「生き延びるための思想」がなんとしても必要なのだ。

評論とはつねに他人の口を借りて自己を表現する迂遠な形式である。だが同時に、評論によって、わたしたちは先人が積み重ねてきた知恵と問いとを引き継いで、もっと遠くまで行くことができる。ボーヴォワールはわたしたちに巨大な「宿題」を残した。わたしはその「宿題」にいくらかでも答えることができただろうか？

読者の判定を仰ぎたい。

復活祭の近づく季節に

上野千鶴子

著者略歴

（うえの・ちづこ）

1948年生まれ．社会学者，東京大学名誉教授，認定NPO法人ウィメンズアクションネットワーク（WAN）理事長．著書に『家父長制と資本制』『近代家族の成立と終焉』『生き延びるための思想』（以上，岩波現代文庫），『おひとりさまの老後』（法研／文春文庫），『ケアの社会学』（太田出版），『女の子はどう生きるか』（岩波書店），『挑戦するフェミニズム』（江原由美子との共編著，有斐閣），『当事者主権　増補新版』（中西正司との共著，岩波新書）などがある．

上野千鶴子
アンチ・アンチエイジングの思想
ボーヴォワール『老い』を読む

2025年 4月16日　第1刷発行
2025年 7月31日　第3刷発行

発行所 株式会社 みすず書房
〒113-0033 東京都文京区本郷2丁目20-7
電話 03-3814-0131(営業) 03-3815-9181(編集)
www.msz.co.jp

本文組版 キャップス
本文印刷所 中央精版印刷
扉・表紙・カバー印刷所 リヒトプランニング
製本所 東京美術紙工
装丁 細野綾子

ISBN 978-4-622-09730-3
[アンチアンチエイジングのしそう]